台灣的現代化和文化認同

MODERNITY AND CULTURAL IDENTITY IN TAIWAN

盧 漢 超　主編

EDITED BY HANCHAO LU

八方文化企業公司
GLOBAL PUBLISHING CO. INC.

目錄

Table of Contents

前言：現代化和文化認同問題

盧漢超

　　世界上許多幾乎人人知道並且差不多人人以爲懂得的概念，推敲起來，却往往缺少明確的定義，"現代化"一詞便是如此。中外學術界對現代化問題的著述固已汗牛充棟，一般民衆對現代化的認識也已經超出耳熟能詳的地步。當政者呢，早已把四個現代化訂爲國策。四分之一世紀以來，居然虎虎有生氣。但又有人抗議説，需要有第五個現代化，而且是現代化的關鍵。於是抗爭不斷，間有流血。然而又有人説，哪裏有幾個現代化的事？世界上真正的現代化只有一個。辯論尚在進行，但究竟這"真正的現代化"是什麼，卻仍是不甚了然。

　　大致而言，現代化的概念有二。其一是廣義的，任何先進的、着眼於發展和進步的事物都可稱爲現代化的一部分。從這個意義上講，現代化並不一定是當代的事。中國的漢唐盛世和歐洲的羅馬帝國都曾是當時世界上現代化的翹楚。其一是狹義的，也是應用最廣的，指的是歐洲工業革命以來以西方爲中心的社會經濟和政治發展模式，在文化上則可上溯到十四世紀的文藝復興時代。二次大戰以來，現代化則常指以美國爲首的西方發展模式。故從狹義上講，現代化幾可等同於西化。戰後雖有日本和亞洲四小龍的興起、東亞模式的出現，以及多元化的提倡，但大致未脫西學東漸的窠臼。

認同感的問題是西方學術界中的一個方興未艾的熱門題目。正像不少複雜深奧的學術課題往往可以回歸到一個常識問題，認同感可稱是人性中最基本的一部分。人是群居的動物，在種族、語言、宗教等等形成認同感最強烈、最敏感、最明顯的因素發生作用前，認同感已是隨處可見。一個小小的鄉村地區，論種族、語言、信仰，並無差異，僅僅因爲河之東西、山之南北，居民們便有不同的認同感；甚至一村之間，因落户先後、姓氏不同等因素而各有認同。由此而引起的摩擦乃至械鬥、世仇之類的事也是不勝枚舉。

人們現在好談全球化、地球村之類的概念。確實，在當今世界，隔着半個地球與友人交談已如杜詩中所形容的 "隔籬呼取盡餘杯" 那樣方便。古人幻想的順風耳朵、千里眼、一個觔斗十萬八千里等等，在高科技的今日，在在皆成事實。所謂 "紐約打個噴嚏，東京就感冒" 雖是形容美日經濟關係密切之戲言，卻也形象地道出了東西半球之如居一室。現代化使人類越來越互相接近，交往方便而頻繁。但是，磨肩擦踵於地球村是否促使人類形成一種共同的認同感呢？非也，恰恰相反也。世界越是變小，人們以自身文化和地域爲基礎的認同感越是敏感而強烈。除非有朝一日真的出現好萊塢電影中所想像的那樣外星人入侵地球，全人類團結御侮，於是乎形成“地球人”這一共識。但這只能留給科幻小說去馳騁想像。在現實世界中，恐怕人類越是現代化，認同感越是變得五花八門，而且往往像林妹妹似的敏感而碰不得，一碰便成了猛張飛，暴跳如雷。所以與大陸分離多年的台灣有了一點本土意識，實在也是不足爲奇的。

然而不管世界上的認同感可以怎樣地微型化，乃至於一個人便可以有一種認同 (起源於西方的個人主義 INDIVIDUALISM 歸根結底便是一種最微型的認同)，人類在歷史上形成的一些重大的文化認同卻如日月山川，雖有陰晴圓缺，消長起落，外來力量卻難損其恒。像中國文化這樣經幾千年“修煉”爲億萬人共有的認同感，非一時一地的一些意氣或權謀所能輕易取代的。現在海外有“中國人”與“華人”之分，其使用上的敏感程度有時幾乎可與大陸上曾經令人性命交關的“敵我矛盾”、“人民內部矛盾”相比。感謝中文詞匯的豐富，使人們在擇詞達意上可以如此遊刃有餘。但且不説這兩詞大約在所有外國語文中只可作一譯，僅就詞論詞，不管其隱義如何，兩者無論如何詮釋都難逃同一種文化認同。

　　本書並非旨在討論現代化或文化認同感的微言大義，但作者們所關注的有關台灣的課題，卻都與兩者有關。全書分爲五個部分，每部分各有一主題，這裏略作介紹。第一部分討論台灣經濟起飛和政治改革，共收四篇文章。翟強的〈美援與台灣經濟的起飛〉一文針對在台灣政界和學界普遍存在的淡化美援在台灣發展中的作用的現象，指出在六〇年代中期以前美援對台灣的發展有舉足輕重的影響，其中包括五〇年代初期的雪中送炭，通過中國農村復興聯合委員會介入土地改革，歷時十五年高達十五億美元的巨額貸款，以及美國在台灣的基礎設施建設和培養人力資源等方面的作用。作者是研究中外關係史的專家，此文對討論台灣經濟起飛的來龍去脈，有追本溯源的作用。

　　彭大進的〈爲什麼中華經濟能在危機中立於不敗之地？〉一文以1997－98亞洲金融危機爲例，剖析 "大中華經濟圈" 在那場震驚全球的經濟風暴中安然無恙的原因。此處大中華經濟圈指中國大陸、香港、台灣，而作者的着重點則在台灣與大陸。據作者的分析，華人經濟打破了以日本爲代表的經濟發展上 (主要是進出口上) 的雁陣模式，其主體的中小企業普遍具有應變靈活、不易壟斷、人事簡單、較少等級等特點，避免了日本、韓國企業在調整應變上 "大有大的難處" 的苦惱。此外，華人經濟對內沒有過於依賴政府，對外沒有過於依賴日本，許多企業直接與美國市場掛鈎，進行跨太平洋的生產分工。而海峽兩岸自身就構成以台灣的科技、資金和大陸的人力、市場互補的理想組合。彭文討論的是一件餘波尚在的當代經濟事件，在這組以歷史爲主的文章中獨樹一幟，但讀者不難看出在經濟事件背後所起作用的文化内涵。

卿斯美的〈尹仲容，民生主義，與台灣經濟發展模式〉一文討論戰後台灣經濟發展的奠基人之一尹仲容 (1902–1963) 的經濟思想。尹氏在五〇年代美國式的自由經濟觀念在台灣風靡一時之際，力主政府對經濟的宏觀調控並在一定程度上的直接介入。從思想體系上説，尹氏是孫中山民生主義思想的傳人，推崇民生主義的經濟體系，認其爲將社會主義與資本主義經濟的最佳成分結合在一起的體系。尹氏曾任國民政府遷台後的經濟部長、台灣銀行董事長等要職，他的主張對台灣經濟的發展，特別對均富的形成，有深遠的影響。如今已婦孺皆知的 “經濟起飛” 一詞，據説就是尹氏最早提出來的，這也是他的政治理想。在台灣經濟起飛幾十年後重溫尹仲容言，不無裨益。

如果説上述三文的重點皆在經濟和經濟發展，田憲生〈台灣憲政改革發展淺析〉一文則着重於台灣更深一層的變化，即政治上的變革。此文可稱是一部半個世紀以來台灣修憲簡史，從1948年的動員戡亂時期的臨時條款和戒嚴談起，到1986年解嚴和接着的威權體制的轉換，九〇年代一機關兩時期三階段的修憲，到國家發展會議和1997年的第四次修憲。很明顯，台灣九〇年代紛紛擾擾而又緊鑼密鼓的幾次修憲，雖曰 “修憲”，實已幾同於 “制憲” 了，而民主化之胚胎卻在其中矣。民主通過法制而體現並得以充實，逐漸生根，形成社會共識，九〇年代的憲政改革有奠基之

功。台灣的民主雖尚在襁褓之中，但卻是中華文化幾千年才得一
產的寧馨兒。田文爲其作一素描，使讀者能讀一文而得其概要，
是很有意義的。

政治和經濟的變化，尤其是台灣這樣幾十年內的巨變，必然
帶來社會和文化上的變化。本書的第二、第三部分即試圖通過大
衆文化和婦女地位這兩個層面，探討社會文化上的一些課題。大
家知道，變與不變是相對而言的，世界上的事往往是變中有不
變，不變中有變。王笛的〈台灣大衆文化的淵源及其演變〉一文
似可證實變中有不變的這一面。該文重在揭示在大衆文化方面台
灣與內地的淵源關係。作者從媽祖説開去，旁證博引，題目涉及
藝閣遊行 (起源於花燈)、"過火" 儀式、瘟船活動，以及台灣流
行的各種神仙崇拜。作者並精心選擇了九幀實地採訪得來的照
片，更使此篇圖文並茂。最有意思的是因爲作者正在作四川民俗
的研究，他發現台灣的風俗與四川有驚人的相似之處。例如，彈
棉花的習俗，"牙祭" 的説法，土地神的祭拜，敬惜字紙的概
念，祈天禳災的禮儀，等等，兩地民俗在許多方面的做法用 "神
似" 或 "有異曲同工之妙" 等來形容似尚嫌不足——它們是相同
到了絲絲入扣的地步。四川與台灣，一個是縱深內地，文化上常
自成一體的盆地，一個是孤懸外洋，歷史上常遭割離的海島，兩
地相隔萬里之遙，而在最基層的習俗上卻有如此絲縷相聯，令人
不禁感嘆中華文化之恢弘。幾千年來中國分分合合，但終於未成
歐洲式的小國林立格局，民俗或亦有以致之焉。

蕭志偉的〈觀影行爲與台灣的現代化〉是一篇頗有創意的佳作。作者從觀看電影的這個獨特視角切入，分析人們看電影行爲的變化及其社會意義。電影在台灣已有一百年的放映史。僅從"上影院，看電影"這一點上看，是百年無變，但作者給大家勾勒的卻是一幅百年巨變的風俗畫。台灣最早的影院與傳統的戲院同，故電影又稱"影戲"，這一點與内地同。本文所描寫的台灣早期影院的情景，和十九世紀末上海《點石齋畫報》所畫的戲院風光幾乎完全一樣。經日據時代和戰後國民政府的種種規章制度的設立，"上影院，看電影"漸入正規。這個過程所反映出來的是國家對社會的規範制約和現代化對人們行爲的潛移默化，兩者皆是社會科學研究中的大題目。但一般讀者卻不必對這類學術問題感興趣而能欣賞此文。蕭文素材豐富，文中對觀影行爲的種種生動描述，常令人莞爾而笑。

社會變化的一個重大標誌在於婦女地位的變化。本書第三部分的兩篇論文討論現代化與台灣婦女的關係。倪亭的〈台灣經濟發展與婦女政治地位的改善〉是一篇資料翔實、觀點明確的論文。文章主要分成兩個部分，第一部分談婦女經濟地位的變化，内容涉及婦女在各領域就業情況的演變。如同世界各地在現代化中出現的普遍現象，台灣經濟的發展使婦女走出厨房，就業機會大大增加。近二十年來婦女進入白領階層者也比比皆是。但在進入上層方面卻仍是"革命尚未成功"，例如在行政管理人員和專業技術人員方面，婦女任職者仍不成比例。文章的第二部分談婦女參政問題。隨着婦女經濟地位和教育程度的提高，婦女參政是自然而然的事。呂秀蓮之當選，是其明證。台灣婦女在立法院選舉中的成就亦令人羨慕。但婦女在地方政治上的參與仍是十分有限。台灣已實行了半個多世紀的立法院婦女席位定額保留制度，似也有改革之必要。作者認爲"衡量台灣婦女政治競爭性的一個最主要的標準是她們能否贏得超過定額席位的數目"。

　　與倪文相比，沈于的〈台灣的現代化與婦女〉一文涉及的題目更廣，而比較偏重於從社會史的角度觀察戰後台灣婦女生活的變化。作者筆下的五、六十年代台灣工廠女工許多來自農村，做工使她們"可以穿得好一點，爲自己買點零食，看個電影，享受一點城市生活"，但這往往只是"結婚之前的一段小插曲"。作者認爲"'台灣奇蹟'是以一般百姓，特別是女性工人的利益爲代價而形成的"。進入八〇年代後，婦女運動進展很快，除了自台灣光復便存在的半官方的婦女會外，更有獨立於政府的、以婦女爲主體的各種團體，活躍於社會各界。作者最後從教育、參政及法律保障三方面評估今日台灣婦女在現代化進程中之成敗得失，敘述之間，常有卓見。例如作者對民法親屬篇的評語。該親屬篇中關於妻冠夫姓、妻從夫居等規定雖未必爲社會所確實遵守，但一部三〇年代的民法至今未作剔除男女不平等條文的修改，亦足爲人垢病。

　　對戰後台灣發展影響最大的西方國家當然是美國。僅以留美和旅居美國的台灣人士對台灣現代化的作用而言，美國與台灣的關係便非同一般。而台灣在美國的留學史，更是當代海外華人史的重要一章。這一章既是台灣現代化在境外的一段延續，也是反映台灣民眾認同感的最精彩的稜鏡。本書的第四部分即從這一角度討論問題。令狐萍的〈從台灣留美學生模式的變化，看台灣社會的現代化〉一文運用口述訪談和其它文字資料，對戰後台灣幾度出現的留美熱、留學生生活、留學生去留和近年來留美熱的衰退作了系統的敘述和分析。作者是研究美國華人史的專家，她將訪談資料和統計數字和諧地編織在一起，使此作既生動可讀也有一定的深度。

張玲的〈台灣移民在美國的文化認同〉一文則把視角放大到整個台灣移民社群，可作一篇台灣移民美國簡史來讀。該文將半個多世紀以來台灣移民美國者的各種原因和曲折過程進行爬梳整理，敘述得非常清楚。其中尤其是通過對美國芝加哥地區一些台灣移民的訪談，作者以同情的筆觸，對所謂 "台美人" 的心態有細緻入微的描寫，使讀者在這些海外 "遺民" 的侃侃而談中知其心路歷程。上述兩文突出地反映了旅美華人社區的變化，特別是在認同感上的變化，與台灣政治、經濟發展的脈絡相通。

英語中有一個常用的習語，叫作 "末非微也" (LAST BUT NOT LEAST)，本書的最後部分便是收了兩篇這樣的 "末非微也" 的文字。邵勤的訪台日記不可作一般的遊記觀，作者以她敏銳的觀察力，從登上台灣的一刻起就一路細心觀察，勤作筆記，娓娓道來，把所見所聞以形象生動的文字重現，可作一文學作品讀。

作者在描述之間常有一種很坦率而中肯之評論或感慨。此文的題目〈媽祖是中國人，台語是閩南話〉以對聯式的十二個字，畫龍點睛地道出台灣文化之根在大陸。媽祖與台語常被用作台灣本土化的"招牌"，而它們也確實是台灣的文化特色，但這招牌與特色歸根結底卻是內地貨，所以我總覺得這題目有點林語堂式的"幽它一默"的味道。

陳勇的飲食文化一文別具風格。作者以文化認同和飲食文化這兩個題目作經緯，將人類學式的田野考察以散文般的筆調敘出。其筆端常帶感情，敘述時有宏議。談到關鍵處，臧否時事，月旦人物，率直通達，令人有讀其文如見其人之感。尤其值得一提的是作者能將嚴謹的學術揉合在這篇考察報告中。文章的第二部分談世界範圍內的文化認同問題，言簡意賅，勾劃了當代一些與文化認同攸關的重大的事件。文末的注釋部分提供了一份學術界有關文化認同和食品研究的文獻目錄，足供對這些問題有興趣的讀者順藤摸瓜，作進一步的探索研究。

唐代劉禹錫詩云："東邊日出西邊雨，道是無晴卻有晴。"多年來台灣海峽的政治氣候最難預測，兩岸關係陰晴不定，至今前途未卜。本書作者各以學之專長，就台灣問題的各個層面略抒己見，野人獻芹，是亦祈望海峽兩岸基於人民之相通，文化之認同，終於撥雲霧而見青天，因"情"而"晴"，則中華民族幸甚。是為至盼。

作者簡介

盧漢超 : 中國大陸首批碩士學位獲得者之一，後獲美國洛山磯加州大學 (UCLA) 歷史學博士學位。現任美國喬治亞理工學院教授和新加坡國立大學東亞研究所客座研究員，並任美國青木 (GREENWOOD) 出版社亞洲文化和習俗 (CULTURE AND CUSTOMS OF ASIA) 叢書主編和上海社會科學院歷史研究所特約研究員。曾任中國留美歷史學會會長等職。主要著作有《赫德傳》(上海人民出版社，1986)，《霓虹燈外》(BEYOND THE NEON LIGHTS) (加州大學出版社，1999) 等，論文散見於《亞洲研究季刊》，《近現代中國》，《社會史研究》等西方主要學術刊物。

經濟起飛

與政治改革

美援與台灣經濟的起飛

翟強

在20世紀的50–60年代中，台灣的經濟取得了令人矚目的發展，從一個落後的農業經濟變成了一個先進的工業經濟，並很快成爲名噪一時的亞洲四小龍之一。導致台灣經濟迅速發展的原因是什麼呢？學者們經過深入的研究和探討，已經總結出很多原因，比如國民黨政府遷台後採取的社會經濟政策(包括土地改革、九年義務教育、重用科技人才、扶植出口型企業等)，日據時期留下的經濟基礎(包括通訊、交通、港口、水利設施、學校等)，以及美國對台灣的經濟援助。

但是，目前有些台灣學者爲了突出台灣自己對其經濟發展的貢獻，故意不提、或者淡化美援的作用，只是強調諸如台灣廉價的勞動力、優秀的國民素質、正確的政府政策等内部因素的作用。他們對台灣經濟發展原因的解釋是片面的，沒有如實地反映歷史的全貌。本文將詳細探討美援對台灣經濟發展的貢獻，重點回答以下兩個問題：美國為什麼向台灣提供經濟援助？美國的援助對台灣經濟的發展有什麼影響？

一　美援產生的歷史背景

50年代以前，美國與台灣之間並無特殊經濟關係，美援的到來才揭開了美台經濟關係的序幕。它成為美國與國民黨政權的關係重新恢復並且日益密切起來的一個重要標誌，它的出現是和冷戰在亞洲的發展息息相關的。1949年國民黨在大陸失敗後，杜魯門政府曾一度考慮從中國內戰中脫身，現實地面對台灣即將統一於新中國的可能。1950年6月，朝鮮戰爭的爆發促使美國行政當局重新審視其對台政策，派出第七艦隊進駐台灣海峽。結果，美國又介入到中國的內戰之中。台灣成為美國在西太平洋安全戰略中十分重要的一環，成為美國遏制新中國的橋頭堡。[1]

既然美國要通過台灣來遏制中共政權，它就感到有必要在政治、經濟、軍事上支持國民黨政權，鞏固其在台灣的統治，發展經濟，穩定民心，以對抗大陸。大量的美援就由此而產生。

二　美援的幾個階段

國民黨撤退到台灣初期，島內政局不穩，經濟混亂，民怨載道。由於太平洋戰爭的破壞以及內戰的影響，台灣工農業生產彫敝，物資極端匱乏，日用消費品短缺，再加上大量國民黨人員及其家屬遷來台灣，使已經非常緊張的物資供應變得更加奇缺。外匯儲備也急劇減少，無力進口必需的生活資料和生產原料，財政狀況極其惡化。由於國民黨政權遷台後財政收入劇減，而軍事花費巨大，引發財政赤字，一度只能依靠出售庫存黃金來維持軍政開支。在供給不足和巨大財政赤字的作用下，惡性通貨膨脹發生，台幣迅速貶值，物價暴漲。[2]

美援的出現對緩解台灣經濟困難起到重要作用。美國對台灣的經濟援助開始於1951年，結束於1965年，歷時15年。在這15年中，美國向台灣提供的非軍事援助平均每年是1億美元，它相當於台灣平均每年國民生產總值的6.4%，相當於台灣40%的資本積累。在至關重要的外貿領域，美援支付台灣大約34%的貨物和服務進口。[3]

美國對台灣的援助可以分爲三個階段：贈與性援助階段，1951 – 1956年；贈與和貸款並行階段，1957 – 1961年；貸款性援助階段，1962 – 1965年。

第一階段的美援基本是按照美國國會於1951年10月通過的"共同安全法案"進行的，該法案包含有對台經援條款。從1951年到1956年，美國根據"共同安全法案"向台灣提供的經濟援助大多屬於贈與性質。這些美援猶如雪中送炭，使國民黨政府可以向民衆提供大量民生必須品和生產原料，改善台灣的物資供應，減輕通貨膨脹的壓力，穩定經濟形勢。在第二階段，美援目標有所變化，開始從強調穩定經濟轉向推動經濟發展，具體做法就是設

立 “開發貸款”。從1957年開始，美國在 “共同安全法案修正案” 中增設 “開發貸款基金” 項目，以幫助台灣發展經濟。從1962年起，美援進入第三階段，貸款性援助成爲美國對台援助的主要方式。1964年5月，美國國務院發表聲明：鑒於台灣經濟已經達到自立程度，美國政府將於1965年6月結束其對台經濟援助。[4]

美國的對外經濟援助主要由國務院下屬的國際發展署負責。國際發展署在台灣設有援華團，團長由國際發展署署長任命，團長負責監督團員的工作，向台灣官員解釋美國政策。援華團有成員約350人，其中包括美國官員和中國工作人員。援華團和國民黨政府官員基本能夠有效合作，互相支持，使美援項目能夠順利實施。國民黨政府對援華團提出的建議和計劃一般都很重視，認真處理。比如，國民黨政府採納援華團的建議，於1951年3月成立經濟穩定局，負責研究和協調貿易、金融政策，以穩定物價。該局成員均爲國民黨政府高級官員，由財政部長和台灣省長牽頭。雖然援華團的美國官員不是經濟穩定局的正式成員，但他們經常出席該局的會議，提出建議，幫助制定政策。[5]

三　美援的作用

增加物資供應和消除通貨膨脹

穩定經濟，改善物資供應，消除通貨膨脹，是早期美援的主要目標。美援物資包括各種日用消費品、工業原料和設備，小麥、棉花、黃豆、油脂等重要生活資料特別受到重視。台灣90%的小麥進口，78%的棉花進口，以及74%的黃豆進口，都是由美援提供的。這些物資對改善台灣民生物資缺乏的狀況起了至關重要的作用。[6]

美援對消除通貨膨脹的作用體現在兩個方面：一方面是通過提供美援物資，解決社會供給不足的問題；另一方面是通過由美援產生的"台幣相對基金"，減少財政赤字，收縮貨幣流通量。在美國國際發展署官員的建議下，台灣於1951年成立經濟穩定局，開始進行平衡與協調貿易、外貿支付、金融和財政政策，以穩定物價。根據美援設立的"台幣相對基金"成為糾正台灣財政赤字的重要手段。按照規定，由銷售美援物資而產生的台幣收入必須存入台灣中央銀行的特別基金帳戶，這些基金在美方監督下可由台灣政府支配使用。這就使台灣政府掌握了一筆十分可觀的財政收入，擴大了其手中可以支配使用的財源，成為減少財政赤字的重要資金來源。"台幣相對基金"具有收納台幣、緊縮台幣流通量的功能：當美援增加時，由銷售美援物資而產生的台幣也隨之增加，並按照規定存入中央銀行的特別帳戶之中，從而減少市面流通的台幣，減輕通貨膨脹。在美援實施後，台灣的通貨膨脹程度就開始下降，1951年降為百分之六十六，1952年又下降到百分之二十三，1953年再降至百分之九以下。從1953年到美援結束的1965年，台灣的通貨膨脹水平都保持在百分之十以下。[7]

促進農業發展

　　土地改革的實施及其造成的農業持續穩定增長是導致台灣經濟快速發展的重要因素。國民黨政府遷台後，吸收了在大陸失敗的教訓，開始重視農村的改革，充分認識到農民的支持和政權的鞏固有密切的關係。因此，把改善農民的土地擁有狀況作為首要任務，把發展農業作為國民經濟現代化的基礎，制定了"以農業培養工業，以工業發展農業"的經濟發展戰略。美援對這一戰略的實施給予了有效的支持和推動。

　　為了支持台灣農業的發展，美國與國民黨政府協商，將根據"1948年援華法"在大陸成立的"中國農村復興聯合委員會"，簡稱"農復會"，在台灣延續下來，並加以擴大，作為美國開展對台灣農業援助的專門機構。這是美援中唯一一個以部門經濟為對象的專設機構，從而顯示美援對台灣農業發展的特別重視。農復會的經費來自美國對華經濟援助設立的相對基金，即將美國運交台灣如小麥等救濟物資由國民黨政府購買付出的美金實值折算為台幣存入銀行，農復會取其百分之二十。農復會內實行委員會制，作為農復會的領導機構。委員會由五人組成：三個台灣委員，兩個美國委員。最初的三位台灣委員是蔣夢麟，沈宗翰，晏陽初，蔣夢麟任主任委員。蔣夢麟於1964年去世後，沈宗翰繼任主任委員。在委員會之下是行政、技術和工作站三大執行機構，技術部下設土地制度改革組、鄉村工業組、農民組織和農業組等等。它們為台灣土地改革做了大量具體細緻的工作，如許多基本檔案的整理、分類、計算，尤其是地權轉移過程中法律文件的起草。農復會不斷跟蹤農業發展動向，調整和充實其研究項目。比如，農村經濟繁榮帶動農村信貸業務的發展，農復會及時加強對農村信貸和信貸業務的研究。因爲農復會是台灣政府外的機構，不受政府工資標準限制，它可以付給其僱員高薪。結果，很多知識精英來爲農復會工作。由於農復會是由台灣和美國的高技術人員和高水平政策專家組成，其決策質量實屬上乘。再加上農復會掌握農業技術創新、推廣的試驗基金以及部分美援的分配權，因此在操作中，農復會具有強有力的推動政策的能力和資源。[8]

美國對台灣土地改革的支持包括資金的提供以及直接參與土改政策的制定並監督其實施。比如，對於台灣土改 "三七五減租"，農復會不僅幫助國民黨政府制定了 "台灣省耕地三七五減租辦法"，作爲減租的基本政策，還追蹤核查該政策執行的情況，並根據核查結果及時提出建議，調整政策。 "三七五減租" 的主要内容是: 第一，規定地租繳納上限是全年主要收獲物的百分之三十七點五; 第二，租用耕地必須簽訂書面租約，租期最少六年，期滿可以續約，以保證佃農權益的相對穩定性以及提高生產的積極性。出租人轉讓土地所有權時，契約對新土地租用者仍有效。非因法定事故，地主不得中途廢約。但是，如果佃農欠租超過兩年時，地主可以解除租約，無論租期是否已到。百分之三十七點五的地租上限要比以往的地租低很多。在過去，地租常常是全年主要收獲物的百分之五十左右，有時甚至高達百分之七十。從

"三七五減租" 獲益的佃農達到二十九萬六千多户，佔所有農户的百分之四十四點五。[9]

台灣土地改革的第二階段是 "公地放領"。政府將公有耕地賣給農民，這些公地是第二次世界大戰後政府從日本人手中收回的。公地放領對象是承租公地的現耕農、僱農、耕地不足之佃農或半自耕農，無土地耕作之原土地關係人及轉業爲農者。放領地價爲各等土地全年正產物收獲量的兩倍半，分十年無息平均攤還。爲杜絕欺詐，政府規定承領人如不自耕或私自轉移，一經發現，政府將沒收其土地，所交地價不予發還。農復會很關心公地放領的情況。比如，在制定公地放領計劃時，有些政府官員主張限制公地放領數量。農復會中的美方代表認爲，農户比公營機構更能有效利用土地資源，建議盡量擴大公有土地放領數量。台灣政府接受了這一建議。[10]

土地改革的第三階段是實施 "耕者有其田" 政策。政府規定，地主可以擁有一定數量土地，一般是水田三甲 (三甲相當於二點九公頃)，旱田六甲。地主必須將其超過這一數量的土地，賣給政府。政府再按照公地放領的方式，出售給佃農。徵收和放領地價均按土地正產物全年收獲量之兩倍半計算，以免受物價波動影響。政府提供貸款幫助佃農購地，佃農在十年内均等攤還地價。如遇天災，酌情減免或全免地價。政府對出賣土地的地主予以補償，辦法是七成由政府發行實物土地債券，分十年均等攤還，加給年利息百分之四。剩下三成，由政府一次付清公營事業股票，以引導地主投資工業建設。"耕者有其田" 的做法以溫和的方式進行，既使無地佃農獲得土地，又兼顧地主利益。在 "耕者有其田" 政策的推行過程中，農復會也起了積極作用，比如，幫助測量土地。"耕者有其田" 政策一共徵收土地十四萬三千多甲，佔私有出租耕地的百分之五十五。地主被徵總戶數達十六萬六千多戶，佔地主總戶數的百分之六十。得到耕地的佃農大約有二十萬戶，佔承租私有耕地佃農總數的百分之六十五。政府爲徵收耕地而付出的企業股票總值約合新台幣六十五萬元。[11]

綜上所述，通過農復會的介入，美援對台灣土地改革的穩步發展起了有益的作用。土地改革大大解放了農業生產力，使擁有土地的自耕農人數大量增加，形成了台灣以自耕農爲主體的農業生產方式，爲農業生產持續增長以及整個社會經濟的發展奠定了扎實的基礎。由於土地改革的實施以及農復會的科學指導，台灣農業在50年代持續增長。1952至1959年，台灣農業平均每年增長4%，超過同期台灣人口每年3.6%的增長。在這一時期，台灣的牲畜生產增加了73%。[12]

農復會對台灣農業發展的貢獻還表現在以下一些方面：協助政府興修水利，恢復灌溉系統；提供優良稻種，推薦化學肥料；介紹優質畜牧飼料，推廣漁業養殖；利用航空測量技術全面調查台灣森林資源和土地利用狀況，鼓勵林業建設，特別是耕地防風林；引進和改造農業機器；選派優秀青年到國外受訓，推廣農村教育；改善鄉村衛生，建立自來水設備，預防和撲滅傳染病，設立各種醫療保險制度，提高鄉村居民的生活水準。[13]

1965年美國結束對台經濟援助後，美台雙方又簽訂中美經濟社會基金。農復會的經費即改由此項基金支付。1972年以後，農復會開始運用台灣政府自己的資金繼續執行其農業發展項目；農復會於1979年改組為行政院農業發展委員會；1984年又與經濟部農業局合併成立行政院農業委員會。在農復會存在的三十年中，台灣經濟結構從以農業為主的形態轉變為以工業為主的模式。農復會對台灣經濟的發展功不可沒。[14]

推動工業成長

美國在援台計劃中，將扶植工業發展作為台灣經濟現代化的重要步驟。美援對台灣工業發展的支持，在不同的經濟發展階段側重不同。在各個不同階段，美援選擇相應的主導產業予以扶植，以此幫助台灣產業結構的不斷調整，產品及時更新換代，保持產業的競爭力，逐步完成從傳統農業型經濟向現代工業化經濟的轉變。[15]

美援扶植台灣工業發展的第一步是幫助原有企業恢復生產。台灣的工業在日據時期已經有了一定發展，有些門類，比如製糖、化學、化肥、石油等產業，還達到較高水平。但是，在太平洋戰爭中，台灣工業因遭受盟軍轟炸而損失很大。因此，恢復和重建原有企業就成為美援扶植台灣工業發展的第一步。

美援為台灣原有企業的恢復提供資金和設備。在向台灣提供援助時，美援機構十分注意從扶植工業成長這一長遠目標考慮。

比如，在使用美援向台灣提供民生物資以解決供應短缺問題時，美援機構不是直接提供現成的生活消費品，而是提供生產這些消費品的原料，即提供原棉、小麥、黃豆、牛油，而不是衣服、面粉、豆油、肥皂。這一做法的好處是，用生產原料供給當時因原料短缺而無法開工的企業，幫助它們恢復和發展生產。這樣，既豐富了日用消費品的供應，又恢復和發展了生產，達到一舉兩得的目的。

在台灣工業初步恢復後，美援機構轉而協助台灣發展進口替代工業，作爲台灣工業現代化的第二個重要步驟。進口替代工業的發展，不僅可以島內製作的產品替代進口產品，節省外匯消耗，還可以提高島內工業水平。50年代，台灣經濟決策機構採用了以非耐用消費品生產爲中心的進口替代發展戰略。進口替代產品均與衣食住行有關，比如食品加工、紡織、肥料、塑膠、建材、自行車等民生輕工業。美援對進口替代戰略的實施給於大力支持。比如，在50年代初期，台灣的面粉工業非常落後，1952年的面粉產量只有1.6萬噸，遠不能滿足島內居民的需要，必須大量進口。爲解決這一問題，美援對台灣面粉工業給予積極扶持，一方面，利用美援資金引進機器設備，建設一批面粉工廠；另一方面，大量提供美援小麥，以保證原料供應源源不斷。在美援的扶持下，台灣的面粉工業迅速發展起來。到1956年，台灣面粉產量達到15.9萬噸，比1952年增長了近十倍，其產量已可以充分滿足島內居民的需求，不再需要進口。台灣面粉業從依賴進口到完全自給自足，是台灣經濟在美援扶持下實施替代進口戰略的一個成功範例。

從五十年代末開始，台灣經濟向出口導向發展。這時，台灣的進口替代工業已經建立，但由於島內市場有限，工業進一步發展遇到問題。政府決定發展出口導向型經濟，向海外市場發展。美援在幫助台灣經濟轉型、發展出口導向工業上起了積極的推動作用。這一作用突出地表現在紡織工業上。紡織工業是台灣勞動密集型出口導向工業的主體，是帶動台灣外向型經濟發展的龍頭產業。美援對這一龍頭產業的發展起了扶植作用。原棉供應是發展紡織業的關鍵，美援所提供的大量原棉，解決了台灣發展紡織工業的關鍵問題。在長期、穩定的美棉供應下，台灣充分利用其廉價勞動力，發揮相對優勢，開拓國際市場，使紡織業迅速成爲台灣經濟成長時期最大的創匯產業。

總之，台灣工業從戰後恢復，到實行進口替代，再轉入出口導向，其成長的每一步，都得到美援的大力支持和扶植。

發展基礎設施建設

基礎設施狀況是現代經濟發展的條件。日本在統治台灣的時候，曾建設了一些基礎設施，比如鐵路、公路、港口和電廠。但是在太平洋戰爭中，這些基礎設施遭到巨大破壞。爲了給台灣經濟的發展提供必要的條件，美援把基礎設施的重建作爲重點投資領域。

在基礎設施各部門中，電力是獲得美援最多的部門。台灣的電力設施在二戰中受到很多破壞，戰後發電量只有戰前的十分之一多一點。電力供應不足成爲制約經濟發展的瓶頸。爲了改變這一狀況，國民黨政府把發展電力作爲當務之急，於50年代初期制定了"電源加速開發計劃"。美援爲這一計劃的實施提供了大量資金，截止到1965年，美援爲台灣電力發展共提供了美金1.393億元，佔同期台灣電力投資總數的四分之三。美援主要是通過政府控制的台灣電力公司 (即 "台電") ，來向台灣的電力工業注入資金。依靠這些美援資金，台灣修建了五個大型火力發電廠，八個大、中型水力發電站，以及與之相配套的輸變電工程。這些電力設施形成台灣電力工業的骨幹電網，帶動台灣整個電力工業的迅速發展。從1951年到1965年，台灣的電力裝機容量從31萬千瓦增加到148萬千瓦，發電量從9.55億度，增加到56.72億度，年平均增長速度爲13.5%，其發展速度居世界首位，大大超過同期7.6%的經濟發展速度，爲台灣經濟起飛提供了充足的動力資源，發揮了電力工業的 "排頭兵" 作用。比如，用美援建成的高雄南浦火電廠爲高雄經濟的發展起了至關重要的作用。[16]

交通運輸設施是美援積極支持的另一個基礎設施部門。台灣的交通運輸設施在戰時也遭到嚴重破壞，戰後處於半癱瘓狀態。台灣地理條件複雜，山地佔三分之二，使交通建設非常困難，造價成本巨大，以台灣當時的財力是難以負擔的。美援的到來爲台灣交通運輸的迅速恢復和發展提供了有力的保證。從1951年到1965年，約有八千四百萬美元以及由美援而產生的新台幣基金被用於交通運輸設施建設。美援資金佔台灣交通建設總投資的23.4%，其中鐵路佔39.1%，公路佔23.3%，民航佔36.6%，水運佔16.6%。鐵路建設利用美援完成了"除舊佈新計劃"，達到了"動力柴油化、車輛鋼鐵化、信號電氣化、養路機械化"。公路建設利用美援完成了東部幹線、西部幹線、東西橫貫線，連接台北和基隆的麥帥公路、産業道路等幹線公路，修建了西螺、台北、華江大橋，形成了全島完整的公路網。水運建設方面，利用美援修復和擴建了遭到戰爭嚴重破壞的基隆、高雄、花蓮三個主要深水港口，大量建造與購買船舶，增加海運能力。基隆和高雄成爲台灣對外貿易的重要港口。在民航方面，利用美援重建航空公司，購買飛機，擴建機場，完善飛行設施。[17]

在美援的大力支持下，台灣受到戰爭破壞的交通運輸設施迅速得到恢復和重建，很快形成了以鐵路和公路爲主體，包括海運、空運在内的比較完整的現代化交通運輸系統。它極大地促進了經濟的發展，便利了人員和貨物的流通，很多工廠得以到城市郊區建立，城鄉的差別得以縮小。

電信業是美援在基礎設施方面積極扶植的第三個部門。在美援到來之前，台灣的電信事業非常薄弱，市内電話不到萬門，長途電話只有273路，遠遠不能滿足現代社會的需要。爲改變這一落後狀況，台灣電信局推出了兩期四年發展計劃，以實現電信現代化。但是執行這些計劃需要大量資金，特別是進口各種電信設備和器材需要很多外匯，這是台灣當時財力所不及的。美援的到來解決了這個問題。從1954年至1967年，台灣電信局所獲得的美援折合新台幣爲4.593億元，佔該局同期總投資的17.6%。美援除以資金相助外，還資助台灣派遣工程技術人員到海外進修和考察，學習世界電信業最新技術，跟上國際電信技術飛速發展的步伐。在美援的大力支持下，台灣的電信事業取得了長足的發展，順利實現了兩期四年發展計劃。市內電話交換機增長了33倍，島內長途電話線路增長了26倍，國際長途電話線路增長了76倍，形成了一個現代化的通訊體系，帶動和支撐了整個國民經濟的發展。[18]

培養人力資源

發展現代化經濟既需要大量物質資源，又需要充足的人力資源，特別是受過良好教育的人才，國民教育水平與經濟發展有著密切關係。50年代美國在向台灣提供經濟援助時，十分注重對人力資源的培養。

從台灣的實際情況出發，美援在人力資源的培養方面首先是側重職業教育，以滿足台灣經濟發展之急需。農業職業教育是美援最先給予幫助的領域。從1954年起，台灣在美援的支持下，開始實施"農業職業教育計劃"。農復會先後選定二十五所農業學校，利用美援資金，培訓師資，更新教學設備，改善實習條件，培養農業人才。到60年代末，台灣的農業學校已經發展到三十九所，畢業生每年達到五千人以上，爲台灣農業的發展提供了充足的技術人材。這些掌握了現代農業生產技術和經營觀念的新型農民爲台灣農業的現代化作出了重要貢獻。[19]

工業職業教育是台灣經濟發展另一個急須解決的問題。台灣工業發展需要大量初、中級技術人員和熟練工人，美援積極幫助台灣發展工業職業教育。美援選中新竹、台中等八所高級工業職業學校作爲示範點，採用美國職業學校所流行的 "單位作業教學法"，利用先進實習設備，使學員能夠親自動手操作，在實踐中學習，以熟練掌握相關職業技術；利用暑假輪訓個工校教師，提高他們的教學水平；派遣個工校優秀教師到美國學習，考察美國最新生產技術和教學方法，使台灣工業職業教育能跟上國際先進水平。在美援的大力支持下，台灣的工業職業教育得到迅速發展，形成了一個比較完整的工業職業教育體系，培養了大批爲工業化所急須的技術人材。從1955年到1967年，工業職業教育的年畢業生人數從1,086人上升到9,877人，增加了近十倍，基本滿足了台灣工業發展的需求。[20]

除了幫助台灣發展各種職業教育，美援還資助台灣的普通教育和高等教育，以提高普遍國民教育水準爲目標的 "九年義務國民教育計劃" 就獲得過美援的支持。美援幫助台灣建立小學校舍，購買教學設備和器材，培訓師資。在高等教育方面，美援向三所國立大學、十一所省立大學提供物質幫助，美援幫助台灣大學發展農業、工程、醫學、教育、人文、社會科學等科系。比如，美國的普度大學和台灣的成功大學簽定了一個八年協議 (1953－1961年)，由普度大學幫助成功大學建立工程系，爲台灣工業發展提供工程人材。1963年，美國密西根大學開始幫助台灣國立政治大學建立經濟和公共管理系，爲台灣的經濟發展培養管理人材。[21]

四 結語

在1950－1960年代，台灣經濟得到迅速發展，令人刮目相看。多方面的因素導致了台灣的經濟成就，美國的經濟援助是這些因素中一個重要部分。50年代初，美國視中共爲其安全威脅，因而大力支持台灣，以遏制和削弱中共。美國還力圖把台灣從中國分裂出去，製造兩個中國，以維護美國在太平洋的利益。爲了使國民黨政府能在台灣站穩腳跟，抗衡大陸，美國出巨資幫助台灣抑制通貨膨脹，恢復和擴大基礎設施，發展各級教育，培養技術人材，振興農業，推動工業，拓展外貿。由於得到美國的軍事保護，台灣可以在不受外來干擾的情況下，專心致力於經濟的發展。到60年代下半期，台灣經濟在美援的支持下已獲得迅速的發展。

在考察戰後台灣經濟發展的原因時，我們當然不應該忽視台灣的内部因素，諸如，大批受西方教育的專業人材隨國民黨政府來台服務；政府及時開展土地改革，解決農民的問題；政府重視教育，制定"九年普及義務教育"計劃；國民的高儲蓄習慣；政府爲促進經濟發展而出臺的正確政策；日據時期留下的經濟基礎，等等。但是，如果我們只是強調這些因素，而忽略國際的因素，那麼，我們就不能全面地、如實地闡述戰後台灣經濟得以迅速發展的原因。没有美國的經濟援助，台灣的經濟在戰後或許也能逐漸恢復和發展起來，但其恢復和發展的速度絶不會有那麼快，那麼迅速。

作者簡介

翟強：1984年在南京大學獲歷史學碩士學位．1985年赴美國俄亥俄大學繼續深造．1991年獲得歷史學博士學位以後，開始在奧本大學 (蒙哥馬利校區) 任教，目前是該校歷史系教授．他的學術研究專長是二十世紀中美關係，著有兩本英文專著和大量中英文學術文章．他還擔任 "美國——東亞關係雜誌" 編輯顧問．

注釋

1   有關朝鮮戰爭對美國對台政策的影響，參見 Qiang Zhai, *The Dragon, the Lion, and the Eagle: Chinese-British-American Relations, 1949–1958* (Kent, Ohio: Kent State University Press, 1994), pp. 89–93; Robert Accinelli, *Crisis and Commitment: United States Policy toward Taiwan, 1950–1955* (Chapel Hill: University of North Carolina Press, 1996).

2   Ralph Clough, "Taiwan under Nationalist Rule, 1949–1982," in Roderick MacFarquhar and John K. Fairbank, eds., *The Cambridge History of China, Volume 15: The People's Republic, Part 2: Revolutions within the Chinese Revolution, 1966–1982* (Cambridge: Cambridge University Press, 1991), p.835; 張健，〈美援與台灣經濟發展〉載資中筠、何迪編《美台關係四十年，1949–1989》(北京：人民出版社，1991)，第 235頁．

3   Nancy Bernkopf Tucker, *Taiwan, Hong Kong, and the United States, 1945–1992* (New York: Twayne Publishers, 1994), p. 54; Peter Chen-main Wang, "A Bastion Created, A Regime Reformed, An Economy Reengineered, 1949–1970,"in Murray A. Rubinstein, ed., *Taiwan: A*

New History (Armonk, N.Y.: M.E. Sharpe, 1999), p.328; Neil H. Jacoby, *U.S. Aid to Taiwan: A Study of Foreign Aid, Self-Help, and Development* (New York: Praeger, 1966), pp.38; Annie H. Chou, ed., *Documentary Collection on US Aid to the R.O.C., 1948-1965*, 3 vols. (Taipei: Academia Historica, 1995-1998).

4　　張健，〈美援與台灣經濟發展〉，第235 – 237頁；Tucker, *Taiwan, Hong Kong, and the United States*, p.54; Jacoby, *U.S. Aid to Taiwan*, p.46.

5　　Jacoby, *U.S. Aid to Taiwan*, pp. 55 – 60.

6　　張健，〈美援與台灣經濟發展〉，第239頁。

7.　　張健，〈美援與台灣經濟發展〉，第240頁；Wang, "A Bastion Created,"pp. 328 – 329; Erik Thorbecke, "Agricultural Development," in Walter Galenson, ed., *Economic Growth and Structural Change in Taiwan: The Postwar Experience of the Republic of China* (Ithaca: Cornell University Press, 1979), p. 172.

8.　　關於農復會的詳細闡述，參見: Annie H. Chou, ed., *Documentary Collection on Joint Commission on Rural Reconstruction*, 2 vols. (Taipei: Academia Historica, 1995); Joseph A. Yager, *Transforming Agriculture in Taiwan: The Experience of the Joint Commission on Rural Reconstruction* (Ithaca: Cornell University Press, 1988); T.H. Shen, ed., *Agriculture's Place in the Strategy of Development: the Taiwan Experience* (Taipei: Joint Commission on Rural Reconstruction, 1974).

9.　　趙玉琪，文貫中主編，《台灣的啓示》(紐約: 東方新聞出版社出版，1992年)，第 55 – 56頁，86 – 87頁；Yager, *Transforming Agriculture in Taiwan*, pp.99 – 107; Thorbecke, "Agricultural Development," p. 173.

10. 趙玉琪，文貫中主編，《台灣的啟示》，第56頁；張健，〈美援與台灣經濟發展〉，第243頁；Yager, *Transforming Agriculture in Taiwan*, pp. 107 – 110; Thorbecke, "Agricultural Development," pp. 173 – 174.

11. 趙玉琪，文貫中主編，《台灣的啟示》，第56頁，第87 – 88頁；李國鼎，〈台灣經濟發展歷史與背景：歷程與經驗〉，載三民主義統一中國大同盟編印，《台灣中小企業發展與成就研討會實錄》, Yager, *Transforming Agriculture in Taiwan*, pp. 110 – 124; Thorbecke, "Agricultural Development," p.174; Ching-Yuan Lin, "The 1949 – 53 Land Reform," in James C. Hsiung and others, eds., *The Taiwan Experience, 1950 – 1980* (New York: Praeger, 1981), pp. 140 – 141.

12. Clough, "Taiwan under Nationalist Rule, 1949 – 1982," p.837.

13. Yager, *Transforming Agriculture in Taiwan*, part 3.

14. Yager, *Transforming Agriculture in Taiwan*, part 4.

15. 以下幾段關於台灣工業發展的論述引自張健，〈美援與台灣經濟發展〉，第244 – 247頁；李國鼎，《台灣經濟發展歷史與背景 歷程與經驗》，第34頁；Clough, "Taiwan under Nationlist Rule, 1949 – 1982," pp. 838 – 839.

16. Jacoby, *U.S. Aid to Taiwan*, pp. 176 – 178; 張健，〈美援與台灣經濟發展〉，第248頁。

17. Jacoby, *U.S. Aid to Taiwan*, pp. 178 – 180; 張健，〈美援與台灣經濟發展〉，第248 – 249頁。

18. Jacoby, *U.S. Aid to Taiwan*, pp. 180; 張健，〈美援與台灣經濟發展〉，第249 – 250頁。

19. Jacoby, *U.S. Aid to Taiwan*, pp. 184 – 187; 張健，〈美援與台灣經濟發展〉，第250–251頁．關於戰後台灣教育事業的發展，可參見 Hsiung and others, eds., *The Taiwan Experience, 1950 – 1980* section,2.

20. Jacoby, *U.S. Aid to Taiwan*, pp. 184 – 187; 張健，〈美援與台灣經濟發展〉，第250 – 251頁．

21. Jacoby, *U.S. Aid to Taiwan*, pp. 184 – 187; 張健，〈美援與台灣經濟發展〉，第250 – 251頁．

爲什麼中華經濟能在危機中立於不敗之地？

彭大進

　　1997到1998年間，亞洲金融危機橫掃東亞經濟。1998年，東盟五國 (印度尼西亞、馬來西亞、菲律賓、泰國和新加坡) 國内生產總值下降了7.8%，是自1967年東盟成立以來最嚴重的一次經濟衰退。同年，韓國經濟也下降了6.4%。與此形成鮮明對比的是，台灣經濟於同期上升了5.3%，中國大陸經濟則上升了7.8%。在貿易方面，泰國的對外貿易在危機爆發後僅一年的時間内就下降了31.8%，印度尼西亞下降了31.5%，馬來西亞28.5%，韓國24.8%，新加坡17.3%，菲律賓13.4%。與之相對照，香港和台灣的對外貿易僅分別下降了5%和8%，中國大陸對外貿易甚至還增長了2.4%。

　　總體而言，被稱爲“大中華經濟圈”内的國家，特別是中國大陸和台灣成了危機中的佼佼者。這並不是因爲台灣資本主義經濟的人情味比其他亞洲國家淡，這也並不意味着中國大陸經濟體系比亞洲其他國家要清廉。實際上，華人資本主義經濟模式在重人際關係上絲毫不遜於其他亞洲國家，許多華人企業都是家族企業或以家族企業爲基礎發展起來的。那麼，究竟是什麼造成了中華經濟和其他東亞經濟在危機中這樣大的差別呢？最主要的原因之一是華人經濟模式比其他模式能更有效地應付信息時代的挑戰，龐大的華人血緣經濟網絡有助於中華經濟與世界經濟緊密地聯繫起來。華人經濟在產業升級上尤爲成功。中國和台灣是東亞國家中第一批打破由日本主導的雁陣經濟模式的國家，如果說台灣經濟在早期只是日本經濟的延伸，那麼今日台灣的信息產業則是美國信息產業的延伸。美國經濟成功的技術更新大大縮短打破了傳統的“生産周期”，走到了世界經濟的最前沿。與美國經濟休戚相關的台灣經濟也因此大受俾益，找到了新的生機。而且中國大陸、香港和台灣經濟之間成功的一體化，使“大中華經濟圈”成爲東亞地區最緊密結合的經濟體。由於美國與台灣信息產業之間的緊密聯繫加上台灣與中國大陸間特殊的紐帶，一種新的經濟一體化正在台灣、中國大陸和美國之間建立起來。這種經濟一體化將會加強亞太經濟對二十一世紀的影響。

打破雁陣模式

早期東亞經濟是以所謂的 "雁陣模式" 爲榜樣的。雁陣模式的理論是由日本經濟學家赤松要 (Akamatsu Kaname) 在三十年代首次提出的。赤松要發現日本工業化進程分爲三個階段：進口新産品，進口替代，出口。該過程在圖表上表現爲一個倒 "V" 字形，正如同雁陣的形狀。[1] 戰後，雁陣模式被用於詮釋東亞以日本爲首的多級分工的現象。日本先是從美國進口先進技術，加以改進，然後用於生産，最後出口到美國。當這些技術成熟或標準化以後，日本再將它轉移到東亞新興工業化國家。這些國家也如此照作，依次循環，該模式的展開使東亞國家步日本後塵——發展起來。

雖然美國在東亞的經濟起飛階段也扮演了重要的角色，但是它更主要是起提供市場和資金的作用，較之日本直接參與東亞國家生産進程所起的作用遜色得多。因此，至少在生産方面，日本 (而不是美國) 是東亞經濟真正的帶頭人。日本在整個東亞地區建立了廣泛的區域生産網絡，使大多數東亞國家以日本爲中心形成了區域生産一體化。

雁陣模式爲東亞的工業化和亞洲四小龍出口導向型經濟的興起作出了巨大貢獻。只要日本能迅速及時地完成産業升級，這一模式就能正常運轉。然而，一旦日本經濟在90年代停滯不前，雁陣模式的弱點就暴露了出來。身爲領頭雁的日本在向東亞國家轉讓技術上相當保守，原因之一是亞洲的日本企業主要是生産標準化産品，無須在當地開發技術。因此，日本的跨國企業在東亞普遍受到“技術轉讓過於保守”的批評。[2] 日本對中國的技術轉讓尤爲保守。中國的地大物博和人口衆多是日本無法望其項背的，日本擔心工業化之後的中國會對日本形成威脅。

從長遠看來，這種技術轉讓上的保守態度到頭來實際上對日本有損無益。它表面上是減少了其他國家對日本的競爭，但實際上卻也降低了日本企業的生産效率。不僅如此，面對對日貿易的巨大貿易逆差，其他東亞國家紛紛試圖繞過日本，而與美國等其他西方國家建立直接的生産聯繫。因此，日本在亞太地區新形成的一體化進程中反而被排除在外了。如今，亞太地區的產業分工格局已發生了變化。美國發明新技術、日本改進和採用新技術並領導東亞生産體系的舊産業分工模式已經被打破，取而代之的是美國與大中華經濟圈之間的産業分工，這種新的産業分工由兩部分組成。第一部分是大中華經濟圈内的産業分工，通過華人經濟網絡及台、港和大陸之間的次區域經濟區，中國大陸、台灣和香港的經濟已形成了不可分割的整體。目前，香港和台灣的大部分勞力密集型産業已轉移到了大陸，香港和台灣的投資爲大陸經濟注入了活力，而大陸的市場和生産基地又有力地支持着台灣和香港經濟。香港作爲中轉站連接台灣和中國大陸經濟，而大陸和台灣的轉口貿易同時又支撐着香港經濟。第二部分是大中華與美國間的聯繫。美國發明新技術和生産核心信息工業産品，台灣提供重要附件和附屬産品並使新技術商業化，大陸成爲日益重要的信息工業生産基地。從一開始，日本就未能全力投入大中華的一體化，在台灣和香港從與大陸的一體化中大受裨益的時候，日本僅僅是袖手旁觀。因此，中國大陸經濟從未太多依賴於日本的技術輸入。

但是，其他大多數東亞國家卻沒有如此幸運。幾乎所有東南亞國家都遭到了亞洲金融危機的沉重打擊。這些國家過於依賴日本的技術和投資，當日本經濟下滑，進而在技術更新上逐漸落伍的同時，其他東亞國家的經濟也隨之落到了後面。

雁陣模式在以下幾方面與金融危機聯繫在一起:

第一，對日本技術和資本的高度依賴不僅使東亞經濟受日本企業的左右，而且很容易受日本經濟氣候的影響。雖然日本沒有直接捲入這次金融危機，但是日本經濟長期蕭條卻是造成危機的主要原因之一。東亞的發展嚴重依靠日本的直接投資，由於日本直接投資與日元匯率和日本經濟條件直接掛鈎，亞洲許多國家的經濟形勢也取決於以上兩種因素。例如，有的研究發現，日元升值時東亞經濟形勢就可能好轉，反之亦然。[3] 自1990年以來，日本經濟就一直徘徊不前，推動亞洲國家經濟的發動機也因而就 "心力衰竭" 了。美國著名經濟學家保羅·克魯格曼認為，大規模直接資本投資是亞洲經濟發展的基本特徵。[4] 以東南亞國家為例，由於加工工業的追加價值很低，只有不斷擴大生產規模才能保持貿易平衡和經濟發展速度。[5] 日本直接投資的減少是許多亞洲國家出口貿易額和經濟發展速度降低等現象的主要原因之一。

第二，對日資和日本技術的依賴使得許多東亞國家出口貿易結構趨向單一化。東南亞國家在這一點上尤為突出。東南亞國家的發展局限於亞洲縱向產業分工中的勞力密集型產業，這種結構致使東南亞國家經濟經受不起國際價格市場哪怕是輕微的動盪。
例如，泰國和馬來西亞的出口危機就是由電子配件價格急劇下降
引起的。[6]

　　第三，雁陣模式導致的出口導向型經濟致使東亞國家嚴重依
靠出口，幾乎所有東亞國家出口額都超過其國民生產總值的40%。
而東亞出口的主要市場都在亞洲之外的歐美，特別是美國。但是
西方國家市場吸收亞洲出口的容量是有限的，而且，由於勞力密
集型產業容易發展，東亞國家面臨着爭奪這些市場的激烈競爭。
來自中國大陸、印度、越南和其他勞力密集產業型國家的競爭是
導致東南亞國家出口貿易下降的主要原因，其結果是貿易赤字急
劇上升。國際收支狀況惡化也是亞洲金融危機的主要動因。

　　對於華人經濟，特別是“大中華”經濟圈內的國家和地區而
言，以上問題就小得多。中國大陸從未過分依賴日本投資。改革
開放開始十年之後，日本對華投資仍然是微乎其微。1983年到
1985年間，日本製造業對華投資僅4400萬美元；直至1986年到
1993年，日本在對華投資的國家和地區中僅居第四位。[7] 近年來，
日本大舉增加對華投資，因此中國大陸反而沒有受到日本經濟蕭
條引起的資金短缺的影響。至於台灣和香港，他們都有巨額的海
外投資，因此日本的經濟停滯也沒有給他們造成資金短缺的問
題。大陸和台灣在產業升級方面都很成功，台灣是世界信息工業
硬件主要生產基地之一，大陸的信息產業也因爲台灣廠商紛紛將
生產基地轉移到大陸而正在超過台灣的信息工業硬件生產。大陸
和台灣都沒有產業結構單一化的問題。作爲一個幅員廣闊的國

家, 中國市場擁有巨大的潛力, 這一龐大的市場又成爲台灣繼續
保持高額貿易順差的基礎。

從更深的層面來看, 華人經濟安然渡過危機是因爲衝破了雁
陣模式, 擺脱了日本對其經濟的技術壟斷。大中華經濟圈在生產
體系上已經渾然成爲一體, 香港和台灣已成爲中國大陸主要的技
術和資金來源, 中國大陸也已成爲台灣和香港的生產基地和產品
銷售市場。而且, 華人經濟, 特別是台灣已與美國建立了強有力
的聯繫。海外華人在大中華經濟圈與美國建立聯繫的過程中扮演了
舉足輕重的角色, 在美國的華人科學家和技術人員是建立台灣新
興技術產業的一朵奇葩——新竹高科技園的關鍵所在。大中華經濟
圈——美國經濟一體化是亞太地區經濟一體化發展的新方向。

爲什麼中華經濟能打破雁陣模式呢? 本文作者認爲, 深深紮
根於華人特有的經濟發展模式中的 "華人優勢" 是這個問題答案
的所在。與日本、韓國的比較研究, 對瞭解華人經濟爲什麼能夠
超越雁陣模式有重要的意義。

華人模式與日本、韓國模式的比較研究

華人企業行爲受着中國文化的深遠影響。長久以來, 每當政
府允許華人企業自由發展的機會, 這些華人企業就會表現出相似
的經濟行爲。[8] 儒家文化, 特別是濃厚的家族觀念始終深深紮根在
海外華人的心中, 使儒家文化成爲主導華人社會行爲的價值觀的
最顯著的單一標誌。[9]

華人企業與日本、韓國企業有許多相同之處。這三種模式都深受儒家學說的影響，因此他們都非常重視人際關係，重視教育和培訓，強調勤勞、紀律，注重相對和睦的勞資關係。如果按照某些西方學者的解釋，非正式企業行爲等同於“人際關係資本主義”的話，那麼這三種模式確實都屬於此類行爲。

然而，隨着華人經濟與日本、韓國經濟的效益越來越不同，越來越多的研究更強調華人經濟的特異之處。以下幾種特點尤其值得注意：

第一，最明顯而且最重要的不同之處是企業的規模。日本企業系列和韓國財閥都由大型企業主導，台灣和香港經濟卻是由無數小型家庭作坊式企業組成。1997年，97.95%的台灣企業是中小型企業(SMEs)，香港90%的製造加工業由49人和49人以下的中小型企業組成。在中國大陸經濟改革過渡期間，中小型企業無疑是經濟中最具活力的部分。在過去的計劃經濟體制下，大陸經濟是以大型國有企業爲主導的，但隨着經濟發展逐漸超出計劃經濟的範疇，充滿活力的中小型企業正在起着越來越重要的作用。[10]

第二，三種經濟體系中都存在着明顯的等級差別，但華人經濟體系的等級差別相對最小。華人企業的權威和控制較少集中在少數大企業手裏，企業成員之間常常是平等的關係，而不是上下級的關係。與此形成鮮明對比的是日本企業系列，在企業系列中，大企業牢牢控制着中小型企業。在韓國的企業系統中，等級差別比日本企業系列還要大。等級差別在資本密集型生產中確實能提高經濟效益，因爲它可以加強企業管理，但是在注重創造發明的信息時代，高度等級化往往會壓制中小企業的創造性和主動性。華人經濟相對來說更靈活。他們能靈活機動地應付越來越複雜多變的國際經濟環境，而這是那些等級森嚴的企業制度所無法應對的。

第三，政府與企業之間的關係不同。日本和韓國的企業都有政府的大力扶植，華人則較少依賴政府支持。香港過去的殖民地政府和現在的特別行政區政府都採用了"自由競爭"的政策，對私營經濟放任自流。台灣政府支持對台灣經濟的發展雖然也很重要，但它主要是採取資助基礎設施建設的形式，以確保私營企業的順利運行，政府很少直接參與私營企業和公私合營項目的運作。中國大陸的新興中小型企業由於政府自負盈虧的政策也都蓬勃發展起來了。對政府較少的依賴性賦予了華人企業更多的生機和活力，也極大地增強了他們的競爭力。

第四，華人經濟體系中競爭更開放。中小企業型經濟的主要特徵是競爭激烈，在一個高度競爭性的經濟體中，壟斷是很難存在的。投資大陸或台灣的西方企業常常發現，當地企業之間互相競爭着與他們建立生意關係。由於競爭的開放性，華人經濟體系對外部經濟條件的變化也就更爲敏感，這種敏感性大大加強了台灣企業的適應和競爭能力。

第五，華人經濟網絡體系沒有日本的生產網絡那樣固定，因而更加靈活。日本學者奧村宏指出，日本企業和華人企業一樣注重人際關係，但與華人社會不同的是，日本企業的人際關係是公司間的關係，而不是基於家庭和地區紐帶上的關係。他還指出，日本經濟體系中的這種關係不是經濟意義上的，而是凌駕於所有商業往來之上的長期、穩定的一種聯繫。這種過於固定的關係往往缺乏應變能力。[11]

第六，華人企業的國際貿易基本上是獨立進行的，而日本和韓國企業則多依賴大型綜合商社。在香港和台灣，小型企業在摸索中學着做出口貿易，然後再逐漸參與到更複雜的國際交易中去。與此相對的是韓國、尤其是日本，日本和韓國的出口貿易是由出口國的大企業集團控制着，綜合商社在其中扮演着重要的角色。台灣和香港的出口廠商不會像日本企業那樣獨立發展自己認為有前途的新產品，相反，他們是按照進口商的需求出口產品。[12]

由於以上列舉的不同之處，華人企業在今天激烈競爭的大環境中具有幾個優勢。日本和韓國企業因為企業規模大，具有規模效益，但華人中小型企業因反應靈活而具有創新效益。產品週期是區別這兩種效益的關鍵。產品週期是指產品從在市場中具有競爭力(即以出口該產品為主)到過時(即以進口該產品為主)所持續的時間。[13] 如果產品週期長，規模效益就很重要，因為一個大型企業具有生產大批標準化產品的優勢。但是，在產品週期越來越短的今天，創新效益則更為重要，正如同發展新興技術越來越重要一樣。創新效益強是華人企業在產業升級方面相當成功的原因所在。

如果說日本和韓國模式是生產導向型，那麼華人模式則主要是消費導向型。在大公司大企業壟斷，產業政策至關重要的經濟中，企業更注重生產而不是消費，這是因為他們無須擔心對其市場的競爭，而且還有政府作強大後盾。可是，台灣和香港企業如果不想在激烈的競爭中被淘汰，就必須對消費者的需求做出及時反應。韓國和日本的垂直性一體化商品鏈生產的是出口成品，與之相反，台灣和香港的中小型企業生產的則是出口產品的部件，可以在各個地方因地制宜靈活地進行組裝。[14]

　　台灣信息產業的中小企業集高度靈活、高效率和專業化等特點為一身，是價格效益型企業。這與日本和韓國的大企業高債務、企業、政府和銀行互相牽制的特點形成鮮明對比。例如，韓國企業特別是財閥經常選擇發展需要大筆啓動資本、建立大型廠房的產業，其中常常包括進行與現有經營項目無關的生產活動。資金雄厚的韓國財團一直有實力在短期內實現最低限度的規模經濟，甚至通過大公司製造規模經濟所特有的產業結構。相反，台灣的商家都是從小本生意做起，靠國外技術轉讓或倣效現有成功的企業發家。這樣就不會形成韓國那樣由大企業集中控制生產的局面，而能夠小批量、多樣化地生產反應市場需求的產品。[15] 即使台灣規模最大的電子企業也只相當於巨大的韓國財閥企業的一小部分。但是無論是在韓國還是在台灣，外國跨國公司都爲當地電子工業的興起作出了巨大貢獻，許多本地公司通過爲跨國公司提供商品和服務而發展起轉包合同和組裝生產。與很快就減少國外直接投資的韓國不同，外國跨國公司在八十年代直到九十年代初繼續在台灣電子工業中起着領導作用。[16] 對外國投資的開放性加強了華人企業吸收新技術、實現產品升級的能力。

　　從以上的比較中我們不難看到，在世界進入信息時代而要求更高的生產效益和更多而快的技術創新時，華人經濟所以能打破雁陣模式是依靠他們的靈活、開放、創造力和高效益勝過韓國和日本的。正如下一章將要闡述的，華人經濟成功最重要的外在因素是他們與美國經濟、特別是美國的信息產業建立的緊密聯繫。台灣、中國大陸和美國之間新的產業分工已經跨過太平洋正在形成，並將在二十一世紀的世界政治經濟體系中起到巨大的作用。

與美國的經濟聯繫和跨太平洋的生產分工

　　近年來對亞洲一體化的研究主要側重於日本和最近對華人經濟的研究，而實際上亞洲與西方經濟的聯繫變得越來越重要，對越來越成爲西方大企業投資熱點的中國大陸來說情形尤其如此。與其他地區的企業相比，北美和西歐擁有着技術和規模經濟的優勢。西方企業在東亞生產經營的目的與日本企業不同，西方企業的目的是贏得當地的市場，而日本企業的目的是面向日本和第三國的市場。由於西方國家市場的多樣化與多種需求，西方企業常常採取分散研究發展的政策，他們在向被投資國進行技術轉讓方面的姿態更主動，這極大地動搖了日本在技術和資本方面的優勢地位，並有利於形成集垂直與水平爲一體的多級生產分工。

　　亞洲金融危機後，美國在亞洲的影響與日俱增。亞洲金融危機增加了東亞對美國的依賴。1998年，泰國出口降低了6%，但其對美出口卻增長了7%。馬來西亞和南韓對美國的依賴也增強了。

與此相對的是，亞洲國家之間的經濟關係反而因危機而削弱了，即使在大中華經濟圈内，台灣與大陸間的投資和貿易量也在危機後下降了。和美國的經濟聯繫對亞洲國家來説變得比自七十年代以來任何時候都更重要了。

中台和中美間的政治關係常常呈對抗局面，但他們之間的商貿關係實際上卻很密切。美國著名中國問題專家哈定認爲，美國與大中華之間是互補而非對抗的關係，大中華形成排斥外來勢力的封閉性貿易區的可能性是不存在的，大中華爲世界提供着巨大的市場，大中華經濟圈内的聯合將致使美國實現其跨國策略。

没有人會否認美國對東亞的重要性，可是亞洲一體化的研究除强調美國的市場和技術重要性之外卻没有對美國給予足夠的重視。如前所述，部分原因是由於美國没有直接參與東亞的生產進程，東亞的發展更多地依靠日本的技術、資金和經驗，然而，直接投資和技術轉化比貿易的影響更大。1980至1988年間，日本對亞洲四小龍的投資總值達88.7億美元，遠遠超過美國的53.6億美元。差距在此後幾年仍在增長，1991至1992年，日本對四小龍的投資達120億美元，是同期美國投資的三倍。美國主要提供消費市場，卻没有積極參與亞洲生產也是造成美國對東亞高額貿易赤字的一個因素。

但是，美國的存在對許多東亞國家擺脱雁陣模式仍然至關重要。與美國經濟保持密切聯繫的亞洲國家都能保持其經濟活力，主動積極地與美國經濟接軌是非常重要的，台灣在這方面尤爲成功。海外華人是與美國建立聯繫的重要渠道。台灣豐富的技術人才主要集中在信息、電子和電訊產業，許多此類人才主要"儲存"在美國，大約十萬台灣留美學生在完成學業後在美國留了下來。1980年以前，台灣每年只有一百名左右的留學生回國，1982年，回國人數超過一千人，1988年約二千人；到九十年代，人數增長得更快。台灣制定了利用這些海外人才的靈活政策，許多台灣學生專修計算機或相關專業，他們對信息產業——促使台灣領先於其他東亞國家的關鍵產業——之興起關鍵尤爲重要。

台灣的電訊業是從電動玩具業起步，以日本及其他西方跨國公司的直接投資爲基礎而發展起來的。在七十年代，外國跨國公司佔台灣電器出口的60%。到七十年代末，電子產品通過OEM升級爲電訊產品。到八十年代中期，電子產業取代紡織業而一越成爲台灣出口導向型經濟的支柱。八十年代期間，許多新興企業後來者居上，將規模發展得越來越大。大同和宏基 (ACER) 到1990年的銷售額已超過10億美元。同年，台灣前五大電子器材製造企業的銷售總額才不到30億美元，而南韓三大公司該年銷售額達150億美元。

當美國在電子和半導體製造上取得突破的同時，台灣即接到美國電腦附件加工的大批訂單，緊隨美國技術發展趨向的步法，台灣的半導體製造業也發展起來了。銜接硅谷和新竹的科技人員與企業家集團也將美國與台灣的信息產業銜接了起來。

九十年代初，台灣新興企業向電腦、操作系統、彩色顯示屏市場的居領導地位的外國公司發起挑戰，一度獨霸台灣市場的外國獨資、合資企業佔總產出的份額頓時下降到35%，到1995年，台灣90%的信息產品都是出自台灣本土公司之手。

如今，台灣的電訊工業由三大部分組成: 家用電器，信息工業和通訊工業。據一份1997年的統計顯示，台灣家用電器生產居世界第七位，信息業產品居第五位 (計算機硬件生產居第三位)，電訊生產居第十一位。1999年，台灣電腦硬件生產值達210億美元。台灣發展電訊業的過程中強調引進國外先進技術，充分利用"緊追效應" (follow-up effects)。從早期的電動玩具到今天的電腦，台灣抓住機會，充分利用了國外的先進技術和主件發展了其電子信息工業。台灣對信息工業的技術開發研究也相當重視，1996年，台灣59.75%的技術開發資金撥給了信息工業。[17] 1998年，台灣半導體產品的生產已佔世界的18%。[18]

1979年，台灣借助美國硅谷的經驗，建立了新竹科技工業園區。1997年，有145家企業在新竹落户，銷售總額達1000億美元。到九十年代中期，台南科技工業園區計劃開始實施。台灣的管理風格受美國的影響如果不比受日本影響多的話，也至少是相當的。台灣許多著名企業家都是在美國高科技公司任過職，並在美國受過教育。台灣公司常注意與硅谷以及美國其他高科技區保持密切的技術往來，[19] 1998年，台灣在硅谷的投資超過4億美元。

風險投資對台灣信息工業的興起起到了重要的作用。這其實也是仿傚美國的經驗。1946年，美國第一家風險投資公司"美國研究與發展公司" (ARD) 成立，它因支持數碼設備公司(DEC)而出名，它投入DEC的七萬美元到1971年漲到三億五千五百萬美元，增值了5000倍。到1995年，美國已經有六百餘家風險投資公司，總投資額達435億美元。1998年，200家風險投資公司募集到243.4億美金；1999年，美國風險投資總額達500億美元。

台灣第一家風險投資公司在1976年成立，但台灣直到八十年代初之前並沒有進行較具規模的風險投資。1983年，台灣發佈促進風險投資法案，真正啓動了台灣的風險資本事業。到1989年，台灣已有17家風險投資公司。到1999年8月，台灣的124家風險投資公司資金總額達25億美元，他們分別在2400家高科技企業進行了投資。[20] 如今，台灣擁有世界上第二大風險投資資本。台灣在美國的風險投資近年來增長飛速，到1994年，台灣僅有21.3%的風險資本投資海外；1998年，台灣在美國的風險投資達台灣風險投資總額的30%，其中95%的投資都是在硅谷。但與此同時，台灣的風險投資並沒有完全照抄美國的模式。美國的風險投資資金主要來自退休金 (60%)、企業 (11%) 和個人 (10.6%)，台灣的資金則主要來自企業 (56%)、政府 (22%) 和金融機構 (17%)。[21]

中國大陸的生產基地也是台灣能在信息產業領先的原因之一。缺乏高質量的科學家、技術人員，特別是具有一定理論水平的科技人員是台灣科學技術研究開發的主要問題，大陸廉價的高科技人才是台灣潛在的技術來源。大陸在某些先進技術和基礎理論方面具有雄厚的基礎，這使大陸成爲條件良好的生產基地。中國大陸在國際上的科學技術競爭力從1996年居世界第28位上升到1997年的20位，繼而又上升到1998年的第13位。1998年第二和第三季度，台灣43.4%的對華投資流入電子工業，總額達4.5億美元。

1999年9月21日大地震之後，台灣信息業過於產地集中的問題越來越明顯了，台灣信息製造業更加速向大陸轉移。

台灣特別擅長於將高科技產品商業化，台灣資金、商業管理和銷售渠道的完美組合，配合上中國大陸豐富廉價的人才資源，使大中華成為信息業強勁的生產基地。

1958年，中國大陸在蘇聯提供的藍圖基礎上製造出了第一台電腦。中國大陸的信息工業起步很晚。1999年，信息產業只佔大陸國內生產總值的3.4%，但其對國內生產總值實際增長的貢獻卻達10%。中國大陸信息產業的發展速度驚人。1996年以前美國品牌是大陸最暢銷的品牌，1996年，大陸的信息企業“聯想”成為中國大陸最大的計算機生產商，超過了IBM和COMPAQ。1997年，中國大陸電腦銷售量達350台，佔世界總額的4.3%；1998年，計算機銷售額猛增至450萬台；[22] 1999年，更增至600萬台，預計2000年將超過750萬台。這種增長速度意味着到2002年，中國大陸將成為世界最大的電腦消費和生產國家。

中國大陸直到1994年才開始發展互聯網事業，1997年大陸僅有70萬互聯網絡用戶，到1999年底，大陸的互聯網用戶增至890萬，使中國大陸成為世界八大互聯網國家之一；到2000年中期，中國互聯網用戶達1700萬。[23] 據估計，到2003年，使用漢字平台上網 (包括大中華、日本、韓國等) 的用戶將達5200萬。[24]

和海外的經濟聯繫為中國大陸的經濟發展作出了巨大貢獻。從1991年到1997年，中國大陸總投資額中外國直接投資所佔份額從3.9%增長到14.8%；目前，外國直接投資累計額超過中國大陸國內生產總值的20%。從1992年至1996年，外資企業的稅收額從佔大陸國家財政收入的2.6%上升到12.3%。1995年，中國外匯儲備增長的34.4%來自海外投資。外資企業貿易額在中國外貿總額中所佔的比重從1987年的5.6%增長至1996年的47.3%。海外直接投資在促進中國技術進步中扮演了格外重要的角色，這在光學纖維、通訊器材、彩色電視、電梯、計算機、汽車和生物工程等產業表現得尤爲突出。[25]

美國對中國大陸的許多高科技項目的出口仍有嚴格控制。美國對中國技術輸出的限制是與中國貿易失衡的一個主要原因，由於美國的限制，台灣成爲大陸信息技術尤爲重要的來源。

美國的華人商業網是所有華人經濟取得信息與合作夥伴的重要源泉。在美國的約16萬華人企業中湧現出了許多先進而規模龐大的高科技企業，華人企業習慣於使其投資多樣化以避免風險、獲取利潤，由於與美國經濟的互補性及有利於合作的共同文化，大中華經濟爲這種多樣化提供了理想的去處。[26]

中國與美國的密切關係不僅有利於東亞，也對美國有利。九十年代，美國辦公室用品、通訊和電腦系統生產商從日本的手中奪回了統治地位。如今，美國工業企業家們對美國企業今後的成功深信不疑，許多人將日本的衆多大型企業看做是失去了競爭力的大恐龍，完全無力對付今天千變萬化、發展極爲迅速的電子產品市場。然而，如果沒有在東亞新興工業國家特別是在大中華經濟圈內的生產基地，美國電子和信息工業的成功是不可能的。最明顯的例子就是1999年台灣大地震對美國信息業和市場的影響，

地震給美國信息工業生產的部件供應造成了許多瓶頸，電腦部件
價格也因此急劇上漲。向大中華生產基地的轉移減輕了美國對日本
企業許多電子零部件如内存板 (memory)、顯示屏、主板等的依
賴，同時，這些亞洲生產基地也減少了生產成本和週轉時間。美國
得以將其力量集中在最先進的生產加工和最尖端的科技發明上。
大中華與美國之間的新生產分工極有力地促進了華人經濟和美國
經濟的成功，日本由於不夠開放和缺乏靈活性而被冷落在了一
旁。

結論

　　亞太地區經濟正發生着迅速的變化，台灣和中國大陸在這個
演變的過程中起着非常重要的作用。亞洲金融危機之後，台灣的
外部經濟循環從 "日本技術——台灣加工——美國市場"，轉變爲
"日本出口——台灣設計——中國加工——向美國和歐洲銷售" 的
循環。這種新的產業分工打破了雁陣模式，一個更具活力和挑戰
性的模式正在亞太地區形成，新的產業分工所激發的強大的活力
使得大中華經濟在危機中平穩過關。

　　華人企業在這一新分工中的作用非同小可。大中華經濟圈内
的經濟合作使華人經濟在國際經濟舞臺上繁榮發展，更具競爭
力。台灣一直注重尖端產業的發展，注意利用其善於將新產品商
業化的優勢。台灣商業也大大地擴大了其在中國大陸的生產基
地，中國大陸因而獲得了技術、投資、管理和銷售渠道，也因此

產生了許多新興產業。大中華與美國之間的新產業分工使華人經濟和美國經濟都受益匪淺，使雙方在國際競爭中都處於有利地位，結果雙方都成爲世界上最具活力、前景最光明的經濟體。

大中華經濟圈內的合作與跨太平洋新產業分工突破政治難關成功地走出了第一步。至今台灣仍然拒絕與大陸建立直接貿易、交通和通訊往來，兩岸商家通過間接聯繫克服了這些困難。中美經濟關係也常常與政治衝突糾纏在一起，美國對轉讓高新技術的限制影響了中美直接合作和信息產業的發展。台灣對協助推進美國信息業和大陸信息業的興起起了重要作用，但是台灣當局對中國大陸實行的諸多限制不僅影響了兩岸的關係，而且引起了中美關係的緊張。

然而，如果兩岸想要保持現有的經濟發展趨勢，緊張的政治關係問題必須得到解決。雙方強調合作是至關重要的。在高度競爭的國際經濟中，沒有哪個國家能讓政治問題長期阻礙經濟合作而不出問題。台灣和大陸的經濟都還有自己的很大弱點，兩者都主要依靠美國和日本給他們提供高新技術。1994年，中國大陸從美國進口價值546.7億美元的高新技術產品，從日本進口524.7億美元，遠遠超過其他三大技術提供地區 (香港155.1億美元，台灣158.9億美元，德國127.3億美元)。[27] 台灣也同樣高度依靠美國和日本的技術。雖然台灣是世界第二大筆記本電腦的生產國，但它依賴美國的微處理器 (CPU) 和日本的顯示技術。擺脫這種依賴性的最佳途徑就是在大中華經濟圈內進行密切合作，使兩岸三地的經濟優勢得到最佳結合。海峽兩岸人民找到建立和平穩定關係的建設性途徑是極爲重要的．推進經濟進步極不容易，但政治分歧造成經濟崩潰卻是輕而易舉的事．世界著名的《經濟學人》雜誌指出，目前台灣的政治動盪有可能造成在亞洲金融危機中避免了的金融崩潰．[28] 台灣應該採取重大措施穩定政局，真正帶着誠意使兩岸關係有突破性的改善，讓 "東亞奇跡" 唯一碩果僅存的部分得以保存下去．

作者簡介

彭大進：美國南佛羅里達大學政府與國際事務系助理教授．1995年獲得普林斯頓大學公共事務學博士．1997年3月至1998年8月以社會科學研究理事會博士后資格在日本早稻田大學從事研究．在《太平洋事務》、《亞非研究季刊》等學術刊物上發表過論文多篇，現正在完成《無形的紐帶——亞太經濟一體化的政治經濟學》一書．

注解

1. 赤松要，《新經濟秩序形成理論》 (東京：理想社， 1944)，第299－305頁．

2. 李俊久， "論日本對東亞的技術轉移"， 《當代亞太》2000年五月刊， 總第65期， 第38－39頁．

3. 裴桂芬， "日元匯率波動與東亞經濟增長"， 《世界經濟》1998年第12期， 第33－36頁．

4. 保羅‧克魯格曼(Paul Krugman)，“亞洲奇跡的秘密”(The Myth of Asia's Miracle)，《外交事務》(Forieng Affairs)，第73卷，第6期，第63頁.

5. 王林生，“雁陣模式與東亞經濟危機”，《世界經濟》，1999年第1期，第4頁.

6. 顧秉術，“再論雁陣模式：動盪後的反思”，《亞太經濟》，1998年第2期，第6頁.

7. 趙瑾，“90年代中國在日本對外直接投資戰略變化中的地位”，《世界經濟》，1998年第四期，第43頁.

8. 富蘭西斯‧福山 (Francis Fukuyama)，《信任：社會美德與創造繁榮》(*Trust: Social Virtures and the Creation of Prosperity*) (New York: the Free Press, 1995)，第70–71頁.

9. S.萊丁 (S. Gordon Redding)《華人資本主義的精神》(*The Spirit of Chinese Capitalism*) (Berlin: Walter de Gruyter, 1990)，第2頁.

10. 巴里‧諾頓 (Barry Naughton)，《超計劃發展：中國經濟改革，1978 – 1993》(*Growing Out of the Plan: Chinese Economic Reform, 1978 – 1993*) (Cambridge University Press, 1995)，第137 – 169頁.

11. 加里‧漢密爾頓，“概要：企業集團和經濟發展 (Introduction: Business Groups and Economic Development)”，《東亞和東南亞的商業網絡和經濟發展》(*Business Networks and Economic Development in East and Southeast Asia*)，(Hong Kong: University of Hong Kong, 1991)，第8頁.

12. 巴里‧諾頓，“中國圈的興起：中國大陸、台灣和香港的經濟和電子工業”(*The Emergence of the China Circle*) (Washington DC: Brookings Institution Press, 1997)，第20頁.

13. 大衛‧巴朗及邁克爾‧瓦賽斯 (David N. Balaam and Michael Veseth),《國際政治經濟學概論》(*Introduction to International Political Economy*) (Upper Saddle River, N.J.: Prentice Hall, 1996), 第199－200頁。

14. 加瑞‧漢密爾頓, "轉型中的亞洲商業網: 亞倫‧格林斯潘對亞洲金融危機不瞭解的方面" (Asian Business Networks in Transition:What Alan Greenspan Does Not Know about the Asian Financial Crisis), T‧J‧盤派爾 (T.J.P) (編),《亞洲金融危機中的政治》(Ithaca: Cornell University Press,1999), 第56頁。

15. 巴瑞‧諾頓, "中國圈的興起", 第21－22頁。

16. 邁克爾‧霍布戴 (Michael Hobday)《東亞革新: 挑戰日本》(*Innovation in East Asia: the Challenge to Japan*), (Brookfield, VT.: Edward Elgar Publishing Company, 1995), 第95頁。

17. 林世淵, "台灣電子資訊產業的現狀與發展趨勢",《亞太經濟》, 總94期, 2000年第1期, 第34－35頁。

18. 高樑, "台灣半導體產業的崛起及對我們的啓示",《國際經濟評論》, 總第29期, 2000年9月刊, 第18頁。

19. 霍布戴,《東亞革新: 挑戰日本》, 第22頁。

20. 李松濤與俞自由, "台灣風險投資的發展階段與特點",《亞太經濟》, 總96期, 2000年第3期, 第46頁。

21. 李松濤與俞自由, "台灣風險投資的發展階段與特點",《亞太經濟》, 總96期, 2000年第3期, 第46－48頁。

22. 盧榮正與於懷申, "中國大陸、香港、台灣經濟區的發展",《亞太經濟》, 總91期, 1999年8月, 第38頁。

23. 王選，"中國信息產業飛速發展"，《人民日報》，2000年10月25日。

24. 王海東，"世界經濟大趨勢與海峽兩岸經貿合作前景"，《亞太經濟》，總第97期，2000年第4期，第36 – 37頁。

25. 張金杰，《經濟全球化中的國際資本流動》，經濟科學出版社，北京，2000年，第180 – 186頁。

26. 邁克爾·柏拉斯 (Michael Borrus)，"置於死地而後生：亞洲生產網絡與美國電子業的重生" (Left for Dead: Asian Production Networks and the Revival of U.S. Electronics)，巴瑞·諾頓，"中國圈的興起"，第140頁。

27. 王健全，"由台灣角度看兩岸可能的研究發展合作模式"，饒美蛟等編《經濟中華》(香港：中文大學出版社，1998)，第177頁。

28. "台灣金融體系：負債累累" (Taiwan's Financial System: Too Many Debts to Settle)《經濟學人》(*Economist*)，2000年11月11日刊。

尹仲容，民生主義，與台灣經濟發展模式

卿斯美

尹仲容先生，湖南邵陽人，生於1902，卒於1963。於1949年來台後，歷任台灣區生活事業管理委員會副主任委員 (主任委員由省主席兼任)，中央信托局局長，經濟部長，經濟安定委員會委員兼秘書長，行政院美援運用委員會副主任委員，並兼任台灣銀行董事長。1962年，肯尼迪總統經濟顧問羅斯托仔細研究台灣經濟發展的各種指標後，得出結論："台灣經濟即將進入起飛階段。"一年之後，先生逝世。先生的一位同僚感慨係之：

> "外賓遠道來觀光的時候，對我們產品之殷富，往往會吃驚，而我們作響導的也會沾沾自豪。的確有史以來，我們自己有這麼多國貨，這是第一次。到國貨陳列館去參觀時，

常常有説不出的喜悦。我們的工業真個起飛了！起飛起飛，
這個名詞，是誰首先在中國喊出來的？一個偉大的人影矗立
在我們的眼前，他的談吐、笑貌、氣概，都活生生的繞在四
圍，這便是尹仲容先生，起飛是他喚出來，也是他，使得我
們今天的工業起飛的。"[1]

先生逝世十年之後，一位台灣學者寫道，自國民黨1949年來
台以後，"先生成爲促進台灣經濟進步的中心力量……。現在國外
人士都交相贊譽我們經濟進步穩定，人民生活水準提高，誰曾知
道先生爲了達到這些目的，貢獻出了自己的生命。"[2]

關於台灣經濟迅速起飛的原因，美國學者著述甚多，大致而
論，分爲三派。一派認爲大量美援及美國市場經濟模式爲台灣經
濟起飛之生命線，另一派強調日據時代所留下之工業結構對台灣
發展舉足輕重之影響，第三派則論述東亞"四小龍"經濟起飛之
共同特點，亦即儒家文化與"四小龍"發展特點之關聯。

迄今爲止，美國學者尚未研究五十年代期間台灣學界政界有
關工業化道路的激烈辯論，以及尹仲容之工業化藍圖對台灣經濟
起飛之深刻影響。美國學者更從未探討孫文民生主義與台灣經濟
發展模式之深刻的内在關聯。台灣經濟發展道路之選擇，如本文
所要論述，實爲有意識地拒絕全盤照搬美國經濟發展模式之產物，
更爲有意識地選擇孫文民生主義發展戰略之直接結果。

（一）

五十年代期間，在台灣有關經濟發展模式問題之辯論中，胡
適先生一派力主台灣工業化應以美國市場經濟或自由企業制爲模
式。如胡適先生在1954年台北《自由中國》社的茶話會上所說，
他極爲同意一位在政府任公務員的朋友兩年前來信中的一段話：

> "現在最大的問題：大家以爲左傾是當今世界的潮流，
> 社會主義是現代的趨向。這兩句話害了我們許多人……但是
> 最重要的還是在政府任職的許多官吏，他們認爲中國經濟的
> 發展只有依賴政府，靠政府直接經營的工業、礦業以及其他
> 的企業。從前持這種主張最力的，莫過於翁文灝和錢昌照；
> 他們所辦的資源委員會，在過去的二十年中，把持了中國的
> 工業、礦業，對於私有企業 (大多是民國初年所辦的私有企
> 業)，蠶食鯨吞，或者被其窒息而死。"[3]

引了這段話後，胡適先生不無感慨地表示，"在二十七年
前，我所說的話也是這樣的。那時候我與這位朋友所講的那些人
有同樣的錯誤。"他力主台灣今後經濟發展應完全拋棄社會主義
的思維模式，而全心採用美國"自由經濟"之發展道路。對胡適
先生而言，毫無疑義，美國"自由經濟"是使台灣迅速擺脫赤貧
之唯一途徑，是醫治百孔千瘡的經濟爛攤之惟一良方。在此期
間，胡適先生不只一次前往美國駐台使館，暢言他對美國"自由
經濟"之信念，批評國民黨政府對台灣經濟之管制，深得美國務
院及使館官員的衷心欣賞與敬佩。美使館官員表示，他們將全力
以赴支持胡適先生及同仁在台灣推行"自由經濟"的努力。[4]

其實，"自由經濟"觀念在台灣風靡一時，胡適先生並非始作俑者。自國民黨政府遷台以來，"自由經濟"觀念在台灣知識界的影響便日益擴展。不少知識界人士撰寫文章，批評民生主義的經濟發展綱領，提倡資本主義"自由經濟"之發展模式。他們強調說，中華民國當前與將來的經濟問題，是貧窮問題。所謂貧富不均，其實是大貧、小貧之差而已。故解決貧富不均的問題，遠非當務之急。換言之，台灣的經濟問題並非"不患寡而患不均"，而是"不患不均而患寡。"待到將來經濟繁榮了，台灣工業化了，政府再解決貧富不均的問題亦不遲。而使台灣迅速工業化的惟一途徑，是採納"自由經濟"的發展模式。至50年代中葉，國民黨內亦有一批人士開始響應黨外人士"自由經濟"的主張。黨內黨外，一時之間，內應外合，一致要求修改納入中華民國憲法的民生主義經濟大綱。[5]

當此之際，尹仲容先生挺身而出，大聲吶喊，力勸黨內黨外同仁，萬勿放棄民生主義的經濟發展道路。先生寫道："最近兩三年自由經濟的觀念在台灣甚爲流行……若干學者及社會人士認爲台灣經濟問題之發生，係由於經濟不自由所致，照他們的說法，好像經濟一自由，問題便沒有了……這種看法值得慎重考慮。"先生強調說，一個有效的經濟政策，恰如一副良藥，必要能夠"對症下藥"，方能藥到病除。如不瞭解台灣現時經濟困難之起因，而有病亂投醫，誤以"自由經濟"爲治病救命之"萬應良藥"，則不僅不可藥到病除，更可加重病情，致使台灣經濟難以救藥。

台灣經濟發展舉步維艱之根源究竟何在？據先生分析，根源有三。一爲日據時代台灣經濟發展所形成之"畸形"特點，即台

日兩地貿易結構爲台灣向日出口農業產品，從日本進口工業製品，
且台灣資金來源全靠日本。日本對台投資，於太平洋戰爭爆發前
十年，已增至每年一億美金。與此同時，"日本人完全採取開發
殖民地的辦法，並没有爲台灣培養出一批具有現代頭腦的企業
家。"戰後日據時代結束，台灣經濟立即陷入既無資金、又無人
才之雙重困境，台灣的農產品找不到出口市場。至於美援，"雖
可抵補一部分日人投資，但在數量與運用效果上，都是差得很遠
的。"而台灣本省企業家之培養，更遠非一朝一夕之功。[6]

　　台灣經濟舉步維艱之第二個根源，在於人口迅速增加對資源
的壓力。"一個地區的經濟資源所能養活的人口"，先生強調
說，"是有一定的限度的。""假如人口增加超過了資源所能容
納的數量，而一時又無其他的謀生出路，則物資短缺、物價上漲、
財政入不敷出、國際收支不平衡等經濟問題，都將隨之發生。"
台灣生產趕不上人口增加的現象，"並不是增產不努力，而是可資
利用的資源逐漸減少，漸難適應人口增加的需要。"[7]

　　台灣經濟困難之第三個根源，在於民衆過高的消費水準。不
錯，"一切經濟活動，其最後目標都在提高生活水準。"但是，
"貧窮落後地區想提高生活水準，必須要經過一段艱苦的階段。
一個社會生活水準能否提高，完全靠生產力的大小，而生產力的
大小，則主要靠資本累積的程度，資本累積愈快愈多，生產力的
擴充便愈速愈大，而生活水準的提高也就愈無問題。貧窮落後地
區從事經濟建設，所最感缺乏的便是資本……如果不能刻苦，
將增加的生產完全消耗掉，以用於提高生活水準上，則資本即無

從積累，經濟開發便受到阻礙，而落後地區的許多經濟問題自然也就不會得到解決。”而且，“這種過高的消費水準不僅阻礙經濟建設，而且具有迫使物價上漲的作用。尤其令人擔憂的，是我們現仍在仗賴外援。”如若整個社會的總消費，超過了我們的總生產能力，“這就等於借錢或靠救濟來增加消費，假如不及早糾正，則依賴外援將一天天加深，而一旦外援停止或減少，經濟必將陷於危險之境。”[8]

尹仲容先生強調說，以上三點是“造成台灣當前許多經濟難題的根本原因。這些原因如不鏟除，則許多表面上的經濟難題便難望從根解決。”簡言之，台灣經濟困難重重之根本原因，在於既無本地企業家又嚴重缺乏資金，以及人口衆多對資源的壓力，加之民衆要求過高的生活水準，更爲雪上加霜。

病源既已探明，何種經濟體制最能對症下藥？據尹仲容先生分析，自工業化以來，世界經濟發展可分爲兩大類別：一類爲“進化式”，另一類爲“改革式”。就前一種來說，

　　“與經濟發展有關的因素與制度——文化的，社會的，政治的，經濟的，逐漸向促進經濟發展的方向演變，主要是從經濟社會的內部產生各種力量，引起經濟的變動與成長，雖然也許有外來力量的刺激，但那不是主要的。
　　在這一種經濟社會，政府與人民所需要做的，只是安排個有利的環境，讓這種力量能夠充分的發揮。或者換一種方式來說，不要採取妨礙這種力量發揮作用的動作就可以了。英國十八、十九世紀的經濟發展，以及配合這種發展的經濟思想和經濟政策，可以作爲典型的代表。”[9]

就後一種來説，經濟發展是以 "外來的力量促成或加速"。
所謂 "外來的力量"，即是 "政府或人民採取劇烈的措施，將與
經濟發展有關的因素與制度，加以改造，使其適合經濟發展的需
要。"

> "這時政府與人民所要做的，便不僅是安排一個有利的
> 環境，讓內部的成長力量充分發揮作用，或者消極的避免妨
> 礙這種力量的運行，因爲根本就沒有這種力量存在，而即令
> 存在也很薄弱。這時所要做的，是從事於經濟發展因素與制
> 度的改造，來製造與培養這種力量。在這種力量未培育至相
> 當程度以前，政府與少數的經濟組織 (如銀行)，必須要利用
> 其本身的優越條件，如資金，人才，現代知識，較有效率的
> 組織等等，來代替這種力量。
>
> 至於改造的程度如何，則要看原來的因素與制度適合於
> 經濟發展的程度如何爲斷：原來適合的程度比較大，則改造
> 的程度便比較小。例如西方國家或其他較進步的國家進行經
> 濟發展，其在各種因素與制度方面所需要的改造程度，便當
> 較東南亞及遠東一帶的落後地區爲小。"

換言之，在東南亞及遠東經濟落後地區進行經濟改革，"這
種改革措施的發動與執行，很顯然的必是由政府和少數具有先見
的人士或組織來負擔。" 如果德法等西歐國家的工業化，與英國
不同，須靠政府之啓動，則遠東及東南亞地區的工業化，基礎更
弱，較之德法，更爲需要政府及一批先驅者之 "發動與執行"。
在這種經濟落後，基礎薄弱的環境之中，"一個自由經濟制度，
或單純的財經改革措施，決不足以達成一個比較合理的經濟發
展。"[10]

關於後一種的經濟發展道路，先生舉日本明治維新為 "一個典型的先例。" 在經濟改革方面，據先生的分析，明治維新政府實施了幾項具有重大影響的改革措施：

第一，由政府領導，摧毀封建制，解除封建制下農民的束縛。給予封建主及武士以年金，作為補償。

第二，政府建立金融體制，籌集資金，舉辦新興工業，使這些事業成為 "示範和訓練工業技術管理人員的核心。" 在一八八一年以後，政府又陸續將舉辦的新興工業以最低廉的價格轉成民營， "在議會和輿論交相指謫官商勾結的局勢下，轉移順利完成。"

第三，政府推動全面的農業改革，使農業的生產力大為提高。但另一方面又用 "重稅" 將增加農業生產的所得， "轉移於政府之手，成為推動經濟發展的主要資金來源。"

第四，政府積極發展教育， "改進生產要素之一的勞力的品質。"

第五，政府容忍大規模私人企業和大量利潤的存在，形成所謂的 "財閥"。 "這些財閥和日本的整個銀行制度，後來便代替日本政府，成為日本經濟發展的推動人。"[11]

對尹仲容先生而言，日本明治維新迄至目前為止，是一個 "不強迫人民作過大的犧牲，但使用外在的力量以迅速完成經濟發展的惟一例證。" 從這一 "典型的先例" 中，經濟落後國家可得到如下的啟示：

第一，在一個經濟落後的環境，即在經濟社會的 "內部" 尚無各種力量來自發地推動工業化之歷史時刻，欲迅速完成工業化，須從經濟社會的 "外部" 使用力量。換言之，政府必須出面領導，"至少在開始的時候是如此，僅僅一個自由經濟制度是不夠的。"

第二，政府必須要培植工商業領導階層，而且 "政府與社會要容忍這一階層的存在，使其充分發揮作用。" 政府應在適當時機將國營事業移轉民營，"將政府的領導移轉至民間。"

第三，農業生產爲落後地區國民所得及儲蓄的主要來源，必須予以充分利用。

第四，經濟發展的人才，主要應依靠國內的來源。政府必須大力加強對於教育的投資，以利於國內人才的培養。

第四，經濟發展必須要與文化、社會、政治等等方面的改革配合，不能僅從經濟方面來策動經濟發展。經濟方面則注意基本制度的建立。

第五，培養人民自己謀生、自力奮鬥的精神，政府決不承擔救濟工作，而以救濟費用移作經濟建設，製造就業機會。[12]

對尹仲容先生而言，台灣經濟現狀或台灣經濟困難之病源，毫無疑問，更近似於明治維新時之日本，而決非工業革命時之英國。故 "自由經濟" 之發展模式，並不能幫助台灣經濟迅速起飛，後來居上。

先生並進而強調説，台灣經濟雖與明治維新時之日本有更多相似之處，但亦有其自身之特殊性，即人口的巨大壓力與時間的

萬分緊迫。日本工業化時期的人口壓力是通過攫取殖民地的方法
來緩和的，台灣自然決不可仿傚。顯然，在台灣實現工業化，少
許的資源絕不容隨便浪費，"一草一木都必須用到最有效的地
方"；同時經濟建設必須"迎頭趕上"，在時間上絕不能有所延
誤。但這兩點——不浪費與不延誤，不僅自由放任的經濟無法作
到，且明治維新時日本的經濟戰略恐亦無法達到圓滿的效果。換
言之，台灣的工業化，必須更加強調政府的高瞻遠矚與統籌規
劃，以達到"不浪費與不延誤"之目標。[13]

　　基於台灣經濟的現狀與特點，先生指出，民生主義的經建方
針最能促進台灣工業之迅速起飛。根據民生主義之經濟大綱，先
生提出如下加速台灣工業化的基本方針：

　　第一，政府出面策劃領導，"作有計劃的進行。"即在準備
台灣經濟起飛之階段，"政府以國家的總利益爲前提，以統籌全
局的地位，估量全國的經濟需要，和達到需要的能力與時間，籌
謀一套周詳的計劃，然後把可供利用的一切資源，分配到計劃認
爲需要的部門上去，尅日記功。"即以"最經濟最迅速的方式，
達到台灣經濟開發的目的，適應當前的迫切需要。"

　　第二，鞏固土地改革的成果，堅持實行"耕者有其田"，以
發達的農業作爲工業化之基礎。關於農業與工業在建設計劃中孰
輕孰重，或孰先孰後的爭論，"我們當前的方針，是農工並重，
農工配合，以農業培養工業，以工業發展農業，使農業與工業互
相輔成、互相促進的。"

　　第三，工業建設應分兩路進行：個人企業與國家經營。凡事業之可以委諸個人或其較國家經營爲適宜者，應任個人爲之，由國家獎勵，而以法律保護之。至其不能委諸個人及有獨佔性質者，應由國家經營之。關於公營事業是否與民營事業爭利的問題，"要看我們怎樣做"，即政府如何處理公營、民營公平競爭的問題，如何處理公營轉民營的問題，以及如何鼓勵民營企業的問題。

　　如若政府創造條件，使公營同民營企業同處於"自由競爭的公平原則"下經營，則"公營民營都同樣是爲民造福。"況且，以台灣資金的貧缺，"以政府與民間所有資金，通力以赴，共爲發展經濟事業努力，尤恐有所不逮，何從産生公、民營相爭之現象。"現在台灣民眾所以認爲公營企業在搶奪民營企業的飯碗，實係由於民營事業"發展太慢"，在整個經濟的比重中"顯得太輕"，將來民營事業日漸擴展，自然不再有此"錯覺"。

　　在公營、民營的關係上，由於民營實力薄弱，極難處理的是公營轉民營的問題。"公營事業都是規模比較大的事業，台灣民間缺乏巨大的資力承受，而尤其困難的，是缺少有實力有聲望並願意擔負風險的大企業家出來號召集資。"爲確保將來之順利轉移民營，政府必須立即着手整頓公營企業。整頓的方針是使這些公營企業都具有民營公司組織的形式與實際，"以便董監事會能充分行使職權，減少行政主管機關的干涉，使其在人事、財務、及業務經營上都能照一般企業的常規辦理"，就是要使其"徹底企業化。""這裏我們必須瞭解，辦公營事業也是做生意，而做生意就得照做生意的辦法，不能兩樣。"

　　至於政府對民營企業的政策，在範圍方面將 "盡可能擴大"，除可以移轉民營的公營企業將逐步移轉民營外，新創事業之宜於民營者，均將 "扶持創辦"，使其能在政府 "覆陰之下"，發育滋長起來。不過這項扶持政策亦有一 "基本的弱點"，即是容易養成民營企業的 "依賴性與惰性，不求長進，阻礙提高甚至降低工業水準"。為防止這種弊害，政府必須 "加強內部的自由競爭，加強監督與檢驗，並考慮規定保護的期間，或調整保護的程度。" 但政府的這些政策只能有一部分功效，"欲收全部功效還有賴於企業家的醒覺與責任感"。

　　第四，中國經濟之開發，有賴於外資與外國技術之援助，故應選擇最有利之途徑，以吸收外資。落後地區的經濟開發，資金短缺為阻礙經濟開發 "最重大的因素之一"。解除這種阻礙有兩個途徑：一是國內人民加緊儲蓄；一是借用外資。正常的情形是雙管齊下，以國內累積資金為主，而以外資補不足。隨着經濟的發展，應當是國內儲蓄與外資輸入同時加強。

　　但引進外資並非台灣經濟起飛的 "決定因素"。"日本明治維新和蘇俄的經濟發展都沒有借重外資，也沒有先籌一筆資本，然後再來促使經濟發展，他們的資本都是在經濟發展的過程中創造出來的。" 況且，台灣過去並非沒有吸收外資的經驗，在日據時代，開發台灣經濟的資金與技術都是來自日本。但是，

　　　"抗戰勝利，日人撤離之後，我們所得到的是什麼呢？
現代經濟的組織與制度？現代企業的知識與技術？現代社會

> 生活觀念與方式？什麼都沒有，有的只是一個落後的經濟社
> 會，和工業化的軀殼——鐵路、公路、電力、工廠等，而使
> 這個軀殼得以活動的重要東西，則一無所有。日本人開發台
> 灣五十年，竟沒有把台灣轉變過來，主要的原因就是沒有在
> 台灣進行經濟外面的全面改革，把工業建設硬加在一個落後
> 經濟社會的上面。"

確實，如若台灣今後的經濟發展只看重引進外資，而不着重
全面的改革，"安知不會得到同樣的結果。" [14]

尹仲容先生反復強調，加速一個落後地區的經濟發展，並不
是一件簡單的事，其所涉及的範圍，包括了文化、社會、政治各
個方面，經濟本身僅僅是其中一個因素。"因此我們不能簡化了
問題，拿一些地區的特殊情形，來解釋經濟發展的原因。"例如
西德與日本戰後經濟的復興，主要在於其本身早已具有經濟發展
的"內部動力。"由於戰爭等等諸種因素，阻礙了這種動力的正
常運行。現將這諸種因素除去，經濟之復興，自然指日可待。落
後地區尚未形成西德、日本經濟發展的"內部動力"，若以爲在
戰後採取德日兩國同樣的經濟政策，即可收到同樣的經濟效果，
則大錯特錯。一個落後國家的迅速工業化，必須以全面的改革爲
基礎，"甚至要採取與文化傳統，習慣想法相反的措施，以培養
內部的經濟發展動力。"

如若台灣工業化不採取民生主義的經建方針，先生認爲，台
灣經濟也可能"自動的演變"爲現代經濟，但那必須要外資不斷
源源流入，而且時間至少"延後二十或三十年"。[15]

　　尹仲容先生進一步強調，民生主義的經建方針，不僅可使台灣經濟迅速起飛，而且可使台灣避免工業化中貧富不均的惡果。亦即台灣的經濟發展，必須是高速度、均貧富的發展。

　　先生的主張，深得國民黨內外一批同仁的讚許。台灣經濟的主要問題，究竟是 "不患寡而患不均"，抑或 "不患不均而患寡"？許多國民黨人士認為，"不患寡而患不均" 的出發點是 "寡"，既然是寡了，就要有 "均" 的調劑。"不患不均而患寡" 的出發點是 "不均"，既然不均了，就要有 "富" 的調劑。換言之，窮沒有關係，只要能均；不均也沒有關係，只要能富。既 "均" 且 "富"，自是上策；"寡" 而 "不均"，則天下大亂。對他們而言，美國雖然貧富不均，但他有 "富" 的條件來調劑，所以問題就不十分嚴重。換言之，在美國的社會中，"不患不均而患寡" 這句口號是大致正確的，但在台灣則不然。確實，如果多數人擁有小汽車，沒有汽車的人雖憤憤不平，決無人問津。但如果一萬人中只有一人擁有小汽車，社會效果便炯然不同，問題就嚴重了。如果至少半數人都有面包黃油吃，洋房子住，雖有少數住在豪華的別墅，揮金如糞土，一般人雖憤怒，決不至於達到 "怒火中燒"，"鋌而走險" 之地步。但如果人人每日只吃一餐稀飯，看到少數能吃飽的人，雖然只有大貧小貧之別，亦會滿腔怒火，決意 "殺富濟貧"。簡言之，人民愈窮，對於 "不均" 的敏感愈大，愈富則對於 "不均" 的敏感愈小。台灣之現狀是 "寡"，是 "窮"。台灣在求 "富" 的過程中如若忽略了 "均" 的重要性，"結果一定是在沒有達到 '富' 以前，社會就亂了"。如台灣只顧經濟起飛，"迎頭趕上"，等到財富不均趨於嚴重程度之時，再來制止，不僅與國父的精神，國民黨的主義相違背，且會重蹈大陸失敗之覆轍。[16]

不僅如此，許多國民黨人士相信，民生主義不僅可以防社會革命於未然，而且是通向大同理想世界的惟一途徑。他們強調說，自由經濟是資本主義的經濟，而國父孫文是"反對在中國實行資本主義的。"孫文的民生主義經濟體系是將社會主義與資本主義經濟的最佳成分結合在一起的體系，即不僅強調高速度，而且強調均貧富的體系。因之，對他們而言，民生主義經濟和自由經濟是"兩個絕對不相同的經濟體系"，彼此是"互相違背"的。在他們心目中，那些主張自由經濟的人，不過是"假借自由經濟之名來實行資本主義之實"。他們勸告黨內外同仁，不要忘記國民黨在短短幾年間在台灣實行民生主義政策所取得的重要成果。在"平均地權"方面，"我們實施了一切自由經濟國家所不願也不敢行的'耕者有其田'，樹立全世界土地改革的模範。"在"節制資本"方面，"我們努力實行經濟安全的社會"，"不受自由經濟國家財產分配不均的痛苦，並免蹈自由經濟國家貧富階級對立的覆轍。"他們充滿信心地預言，"民生經濟是達到大同社會的必經之路，而大同社會又是人類理想社會的最高境界。"如若中國能夠實現民生主義經濟的社會，則葛量洪氏的預言必將成為現實，亦即："二十一世紀將是中國人的世紀"。[17]

對於民生主義的擁護者來說，國父孫文主張"平均地權"、"節制資本"以防社會革命於未然，最終在中國實現大同社會的理想，實爲民生主義的 "精義所在"。對於國民黨内一些高層人士的說法："民生主義的經濟政策和自由經濟並不違背"，他們憂心如焚。對他們而言，如若這些高層人士 "明明白白的主張資本主義自由經濟，倒是明槍易躲，我們招架得住。" 但他們 "卻用 '偷樑換柱' 的手法，故意將民生主義與自由經濟混爲一談，企圖使民生主義暗暗地向資本主義變質，正所謂 '暗箭難防'。" 他們痛心疾首，國民黨内這些高層人士，竟也明裏暗裏，"攻擊自己的黨經過數十年革命，流了無數先烈的血，才獲得採入憲法的民生主義經濟政策。" [18] 毫無疑義，當此時刻，尹仲容作爲主持台灣經濟發展的大將，力排眾議，堅持民生主義的經建方針，在這場歷史的大辯論中，起了舉足輕重的作用。

（二）

誠如尹仲容先生所說，他一生深受中國傳統文化熏陶，尤《呂氏春秋》一書，更爲他思考台灣經濟發展藍圖之哲學指南。陰陽平衡，相輔相成之哲學思維，使先生深信孫文的民生主義之經濟體制，而非純粹資本主義自由企業之體制，應爲台灣現代化獨具特色之發展模式。[19]

不僅如此，《呂氏春秋》一書亦是他做人的指南。先生的同仁常常不解："爲什麼在大小官員十九把 '多做多錯，少做少錯，不做不錯' 這十二字奉爲做官秘訣，相習成風之時，他卻只知作事，不知做官，沒有事還要找事做，人家不做的他也拿來

做？……爲什麼自奉那樣儉樸，衣服破舊了也不肯換新的，官舍太
小了，容不下幾個來客，也不願調換大的房子，汽車的門關不
緊，自身被撞到馬路上以後，才逼使他換了一輛較好的坐車？爲
什麼在身兼數要職，富貴逼人來之時，他的夫人還要提籃上街買
菜？”簡而言之，先生“爲什麼對於開發經濟這件事，鞠躬盡
瘁，死而後已，一息尚存，決不稍懈？”[20]

　　對尹仲容先生而言，他的待人接物，皆有所本。本何在？在
《呂氏春秋》。先生寫道：“餘幼承庭訓，耽心文史……四部之
中，酷嗜子史，以爲能兼之者，唯《呂氏春秋》一書。”從二十
三歲到三十四歲的十二年間，工作之餘，先生都沉浸在這部書
中。此後從中國到美國，從美國回大陸，又從大陸到台灣，這部
書始終隨身携帶，“視同生命。”在做人的道理上，他認爲《呂
氏春秋》中的〈執一篇〉與〈先己篇〉對他的影響最爲深遠。對
先生來説，這兩篇均“採取儒家的‘修身、齊家、治國、平天
下’的一種‘反己’及人的學説的。”這即是説，欲使家庭和睦、
國泰民安、天下太平，君子不應怨天尤人，而是必須首先從自身
作起。亦即《呂氏春秋》所寫：“君子之自行也，敬人而不必見
敬，愛人而不必見愛。敬愛人者，己也；見敬愛者，人也。君子
必在己者，不必在人者也。”在這方面，先生認爲，做人之本與
“治國之本”是一致的，如《呂氏春秋》所説：“太上反諸己，
其次求諸人……昔上世之亡主，以罪爲在人，故曰殺戮而不止，
以至於亡而不悟……三代之興主，以罪爲在己，故曰功而不衰，
以至於王。”[21]

（三）

　　1962年底，在先生逝世的前兩月，他撰寫了有關台灣經濟改革的最後一篇文章：“從台灣及亞洲落後地區的經驗看經濟發展問題。”先生寫道，亞洲是一個需要快速經濟發展的地區，而實際上卻是發展最慢的地區。台灣經濟雖在前十年間有快速的發展，終於達到起飛的前夕，但目前又遇到各種各樣的困難，似乎無法繼續維持其高速、均貧富的發展。究竟原因何在？對先生而言，大家所指出的原因雖千差萬別，可歸納成“怨天尤人”四個字。怨天即是怨恨自然環境惡劣，尤人即是抱怨政府“不推行自由經濟制度。”先生指出：“以自由經濟爲理由，反對政府干預經濟活動，也許可以適用於進步國家，但決不能適用於落後國家。”其實，在工業發達的國家，政府對於經濟活動的干預，亦在以不同的形式“不斷有所增加”。而在經濟落後的國家，“有些經濟活動，是民間想不到的，或想到而不願去做的，或願意而不知怎樣去做的，或知道怎樣做而無能力去做的，這時政府便要去想、去做、去領導、去協助。”日本明治維新時期的經驗和目前台灣的經驗，都“充分證明這一點”。

　　那麼，台灣經濟繼續發展的關鍵究竟何在呢？換言之，政府對於經濟的指導與協助作用，究竟應體現在哪些方面呢？許多人提議，在資金有限的情況下，政府應大力加強對重工業的投資，而降低對輕工業的投資。先生認爲，此計萬不可行：“落後國家在經濟發展過程中，特別重視重工業的結果，往往引起經濟方面的不平衡與脫節，通貨膨脹，過度降低人民生活水準等等紊亂現象。即令成功，也是得不償失。"又有許多人建議，政府應大力加強對於工業的投資，而減低對於農業的投資。先生認為，這亦是下策。"落後國家從事經濟發展最容易犯的錯誤，便是震於工業化的美名，想求速進，忽視了農業的重要性。殊不知落後經濟多以農業為主，大部分所得來自農業，農業方面些微改革，對於落後國家的經濟卻可以發生很大的影響。"亦有一種意見認為，只要政府全面增加勞力、土地、資本等生產要素，產量自然會增加。先生認為，"這是最落後、最無效的一種辦法，並不一定使個人所得增加。"

台灣經濟繼續發展所遭遇的癥結，在尹仲容先生看來，只是"缺乏革新"這一問題。具體說來，即是，"我們目前的生產技術，組織管理，設備規模，較之西方國家乃至日本，無一不落後，卻很少人在這方面從事改革。"如何促進這種生產管理體制上的全面"革新"？先生認為，除目前所行的各種辦法外，"要特別注意兩點。"

第一，大力提高政府的"領導素質與效率。"欲使台灣經濟在短短幾十年的時間內，趕上西方國家在幾百年內做到的事，"必須要有少數思想開闊具有遠見的人，形成一個領導集團，領導全社會人民擺脫阻礙技術發展的歷史傳統。"在這一方面，確實，"十餘年來，台灣農業方面的一切革新工作，基本經濟的建設工作，及現在較具規模的現代工廠，無一不是在政府發動與支持下成功的。"但是，先生強調指出，目前台灣民間的領導階層與自動力量，尚在 "培養與擴大的過程中，還不足以擔當重大的任務。" 與此同時，政府的領導與發動力量，又 "尚嫌不夠，不足以領導台灣經濟衝過目前的發展階段，進到更高一層，所以要加強政府的領導功能。"

第二，政府今後投資重點應是科學與教育。原因很簡單：經濟的快速發展，歸根結底，依靠新技術的發明與普遍運用。而 "新技術的發明靠科學研究，新技術的普遍吸收，與領導階層的培養，則靠教育。"

在文章的最後，先生寫道，"經濟發展，千頭萬緒，主其事者要能把握關鍵，然後方能駕馭整個發展機器，順利推動。" 反之，如若事無巨細，一網無餘，而關鍵之點，反而忽略，則爲害之大，"豈止事倍功半而已"。關鍵之點何在？"政府領導及科學與教育者，關鍵所在也。" 先生大聲疾呼："今後不欲經濟快速長期發展則已"，否則必須從這兩方面 "認真著手"，立即開始全面改革。[22]

（四）

兩個月後，1963年1月24日，先生突然與世長辭，享年僅僅61歲。在此後的幾十年中，李國鼎先生接替了尹仲容先生的工作，繼續堅持民生主義的經建方針，成爲台灣經濟持續高速度、均貧富發展的主將。在短短的五十年間，國民黨政府將一個貧窮落後的台灣，建設成一個經濟繁榮、而又均貧富的社會。1991年，在世界銀行的一份報告中，東亞四小龍 (韓國、台灣、香港與新加坡) 戰後的迅速發展被稱爲世界經濟發展史上的一個 "奇跡"。與西方發達國家工業化初期的情勢相反，這四個國家或地區戰後的工業化，既未被持續不斷的經濟危機所拖累，又未被綿延不絕的社會動盪所困擾。在這方面，世界銀行認爲，台灣的成績，較之其他三小龍，尤爲突出。台灣戰後經濟發展最突出的兩個特點，世界銀行的這份報告説，即是：持續高速度，與持續均貧富的發展。[23] 在席捲亞洲的經濟風暴中，台灣更是四小龍中的佼佼者，成爲大陸之外東亞地區的唯一 "經濟綠州"。

此時此刻，重溫五十年代其間台灣學界政界有關台灣發展道路的辯論，重溫尹仲容先生高瞻遠矚的真知灼見，又怎能不令人感慨不已呢： "民生主義經濟制度是國父採取資本主義與社會主義的優點，取其精華，去其弊病，觀察歐美實際得失，衡量我國國情研究計劃而成的。他主張平均地權，節制資本，但不廢棄私有財產制度；主張發達國家資本，但不抹殺自由經濟下的私人企業精神。所以對於民營企業必予保護扶植；合理利潤，必予保障；企業自由，必予尊重。不過決不容許個人的經濟利益與國家經濟利益相違背，少數人壟斷社會經濟命脈，財富過度集中；而尤其重要的，是由價格機構所決定的資源分配的大方向，必須要使其與國家總需要相符合。換言之，政府必須採取行動，保證資源用於最適當的途徑，經濟發展的利益，方能爲大衆所共享。這樣一個經濟制度才是我們所需要的，也是我們現在正在努力建立的一個經濟制度。" [24]

作者簡介

　　卿斯美：任教於密西根州立大學麥迪遜國際關係學院，教授國際關係理論，美國外交，美國東亞關係，及中美關係等課程。在大陸與美國發表若干有關中美關係史的文章，現正完成一部從文化與社會角度探討中美關係的著作。

注釋

1.　汪公紀：〈起飛聲中憶仲容〉，《中外雜誌》，第六卷第一期，民國58年7月號，台灣。

2.　朱傳譽，王茉莉：〈尹仲容〉，《革命人物誌》，第14集，民國67年，台灣。

3.　羅志田："胡適與社會主義的合離"，《學人》，第4集，1993年，江蘇。

4.　美國駐台使館至國務院的報告，1954年6月9日，8月27日；1955年4月30日，9月18日；美華府國家檔案館。

5.　張田君編：《民生主義經濟討論集》，民國50年4月，台灣。

6.　尹仲容：《台灣經濟建設問題》，民國44年6月，台灣。

7.　同上。

8.　同上。

9.　尹仲容：〈論經濟發展〉《民生主義經濟討論集》，民國50年4月，台灣。

10. 同上.

11. 同上.

12. 同上.

13. 同上.

14. 尹仲容:《台灣經濟建設問題》; 以及白瑜:〈談台灣經濟發展悼尹仲容先生〉《民主評論》十四卷第八期, 民國52年3月, 台灣; 徵信新聞社論:〈何處再找我國的歐哈特——尹仲容——痛述他逝世前一個多月的談話〉, 民國52年1月25日. (歐哈特(LUDWIG ERHART) 系戰後西德的財政部長, 西德經濟起飛的功臣. 50年代後期, 日本許多經濟界與政界人士均稱尹仲容爲台灣的歐哈特.)

15. 李國鼎:〈台灣經濟發展的領港人——敬悼尹仲容先生〉,《自由中國之工業》, 民國52年2月25日, 台灣; 以及李剛與林笑峰:〈台灣工業化與尹仲容〉聯合報, 民國52年1月28日.

16. 孟昭瓚:〈計劃經濟到底是什麼?〉汪沛然:〈如何建立新的經濟理論和制度〉,《民生主義經濟討論集》, 民國50年4月, 台灣.

17. 廖樞:〈論民生主義的經濟道路〉, 何浩若:〈答羅先生論自由經濟與奴役經濟〉, 袁世斌:〈停止自由經濟歧途朝向民生經濟邁進〉,《民生主義經濟討論集》, 民國50年4月, 台灣.

18. 同上.

19. 尹仲容:《呂氏春秋校釋》初版序言, 民國53年, 台灣; 以及張九如:〈本末兼賅望實並懋的尹仲容〉,《新聞天地》, 民國52年3月16日, 台灣.

20. 張九如：〈仲容德行加工廠考察記〉，《尹仲容先生紀念集》，民國53年8月，台灣；周亮君：〈身後但餘書滿架〉，《徵信新聞》，民國52年3月5日；汪公紀：〈起飛聲中憶仲容〉，《中外雜誌》，第六卷第一期，民國58年7月號，台灣。汪先生寫道：

> "他是個感情非常豐富的人，有血性有肝膽。對高堂，爲極孝，對國家，爲大忠，對朋友，爲至厚。回憶我在他家裏做長客，每飯，他必先問：'娘娘吃什麼？'等老太太對菜滿意了，才自己去動筷，是那樣的自然，那樣的體貼……"

21. 尹仲容：《呂氏春秋》校釋初版及再版序文；上述汪公紀先生繼續寫道：

> "美國人的長處在會組織，仲容就是有這樣的本領，他能無中生有，一樣樣的工業在他手下成長了起來；而他的最偉大處，與美國人不同，就是他的無私，留取丹心照汗青，甚至連他份內所應得的傭金都涓滴歸公……"

22. 尹仲容：《從台灣及亞洲落後地區的經驗看經濟發展問題》，民國52年10月，台灣。

23. 世界銀行：《東亞四小龍的經濟奇跡》，1991年4月，華盛頓。

24. 尹仲容：《台灣經濟建設問題》，民國44年6月，台灣。

台灣憲政改革發展淺析

田憲生

在台灣自1980年代以來的民主改革中，憲法的改革發展是極其重要的一個部分。對此一發展過程的探討研究無疑將幫助我們更深刻地瞭解和理解台灣近些年來的發展進程。本文將以淺顯的方式對這一發展作一些初步的討論，着重探討由動員戡亂時期臨時條款、戒嚴、威權體制的轉型，以及解嚴、"國是會議"、一機關兩階段修憲、第三次修憲、"國家發展會議"、第四次修憲和第五次修憲等等。[1] 筆者希望此文能夠幫助各界人士瞭解近些年來的改革發展，也希望更多有識之士發表意見，以促進我們對台灣更多的瞭解並促進兩岸和解與整個中國的民主化進程。

72

一　動員戡亂時期的臨時條款與戒嚴

台灣現行憲法，即中華民國憲法，是在孫中山先生三民主義及五權憲法的理論基礎上發展起來的。1947年，由國民黨控制的南京政府公佈實行了第一部完整的憲法。但屆時國共兩黨之間的內戰已全面展開，尤以北方形勢最爲嚴重。1948年3月1日第一屆行憲國民大會開幕時，許多國民黨籍國民大會代表即指出憲法所賦於總統 (蔣介石) 的權力不足以應付內戰的緊急情況，遂主張將新憲法作一定的修改，但遭其他少數黨派國大代表的反對，且新法尚未執行即修改也實爲不妥。於是會議決定暫時不牽動憲法，而以臨時條款的方式解決。這就是著名的[動員戡亂時期臨時條款]。此臨時條款於同年5月9日公佈實施並凍結了部分憲法條文，賦於總統特殊權力以應付 "緊急危難"、"重大變故"，直至動員戡亂結束。不料此一條款由於國共兩黨隔海分治竟實施多達四十餘年，使憲法的真正實施拖到了二十世紀末。1949年國民黨政府被共產黨擊敗撤至台灣，而臨時條款也隨之而至並得以延長與擴張，在台灣的歷史上留下深深的印記。

按照臨時條款的規定，總統應於1950年12月25日前召集國民大會臨時會議討論修改憲法和決定臨時條款的廢除或延長。但是中國內戰結束後不久朝鮮戰爭即爆發並拖延數年，國民大會一直無法如期召開，所以臨時條款應延長或廢止的問題就也一直拖了下來。第一屆國民大會第二次會議直至1954年2月19日方在台北召開，部分國大代表提出動議延長動員戡亂時期臨時條款。會議於

3月11日通過決議使該條款 "在未正式廢止前繼續有效。" 在具體
實施該臨時條款的內容方面, 大致可包括如下幾個方面:

1. 總統被授於 "緊急處分" 權力, 以 "避免國家與人民遭受緊急
   危難。" 這樣, 總統即可不必尋求立法院的通過和追任而可以
   發佈 "緊急命令"。
2. 國民大會對憲法創制與復決兩權的行使, 由於 "動員戡亂" 已
   拱手交給了總統, 由其決定是否有必要召開國民大會, 而國民
   大會不得自行集會行使這兩項權力。
3. 憲法對總統任期不得超過兩屆的規定被停用, 皆因 "動員戡
   亂", 所以只有 "卓越、堅強又爲全國人民所信服之領導中心
   (國民黨)" 才能夠領導人民與中共抗衡。因此總統、副總統得
   以連選連任, 不受屆數限制。
4. 蔣介石於1967年依照臨時條款第四項 "得設置動員戡亂機構"
   的規定, 公佈 《動員戡亂時期國家安全會議組織綱要》, 將動
   員戡亂時期的大政方針, 國防政策, 建設計劃, 國家總動員,
   戰地政務服務等各項責任一並交給由總統爲主席的國家安全委
   員會。
5. 設置憲政研討會研究憲政問題; 設置行政院人事行政局; 充實
   中央民代機構 (如國大, 立法院, 監察院等)。[2]

    歷時四十餘年的臨時條款毫無疑問引起了許多爭議, 因爲它
凍結了不少憲法條文, 對憲政體制的發展有許多負面的影響。如
國家安全委員會議對行政院提報的預算和法案均有變更權, 這就

使得國安會成爲實際上的決策中心，而最高行政機構行政院則成爲國安會所制定的政策的執行機關，這明顯地改變了憲法固有的精神。但由於國共雙方長期對峙，國民黨政府大概也沒有什麼別的選擇。就這樣，臨時條款一下子就"臨時"了四十三年，直到1991年4月30日由李登輝發佈總統令，公告終止動員戡亂時期並廢止臨時條款。

整個動員戡亂時期的一個重要現實就是戒嚴。1948年12月10日，蔣介石發佈全國戒嚴令(除新疆、西康、青海、台灣和西藏)。1949年5月19日，台灣地區也宣佈戒嚴，並公佈實施"戒嚴期間防止非法集會、結社、遊行、請願、罷課、罷市、罷業等規定實施辦法"和"戒嚴期間新聞圖書管制辦法"。1950年3月14日立法院正式通過行政院將台灣劃爲"接戰地區"，實施戒嚴法的決定。戒嚴法執行在很多方面限制了公民的自由，這其中包括人身自由(如平民在戒嚴期間可受軍事審判的規定)、遷徙自由(嚴格的出入境檢查等)、集會結社的自由(其中集會的管理比較寬鬆，而組黨結社則受到極嚴格的控制，言論、講學、出版、通訊等均受到限制，遊行則根本免提)。政府對戒嚴令的解釋一直是維護國家整體安全，防止中共武力進犯，並防止台獨活動，維持社會安定。[3] 但是，戒嚴法也使得台灣在世界上的形象大打折扣，在世人眼中基本人權在台灣不能得到維護與保障，民主政治的發展受到阻擋，而人民對政府的向心力也受到極大的影響。然而，政府總能夠以保障生存是第一位的，沒有生存就無從談起民主爲理由辯解。更多情況下，政府還能以戒嚴期間的安定爲社會的各方面發展提供了有利條件，普通民衆的生活並未受到太大的影響來爲自己辯護，如 "威權主義的政治體制，加上實施戒嚴和一黨優勢的政黨體制"，使台灣能在安定的政治環境中從事現代化建設，使台灣成爲 "世界上發展最成功的國家之一"。而這種辯護一般來説還算説得過去。[4]

二　解嚴與威權體制的轉換

台灣執政黨國民黨於1986年10月15日決定並於次年正式 "解嚴"，開放 "黨禁"，開始了由 "威權" 向民主的轉型過程。這種轉型其實是由各種因素促成的，其中之一就是在威權體制時期就已開始了的各類選舉活動。其實，早在第二次世界大戰結束中國政府重新掌管台灣以後，國民黨政府就於1946年初開始在台灣實行地方選舉，分別選出從村里長到省市議員等各級民選代表。[5]在國民黨敗戰中共，退守台灣以後，在1950年代至1970年代之間，也在一黨優勢的政黨體制下舉行了多次各級地方選舉，這些也都爲未來實行全面的民主改革奠定了基礎。在同一時期，台灣工農業發展也有了長足的進步，整個社會開始富足起來。隨着這種改變，人們的政治認知程度和公民意識也隨之相對地提高，民衆的整體參與意識不斷增強。同時，社會中各種不同的利益集團也開始大量湧現，團體之間的衝突當然也就隨之擴大。爲保護各自的集團利益，人們也就不可避免地更多地參與政治活動。由於台灣的教育水平相對較高，人們組織各種團體的能力也相應較高，這都爲台灣的民主化鋪墊了道路。

　　國際形勢的發展也在很大的程度上促進了台灣的 "解嚴"。例如在美國和大陸正式建交之後，美國國會通過的《台灣關係法》中就明顯地有促進台灣感受其人權狀況的希求，有形無形地批評了台灣的戒嚴。週邊國家所發生的變化，如菲律賓、韓國等國的民主化運動都無疑增加了對台灣領導人的壓力，促使他們向改進台灣的國際形象，實施民主化發展的方向邁進。同時，大陸政府在改革開放以後將其對台政策由 "解放台灣" 逐漸轉變爲 "和平統一" (但仍不排除武力解決) 的方針，逐漸改善了台灣海峽的緊張局勢，從另一個方面促使台灣領導人考慮解嚴。

　　但是，使台灣領導人最終下定決心實施解嚴，還應該是政治反對勢力的蓬勃發展所形成的壓力。在戒嚴期間，台灣的政治反對派通過歷屆定期的公職選舉逐漸形成了相當的力量，得票率和當選率都呈現緩慢但穩定的上升，這一現象其實已顯示出台灣的政治已向多元化的方向發展的趨勢。1977年11月19日的 "中壢事件"，其實已明顯地標誌着反對派勢力的增長和向政府挑戰勁頭。中壢事件後，反對派勢力更是迅速增長。政府的戒嚴令雖然依舊存在，但政府對言論控制的尺度已大大放寬，各種政治雜誌期刊也相繼問世，即使集會遊行只要事先申請大多能獲得批準。新的政黨雖仍不能成立，但所謂 "黨外" (即政治上與國民黨持不同意見) 政治實體已在實質上存在了。[6] 這些黨外人士通過各種組織與合作，終於在1986年9月28日正式宣佈成立 "民主進步黨"，從而迫迫執政的國民黨更加認真地考慮解嚴和政治開放的舉動。如無反對派的蓬勃發展和積極抗爭，執政的國民黨其實並無必要馬上討論解嚴和開放黨禁問題，民進黨的誕生確實起到了很大的推動作用。

然而，許多人認爲執政黨領導人改革的決心其實是台灣最後解除戒嚴並開始政治改革的真正動力。如從民進黨成立以前，國民黨領導人即已倡導解除戒嚴和開放黨禁。民進黨成立後，國民黨政府領導人也拒絕採取鎮壓手段，而是主動與尚無合法地位的民進黨設法溝通，以化解政治衝突。1986年10月15日國民黨中常會通過了解除戒嚴和開放黨禁的兩項決議，廢止了戒嚴令，代之以《國家安全法》，同時修改《人民團體組織法》中禁止新黨的規定(但要求新登記的政黨遵守"反共"、"遵守憲法"和"不得有分離意識"三條準則)。1987年6月底立法院正式通過《動員戡亂時期國家安全法》並於7月15日正式宣佈解除戒嚴。同時行政院宣佈廢止了與戒嚴法有關的各項行政命令(共計30種之多)。屆此，台灣的政治自由化步伐大大加快，開放組黨、集會遊行、新聞和言論自由、准許海外異己人士返台等都呈現一片新氣象，台灣的憲政發展進入了一個新的階段。[7]

國是會議與一機關兩階段修憲

1990年3月，第一屆國民大會召開第八次會議。會議期間，一些國大代表提出國大增加出席費，將動員戡亂時期臨時條款修正案中加入國大每年集會一次，行使創制和復決兩權，國大代表任期從六年延長到九年等。這一行動召至許多人的反感，認爲這是國大擅自擴大自己的權力。台北學生首先發起在中正紀念堂的靜坐示威，提出 "解散國大，廢除臨時條款，召開國是會議和訂立民主改革時間表" 的訴求。至3月21日，更有學生發起絕食運動，參加人數達六千人之多，成為台灣幾十年來規模最大的學生運動。國民黨政府在強大的壓力下，於3月22日會見學生代表並承諾提前召開國是會議與制定改革時間表，學生運動遂告結束。當日，李登輝代表政府正式宣佈將正式召開國是會議。之後，國民黨與主要反對黨民進黨以及各界人士即展開各種磋商，於4月完成國是會議籌備會的準備工作，並於6月26日在台北正式召開了國是會議，從而開始了台灣全面的政治體制改革。[8]

國是會議由執政的國民黨、反對黨民進黨、無黨籍人士、學者公正人士等各方代表組成。會議圍繞着 "健全憲政體制"、"謀求國家統一" 兩大問題展開，針對國會改革、地方制度、中央政府體制、憲法修訂方式、大陸政策兩岸關係等議題進行了激烈的討論，並達成不少共識。特別是在憲法修訂方面，各方同意終止動員戡亂時期、廢止臨時條款、憲法應於修正、憲法修定應以具有民意基礎的機關和方式進行等等。國是會議結束後，執政黨國民黨對國是會議主席團設置 "憲政改革咨詢小組" 的建議進行了討論，認為應該首先在執政黨內建立 "憲改小組" 研究落實各項事宜。於是由國民黨中常會指定的 "憲政改革策劃小組" 於1990年7月11日成立，由當時的副總統李元簇任召集人。通過系統地整理、分析和研究，國民黨 "憲改小組" 在國民大會問題，監察院問題，第二屆民意代表產生時間和名額問題，有關總統、副總統民選問題，總統、行政院和立法院的關係問題，行政院長副署問題，憲法修訂方式問題，以及宣告終止動員戡亂時期等等問題上提出了一整套方案，爲將來的憲法改革工作定下了基調。

國是會議的召開，是由國大私自擴權招致公憤而引起的。作爲一種體制外的形式，國是會議擺脫了舊體制的束縛，各方代表均提出許多改革建議，並通過討論達成不少共識，爲從威權走向開放民主提供了準備。通過會議共識，政府得以循此共識開展憲法改革工作，並定下了 "一機關兩階段" 的改革計劃。一機關即憲政改革由國民大會進行；兩階段即 "第一階段修憲" ——程序修憲，"第二階段修憲" ——實質修憲。

國是會議的召開不但起到了政治改革的推動作用，也在不同的程度上起到對民衆進行國是教育和憲政教育的作用。由於會議中各方基本上能夠容忍不同的意見，集思廣義 (如會議期間曾召開多達119場地各類座談會，邀請民衆達一萬三千人次之多以聽取各種意見)，確實起到了加速民衆參與，促進民主改革的正面作用。但是，儘管各方代表在不少方面達成了共識，然而國民黨和民進黨兩大力量卻由雙方均有自己的預設立場而始終無法在國是會議的性質、討論的主題、結論的效力等方面達成共識。如國民黨認爲國是會議是體制外形式，應屬總統的咨詢會議之類而無強大的約束力；而民進黨則認爲該會議是兩黨之間的政治會商，不必找法的依據即可政治解決，而討論的結論應具有無形的拘束力。國民黨認爲憲政改革與國家統一兩大主題應並行討論，而民進黨則認爲 "國家統一問題" 已牽涉統獨之爭，是國民黨預設立場。雙方互不相讓，最後改爲 "大陸政策與兩岸關係" 才得以了結。但不管如何，國是會議的召開確實起到了一定的促進民主改革，教育民衆的作用。

第一階段的修憲由第一屆國民大會代表於1991年4月初正式開始進行。但是會議剛剛開始，民進黨代表即以國民黨憲政改革小組通過的 "中華民國憲法增修條文" 不能代表他們的見解爲由，決定放棄議會道路，並發起了大規模的群衆遊行示威活動。最後執政黨國民黨只好與民進黨徹夜商討，決定在增修條文中加入國家安全委員會、國家安全局和人事行政局等三機關的 《日落條款》，即此三機關的組織法規只繼續適用至1993年底，並由第二屆國民大會代表決定其去向。至4月22日，大會完成了憲法增修條文第一至第十條的三讀程序，並通過廢止動員戡亂時期臨時條款，由李登輝於4月30日發佈總統令，正式宣佈於1991年5月1日終止動員戡亂時期，廢止臨時條款，並宣佈憲法增修條文。

第一階段修憲的内容包括:

1. 確立中央民意代表的選舉的規定，使之適應台灣與大陸分治的現實以及代表的政黨比例和僑居國外國民名額;
2. 規定第二屆國民大會代表臨時會議的召開和第二階段修憲的任務;
3. 修正總統發佈緊急命令的程序——總統緊急命令須在發佈後十日内提交立法院追認，如立法院不同意，則該命令立即失效;
4. 國安會等三組織的 "日落條款";

5. 規定戡亂時期法律在動員戡亂結束後繼續適用至1992年7月31日;

6. 授權制定兩岸關係的相關法律。[9]

　　此一階段的修憲是在執政黨國民黨內部對修憲持各種不同見解的派別激烈爭吵的情況下進行的,同時朝野之間的歧見也是天壤之別。國民黨執意修憲而民進黨堅持制憲的統獨之爭則貫穿整個會議。民進黨甚至中途退出會議,號召民衆上街遊行。這就使得憲法增修第一至第十條成爲非朝野兩黨共識的產物。尤有爭議的是有關國安會的規定。國安會一向被稱爲“太上行政院”,負責掌管全部情治和國家安全機構,其所屬國安局則負責軍、警、情、特等系統。增修條文將它們納入總統府之下,大大增加了總統的權力,而且使它們躲開了立法院的監督。這樣就形成了“有權者(總統)無責,有責者(行政院長)無權的現象,使總統成爲實際上的最高行政長官,而行政院則成了政策執行機構。[10]

　　第一階段修憲結束後,執政黨國民黨旋即成立第二階段憲改策劃小組,計劃進行第二階段修憲,並決心主導修憲的方向。同年(1991)12月第二屆國大代表選舉開始,結果國民黨大勝,得71.7%的政黨得票率,在國民大會403席中獲318席,超過了通過憲法修正案所需的四分之三的壓倒多數,從而取得了修憲的主導權。而民進黨則只能在第二階段修憲中擔任喊聲大、但無法更多地影響修憲進行的配角。

　　1992年3月20日第二屆國民大會臨時代表大會在台北陽明山召開。但在準備會議期間,民進黨代表即因推選主席之事與國民黨代表發生衝突，甚至動手開打並不斷以程序問題打斷會議的進行。
在審議修憲提案時，朝野雙方更是激烈抗爭，4月16日甚至發生了
流血衝突。民進黨隨即於三日後發動大規模街頭遊行抗議活動，民
進黨國大代表團則在5月4日退出國大會議。各無黨籍代表看到這
種形勢，也紛紛宣佈退出會議，只剩下國民黨代表留在會場繼續
討論。當然，這只能給世人留下一黨修憲的印象了。至5月7日由
國民黨一家參與的修憲條文第十一至第十八條(俗稱"黨八條")
通過三讀，由李登輝於次日公佈實施，國民大會隨即閉幕，第二
階段修憲遂告結束。

第二階段修憲的內容包括增加國民大會職權(如對總統提名的
司法院、考試院、監察院人事的同意權，國大會期由六年一次改
爲四年一次)，總統、副總統選舉的方式改變(由國民大會代表選
舉改爲由選民直選，1996年大選時執行；總統、副總統任期由六
年改爲四年)和總統權力的擴增(新增對司法院長副院長、大法
官、試院院長副院長、考試委員、監察院院長、監察委員的提名
權，由國民大會同意任命)，以及增加罷免總統、副總統難度(由國
民大會代表六分之一提議，代表總額過半同意改爲代表總額三分
之二同意罷免)，以及考試院、監察院、司法院組織與職權的不同
變更和地方制度法制化的貫徹等等。[11]

第一、第二階段修憲，尤其是總統選舉方式，其實是國民黨
主流派與非主流派(也即直選派和委選派)之間爭鬥的結果。在國
民黨十三屆三中全會(1992年3月)之前，國民黨對民進黨關於總統
直選的訴求是持反對態度的，但在會議前傳出李登輝和國民黨主

流派有接受民進黨訴求之可能的消息。接着，國民黨內高層的爭論也隨即開始。以蔣緯國、李煥、郝柏村等爲首的委選派與連戰、宋楚瑜爲首的直選派由於無法取得一致意見，只好將兩種方案一起提交三中全會決定。三中全會上各派通過多次討論，決定以黨的整體利益爲重採取了折衷方案。李登輝則表示支持通過國民黨三中全會對第二屆國代二階段修憲的"任務提示"，即"總統、副總統由中華民國自由地區全體選民選舉之，其方式應依民意趨向審慎研究，自中華民國八十五年 (1996年) 第九任總統、副總統選舉實施。"毫無疑問，在這一政策轉變中，李登輝的推動作用是不可低估的，以至許多人批評此舉破壞了國民黨內的民主化，留下了很壞的先例。[12]

　　第二屆國民大會臨時會議期間，此一問題依然是各派間爭論的焦點，一直無法形成共識，民進黨代表更是以退出大會造成國民黨一黨修憲相威脅。結果，會議只好先確立總統、副總統由全體人民選舉的大方向而沒有決定選舉採取何種方式。所以說一機關兩階段修憲並未完成預期的任務，這也就有了1995年5月的第三階段修憲。然而，各黨派、個人以各自的政治利益爲重，堅持自己的意見，因而忽視了憲法爲國家根本大法不宜隨便做出大幅度的變更的事實；尤其是總統職權的擴充，與憲法的體制設計背道而馳，使以後的修憲工作更加複雜化了。

第三次修憲

第二階段修憲只做出了總統由全體人民選舉的決定，但並未規定是公民直選還是委任直選，具體選舉方式推至1996年5月國大臨時會以增修條文方式定之。1993年夏，128名國大代表聯署請開國大臨時會。1994年9月第五屆司法院大法官任期也將屆滿，須由總統重新提名。於是，李登輝遂於1994年3月29日頒佈二屆國大臨時會召集令，定於一個月後 (4月29日) 集會，開始第三階段修憲。

國民黨在1993年12月中常會十七次會議上決議成立 "修憲策劃小組"，統籌憲改工作。通過各級策劃討論和多次會議，最後通過所謂 "黨八條" 並確立了修憲準則： "維持五權憲法體例，適應國家統一之需要及當前民意趨向，作必要之增修"；修憲體例： "不修改憲法本文，而將增修條文除作必要之增修外，並將現行規定作必要之整理及調整其條文順序，使規定更爲明確週延。" 13

二屆國大四次臨時會議於1994年5月2日開幕。國民黨隨即推出其 "黨八條"，民進黨則提出自己的 "黨六條" 相對抗，而民進黨的提案大部分內容均與國民黨的提案相衝突。所以，會議剛剛開始，民進黨即以一讀會出席人數爲題與國民黨代表發生對抗，甚至有肢體衝突。在7月末會議對修憲提案及修正案表決時，民進黨更是以退席表示抗議國民黨挾多數優勢強行否決撤銷民進黨提案。國民黨代表則加緊討論進程，於7月29日凌晨三讀通過了 "增修條文十條"，並由李登輝8月1日公佈實施。屆此，三次修憲完成。

第三次修憲將第一、二次修憲增修條文十八條全部並入第三次修憲案中，成爲最新的增修條文第一至第十條。其內容包括增設國大議長、副議長；國大權力調整 (補選副總統權，提出總統、副總統罷免案權，議決監察院提出的總統、副總統彈劾案權，修改憲法權，復決立法院所提憲法修正案權，對總統提名任命的同意權等等)；總統、副總統由人民直選 (1996年第九任總統始)；行政院副署權縮減 (總統提名、國大或立法院同意之任免命令無須行政院長副署)；總統、副總統罷免權由 "國大代表四分之一提議，三分之二同意罷免" 改爲 "國大四分之一提議，三分之二同意提出，全體公民過半數以上同意罷免"。[14]

第三次修憲期間，朝野之間的矛盾越發不可收拾。會議期間民進黨代表爲法定出席人數和民進黨提案遭撤銷大鬧會場，吹口哨，搶話筒，集體退席等等，甚至引發了數次國大會場集體打群架的鬧劇。朝野雙方針鋒相對，無法約束自己一方代表，互相攻擊對方挾 "多數暴力" 或 "少數暴力"，演出了一幕幕 "全武行"，全世界爲之愕然。這一現象表明，在邁向民主化的道路上，朝野雙方能否對 "少數服從多數，多數尊重少數" 的民主理念確實把握，雙方是否具有主動商討、溝通和容忍的精神，是十分值得注意的問題，這對正在逐步邁向民主的國家尤其重要。

第三次修憲受批評最集中的地方是總統的選舉和總統的擴大職權。由於新增修條文規定總統、副總統候選人同列一組聯名登記，以得票最多的一組爲當選，這就造成了 "少數總統" 當選的可能，因爲這一規定採用了相對多數而非絕對多數的方式。2000

年的總統大選，民進黨的陳水扁就以"相對多數"(約40%)的選票當選總統。總統職權的擴充尤其遭到多種批評。三次修憲後，總統擁有對政府五院中四院(行政院、司法院、監察院、考試院)的人事提名權，使其政治影響力急劇增加，其中一些安排甚缺乏合理性。如監察院成員過去由省、市議會選舉產生並由國大任命，負有對總統彈劾的責任，現在改爲由總統提名，着實令人擔心這種安排的合理性和可靠性。另外，動員戡亂時期臨時條款下所設立的"國家安全委員會"和"國家安全局"根據新增修條款現均歸總統府門下，總統爲國安會主席，行政院長爲第二副主席，這一安排明顯破壞了以往憲法中最高行政決策權的規定。除了將這些動員戡亂時期的臨時組織就地合法頗有爭議外，這一安排也起到了鑄造一個"太上行政院"的作用。這一點即使再強調該會僅爲總統咨詢機構也於事無補，而且只能造成總統有權無責(無須向立法院負責)而行政院長有責無權的怪現象，無怪乎人們紛紛批評整個政府系統都成了總統"國王人馬"。[15]

國家發展會議與第四次修憲

國家發展會議(國發會)於1996年12月召開，170名代表分別來自各政黨以及不少專家學者。這次會議的召開與李登輝的推動仍然有很大關係。1996年李登輝當選第九任總統，在其就職演說中發出政治宣示，以"民心所欲，長在我心"爲由，"……責成政府針對國家未來的重要課題，廣邀各界意見領袖代表，共商大計，建立共識，開創國家新局……。"[16] 其後，國民黨與民進黨高層也多次磋商達成默契，並開始推動國是會議的召開以及第四次修憲。國是會議圍繞着憲政體制和政黨體制以及國家建設、兩岸關係等議題做出不少決議，其結果直接影響了1997年5月的第四次修憲。

在批評家的眼中，李登輝的舉動其實是他爲了配合其"民選總統"權力的擴大而做出的努力。如早期程序修憲期間將動員戡亂時期的機構(國安會等)就地合法，然後以主權在民的口號下推動總統直選，爲進一步總統擴權作準備，再以後就提出民選總統應有足夠的權力實現對公民的許諾，於是便向總統既爲國家元首又是最高行政長官的方向移動。其次，以往修憲遺留下來的行政、立法之間的憲政僵局也極需打破，如李登輝所提出副總統是否可兼任行政院長的問題。除此之外，台灣省政府在省長宋楚瑜的領導下，近年來工作頗有建樹，宋的親民形象很得人心。而在李登輝看來這一趨勢已形成對中央的挑戰，大有功高震主之勢，所以急需從速解決。李的這一打算恰恰與民進黨"台灣共和國"的理念十分相近，所以雙方高層一拍即和，很快達成共識，決定"凍省"(即凍結省級選舉，或稱"廢省"、"精省"等)。[17]

國發會於1996年12月23日至28日在台北召開。與此同時，民進黨急獨派也積極籌備並搶先召開"台灣國家發展會議"與其對抗，但由於台灣民衆大多數支持維持現狀，並不尋求急獨，所以這一會議的影響十分有限。在國發會會議期間，向執政黨發起挑戰、發生衝突的其實倒是早些時候從國民黨中分裂出去的新黨。在會議上，新黨代表提出數項要求，要國民黨對"中央政府體制"、"選舉制度"以及"凍省"等做出明確解釋和善意的回應。新黨尤其堅持維護憲法權威作最小限度的修憲並恢復行政院長副署權,以及將國安會等隸屬行政院指揮等。這些要求明顯與國、民兩黨的立場相差甚遠。由於雙方談判未能成功,新黨則開始全力批評國發會是國民黨擴大總統權力、鞏固國民黨政權、削弱國會權力的工具,最後新黨代表以退席表示抗議。

在新黨退席的情況下,國、民兩黨及其他無黨籍人士最後達成了22項改革共識,其中包括確立總統、行政院、立法院關係(總統任命行政院長,不需立法院同意;總統於必要時可解散立法院;行政院長也可咨請總統解散立法院;立法院可對行政院長提出不信任案等),凍結省自治選舉,改進選舉制度,政黨政治與政黨良性互動等等。這些所謂"共識"其實是兩黨高層討價還價的結果,雙方商討的過程中分歧仍然很大,絕不象李登輝所稱的"有史以來最成功的會議"。這些共識均遭到兩黨黨內不同程度的不滿和批評,被稱爲"自上而下的民主",新黨甚至稱其爲"毀憲",是"制憲"而非"修憲"。[18]

對國發會的批評主要集中在中央體制的設置上。例如,立法院的權力實際上已被削弱——總統現在是任命而不是提名行政院長,立法院已失去了這條重要的生命線。另外,行政院不需立法院同意產生,對立法院負責一說則無從成立。即使立法院決定罷免行政院長,歷盡艱辛倒閣成功,總統也不必負責,只需不費力氣再任命一個行政院長而已。而立法院監督總統之說更是艱難,因爲第四次修憲後,彈劾總統的標準已大大提高,需全體立法委員二分之一提議，三分之二以上決議向國大提出，而國大也需全體成員三分之二以上同意方可。況且，總統是可以解散立法院的。

行政院這個 "最高行政機構" 地位由於這些兩黨共識其實也不存在了。由於行政院長只需總統任命而無需立法院同意，他其實已變成總統的 "幕僚長"，專心執行總統的行政命令。這樣就形成了總統有權無責 (無需對立法院負責) 而行政院長則有責無權 (需向立法院負責) 的局面。另外，由於司法院、監察院、考試院的人選現在均由總統提名，國大任命，司法院大法官釋憲，監察院監督審計以及彈劾總統，和考試院的各種工作似乎都要看總統的臉色了，除非你不想連任。國、民兩黨在 "廢省" 問題上的共識和停止鄉鎮市長選舉的共識，其實在很大程度上也是出自自身利益的考慮，並沒有真正努力去找出各種弊端的根源，以至只起到了破壞地方自治的作用。正如批評家指出的那樣，此次國發會的 "共識" 其實是 "以修憲爲名、制憲爲實"，而 "憲政不確定時代已來臨。" [19]

國發會結束後，李登輝於1996年12月30日發出指示，命令將國發會共識轉化成爲實際政策，加以落實。於是第三屆國民大會第二次會議就於1997年5月5日開幕，正式開始了第四次修憲的工作。

然而，自大會開幕至一讀會、二讀會、三讀會期間，朝野各黨和各黨內部各派之間的矛盾和爭論始終籠罩着每一項提案。由於國民黨高層在會前已擬定了包括修改憲法體制、國民大會制度改革、總統與五院關係以及地方自治等四大課題的修憲草案，民進黨也有自己的 "雙首長制" 和 "總統制" 兩種修憲版本，所以來自兩黨內部的批評就一直不斷。加上新黨的 "棒打兩頭"，會場情景十分火暴。徹夜談判者有之，當面指罵者有之，私下秘商者有之，國大代表甚至數次打群架，如此鏡頭實在讓世人大跌眼鏡。會議期間，民間和學術界還發起 "反對修憲擴權" 的大規模靜坐示威運動。一時間，台灣成了世界關注的中心。[20]

爲了整合各自內部，國民黨和民進黨高層領袖紛紛出面，使用 "胡蘿蔔加大棒" 政策整肅本黨內部的批評者，又是下動員令，又是開誓師大會，極力控制陣腳。兩大黨高層之間也是頻繁來往，密切合作，終於打散了一個個反對陣營，擊敗了一個個反對計劃。至7月18日進入三讀會，新黨代表公佈 "拒絕爲亡國惡憲背書"、反對爲 "台獨" 開路的廢省條款的聲明，然後集體退出會場。新黨退席後，國、民兩黨代表以壓倒多數通過了憲法增修條文第一至第十一條全文，第四次修憲告結束。

第四次修憲，國、民兩大黨基本上都實現了自己的計劃。如國民黨在擴大總統權力、取消立法院同意權方面，民進黨在 "廢省" 方面均達到了自己的要求。但是來自各方面的反對之聲也達到了修憲以來的最高點，尤其是學術界。增修條文十一條能得以通過，實爲朝野兩黨高層積極默契合作的結果，這一點是世人有目共睹的。有意思的是民進黨此次修憲一改過去 "力抗多數暴力" 的形象，反與過去最大的政敵國民黨密切合作，全力打擊少數派新黨，自己反倒成了 "多數暴力" 的一員。

第四次修憲後，憲法體制由本來較爲傾向 "內閣制" 轉向傾向於權責不相符的 "總統制"，很明顯地違背了以往憲法中 "總

統統而不治，行政院長治而不統”的規定。由於現在行政院長由
總統任命，不需立法院同意，所以憲法中“信任制度”、“負責
制度”(行政院對立法院負責) 等實際上已遭遺棄，使總統成爲最高
行政長官，行政院長則成了總統的幕僚長而不再是“最高行政機
構”的首長了。既如此，行政院長的“副署權”也就名存實亡
了。任何一個行政院長敢不服從總統，拒絕部署總統命令，就只
有走路的份，因爲總統可隨時任命另一個聽話的行政院長來代替
他。如前所述，立法院的作用也在第四次修憲中被弱化。由於行
政院長只是執行總統的命令，而總統不必對立法院負責，那麼即
使立法院對行政院不滿也没什麼辦法，即使立法院再努力，其不
信任案也無法追及政策的起源處即總統那裏。而且，總統現在還
有解散立法院的權力，明顯已凌駕於司法院之上。同理，司法院、
監察院、考試院的工作由於人事提名權掌握在總統手中，大家也
都只好小心，不輕易冒犯總統府的旨意，没人會指望由總統提名
的監察院忠實地行使其彈劾總統的權力了。很明顯，第四次修憲
的直接結果是總統的權力大幅度增長，甚至超過了總統制國家總
統的權力——既擁有政府五院中四院的人事權，又不受其他相應的
機構之監督。憲法中權力制衡的機制遭到破壞，而一個“超級總
統”很可能會産生，這不能不引起人們的重視。[21]

結 語

　　1948年4月的"動員戡亂時期臨時條款"是國民黨政府在與共產黨爭奪大陸政權的內戰中頒佈的，隨後於1949年5月頒佈的戒嚴法、戒嚴令以及遷台後發佈的各項法令政策也都是在這一政策下實施的。進入1980年代以後，隨着台灣工農業生產和各方面的繁榮發展，台灣社會的多元化發展形成了不可阻擋的趨勢，加上國際社會尤其是週邊國家的民主化發展以及兩岸關係趨向緩和，解除戒嚴，實現政治民主，恢復憲政就成了台灣必須面對的現實。同時，不可否認的是政治反對派的存在和壓力與執政黨領導人的意志力和推動也都是台灣逐漸邁向民主改革的重要成分。以1990年的國是會議爲起端，"動員戡亂時期臨時條款"於1991年終止，隨即便開始了"一機關(國民大會)兩階段修憲(程序修憲和實質修憲)"(1991 - 1992年)，並在1993年內完成了第三次修憲。1995年召開的"國家發展會議"是朝野雙方達成不少共識的會議，基於這些共識第四次修憲於1997年得以實現。1999年9月，第三屆國民大會第四次會議召開，再度修訂憲法增修條文，將以前增修訂立的條文第一條、第四條、第九條和第十條作出修正，使本屆立法委員、國人代表的任期延長至2002年6月底；第四屆國大代表改採此例代表方式產生，調整爲300席，並依附立法委員選舉產生，以及第五屆國大代表調整爲150席等。[22]

　　縱觀數次修憲，其結果已明顯超越了最初決定的"小幅度修憲"的本旨，在實際上可以說已是"制憲"而非"修憲"了。這已引起了許多人士的注意和批評。修憲後的政府體制並沒有真正遵照 "廢止臨時條款，回歸憲政體制" 的最初意願，相反，隨着總統職權的擴充許多新的問題已出現，如國民大會的定位問題，總統的職權範圍問題，內閣制還是總統制的問題，行政權的歸屬及組織問題，行政權與立法權的關係問題，以及如何加強權責平衡、相互制約體制的問題等等。

毫無疑問，台灣自1990年代以來的民主改革和憲政改革都會在中華民族的歷史上留下深刻的印記，這其中既有令人驕傲的成績，也有令人遺憾的錯誤。但不管怎麼説，台灣確實是在民主化的道路上一步步地往前走，這一點是有目共睹的。台灣自1990年代以來的各次改革、修憲中，一個非常可借鑒的事情就是：一定要克服不能容忍他人意見，缺乏民主討論精神的現象。如果人們能夠吸取以往的教訓，發揚 "容忍、商討" 的精神，[23] 台灣未來的民主憲政發展將會是充滿希望的，這也將爲世界華人社會、甚至整個人類社會做出應有的貢獻。

作者簡介

田憲生：1981年畢業於中國河南大學，獲英美文學學士，1989年獲美國紐約州立大學科特蘭分校歷史學碩士，1994年獲美國奧克拉荷馬州立大學歷史博士。已發表學術論文多篇。現任美國丹佛市大都會州立學院歷史系助教授，中國留美歷史學會理事。

注釋

1. 參見行政院新聞局編《中華民國國情簡介》(台北，2000年3月出版)，第20－22頁．

2. 齊光裕著，《中華民國的憲政發展：民國三十八年以來的憲法變遷》(台灣台北市揚智文化事業股份有限公司，1998年11月出版)，第4－28頁．

3. 《中華民國國情簡介》，第20頁．

4. 如台灣人均所得從1952至1977年間增加了十幾倍．見葛永光著，《台灣的故事：政治篇》(台灣台北市行政院新聞局，1999年7月出版)，第2－8頁．

5. 戚嘉林著，《台灣新歷史：二十一世紀新的台灣歷史真貌》(台北，2000年1月出版)，第222－223頁．

6. 葛永光，《台灣的故事》，第14頁．

7. 見康培莊(John Copper)，《Taiwan: Nation-State or Province?》(Boulder, Co: Westview Press, 1996)，第102－109頁．

8. 齊光裕，《中華民國的憲政發展？》，第87－89頁．

9. 見上書第115頁．葛永光，《台灣的故事》，第27頁，46頁．

10. 陳鴻瑜，《台灣的政治民主化》(台灣翰蘆圖書出版有限公司，2000年1月)，第95頁．

11. Copper，《Taiwan: Nation-State or Province?》第88頁．葛永光，《台灣的故事》，第46頁．

12. 李炳南，《憲政改革與國民大會》(台北：月旦出版社，1994)，第19頁；葛永光，《台灣的故事》，第48頁；齊光裕，《中華民國的憲政發展》，第135頁； William van Kemenade, *China, Hong Kong, Taiwan, Inc.* (New York: Vintage Books, 1997), 第107－112頁。也可參考李登輝, *The Road to Democracy: Taiwan's Pursuit of Identity* (Tokyo: PHP Institute, Inc., 1999), 第92－94頁。

13. 國大秘書處，《第二屆國民大會第四次臨時會議修憲提案》(台北：國大秘書處，1994年5月)，第28頁；齊光裕，《中華民國的憲法發展》，第150頁。

14. 葛永光，《台灣的故事》，第48頁。

15. 陳鴻瑜，《台灣的政治民主化》，第95－101頁。

16. 李登輝, *The Road to Democracy: Taiwan's Pursuit of Indentity* (Tokyo: The PHP Institute of America, Inc., 1999), 第70－75頁，第91－94頁。

17. 齊光裕，《中華民國的憲政發展》，180－184頁。

18. 見前書第221－227頁。

19. 見前書第248－252頁。

20. 見《中國時報》、《自由時報》、《民衆日報》、《聯合報》及《台灣日報》1997年6月19日－20日報道。

21. 行政院新聞局，《中華民國國情簡介》，第21頁；葛永光，《台灣的故事》，第48頁；陳鴻瑜，《台灣的政治民主化》，第95－96頁；齊光裕，《中華民國的憲政發展》，第326－341頁。

22. 行政院新聞局，《中華民國國情簡介》，第20－22頁。

23. 齊光裕，《中華民國的憲政發展》，第392頁。

大眾文化

與現代化

台灣大衆文化的淵源及其流變

王笛

    本文將從歷史的角度闡發台灣大衆文化與大陸的淵源關係。本文之所以提出這樣的命題，是針對目前普遍存在的一種擔憂，即兩岸百餘年的分離，加之日據時期的殖民化教育以及目前台灣強烈的本土化述求，台灣人民將會越來越少地認同 "中國"、"中國人" 以及 "中國文化"，而以 "台灣"、"台灣人" 和 "台灣文化" 代之。觀之最近若干年台灣政治的演變以及台灣政治人物的表白，應該説這種擔憂是不無道理的。但是，從社會史的角度看，文化是最爲根深蒂固的因素，無論是侵略者的屠刀，還是國家機器的暴力，或者政治家的謀略，都是無法根本改變的，這一事實已被近百年來的歷史所反復證明。

    本文將揭示，中國文化，特別是中國大衆文化的傳統仍強烈蘊含在台灣民衆的家庭、行爲、社區生活以及宗教信仰中。訪問台灣的歷史和社會人類學者都發現，許多在中國大陸已經消失的傳統大眾文化形式卻在台灣得以幸存，而且在人們的日常生活中仍扮演着十分重要的角色。因此今日之台灣是研究中國傳統大眾文化的一個相當理想的地區，人們在那裏仍然可以看到祠祀和民間通俗信仰活動。這些活動不僅是大眾娛樂的一部分，而且是社會文化認同的重要紐帶。

台灣媽祖信仰與大陸文化

天后是最能代表兩岸共同信仰的神，歷經清代二百年的移民開拓，日據五十年的異族抑制，光復初期的經濟蕭條，至今日民間信仰的復蘇與擡頭，媽祖一直是台灣人民信仰中香火最鼎盛的女神。媽祖不但得到信徒的愛戴與崇拜，也得到學者的青睞，他們對其的發展演變已進行了深入研究。[1] 根據學者的研究，康熙三十三年 (1694年)，福建湄州朝天閣樹壁和尚奉請媽祖神像來台，於農曆三月十九日登陸北港 (當時稱笨港)，由信徒立祠奉祀後，例由笨港渡海回湄州謁祖，回程在安平港登陸。後因台灣割讓日本，謁祖行程因而停止，但地方民眾爲紀念此一例行謁祖活動，仍迎請聖母。

在清末及日據時期，台北大稻埕迎城隍及北港迎媽祖，號稱台灣兩大祭典。在 "北港迎媽祖" 活動中，文武陣頭五十多個，踩街行列蜿蜒數里，歷時三、四小時，再加上每年三十餘臺璀璨奪目的藝閣遊行，吸引無數民眾參加。在現今參加 "迎媽祖" 的民間藝團中，不乏團齡達百年以上的民俗藝術團。迎媽祖也促進了北港地區自發性文史社團紛紛成立，他們讓民衆認識自己精緻的風土文化。[2]

藝閣即藝術之閣，其源於花燈，是中國大衆文化的又一表達。[3] 目前全台藝閣規模最大的，莫過於北港朝天宮每年農曆三月十九日起一連五天的藝閣遊行。早期的藝閣是由二塊大木板用四根木棍以井字的形式穿插而成，上面坐著穿著古裝、手抱琵琶的藝旦，由四至八人扛擡，後來將人力改爲畜力，將閣棚置於牛車上，後來又改以機動三輪車來拉。現在的藝閣越做越大，甚至以卡車或拖車裝載。藝閣的題材，大都採用民間故事及古典文學故事，如《封神演義》中的 "文王拖車"、"哪吒鬧東海"，《三國演義》的 "甘露寺招親"、"趙子龍救主"，其他民間故事如 "七仙女"、"桃花女鬥周公"、"孫悟空大鬧天宮" 以及媽祖的故事等。

鹿港天后宮是台灣最大的媽祖廟之一，終年香客絡繹不絕，特別每逢農曆一月至三月間的進香旺季，更是人潮洶湧(見圖一)。湄洲媽祖不但香火鼎盛，更因廟宇年代久遠規模宏偉而聞名遐邇。尤其建築結構富麗堂皇，古色古香，雕樑畫棟獨具匠心，彩繪及木石雕刻，皆精緻絕倫巧奪天工，故有藝術殿堂之稱。廟中陳列的珍貴史料及宗教文物，更是令中外人士嘆爲觀止。如清皇帝的御筆匾額，文武官員的獻匾，古代碑記及本宮昔日往湄洲祖廟謁祖照片和祖廟贈與本宮的大靈符《聖母寶璽》，均是台灣絕無僅有之文物。此外，尚有明朝宣德年間的進香爐、民初雕製的精緻鳳輦、全副儀仗等，都成爲兩岸文化淵源的見證(見圖二至圖五)。[4]

圖一：這是台
灣鹿港天后宮
的媽祖迎春聖
駕(左)和傳說
中的千里眼神
像(下).

圖二：這是澎湖天后宮的正門.
該宮建於明萬曆二十年, 後遭荷蘭
人焚毀, 又重建於康熙年間. 其
建築出於廣東和唐山工匠之手.

← 圖三：這是鹿港天后宮抽
　　簽算命的占解。

圖四：這是台灣虛原慈
　　善公德協進會所印《觀音
　　妙道蓮華經》

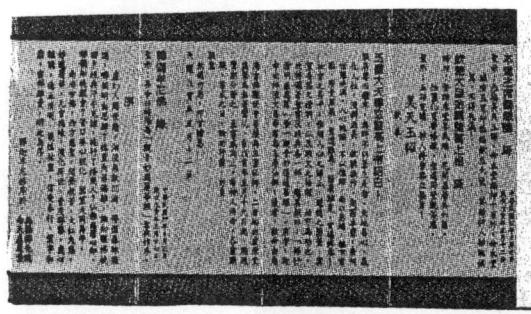

圖五：這是貼在
澎湖一個小餐館牆
上的《勸世文》。
文中無不表現了中
國傳統的道德觀、
價值觀以及處世哲
學。　→

台灣歷史人物崇拜與大陸歷史之關係

　　台灣二結鎮王公廟是台灣大衆文化與大陸歷史的深厚淵源的又一個很好的例子。王公廟的歷史可追溯先民來到二結地區開荒闢地時期，從乾隆五十一年(1786)福建廖地奉古公三王神像爲居家守護神，蓋一茅屋爲廟奉祀，三王皆爲宋代福建抗元英雄。[5] 地方人士感念三義士忠誠之心，遂於就義地點建廟奉祀，一時香火鼎盛而歷久不衰。鄰近居民每遇吉兇苦難，輒前往禱祝，由於認爲王公靈感庇祐，民衆便於原地蓋一茅屋爲廟奉祀。1929年因信者日衆，北、中、南及東部聞風前來祈求庇祐者逐年增加，原有茅屋難容擁擠香客，乃改建土木結構。

　　在古代中國社會，寺廟往往也是民間遊藝活動的場所，尤其是廟會期間，寺廟即爲百伎雜耍之所，可見古代寺廟的演藝活動是民俗的古老傳統。目前三王廟是與社區結合一體，兼具生活與文化、景觀與祭祀等功能，成爲社區居民自己的文化活動場所。每年農曆十一月十五日，王公生所舉行的"過火"儀式，是全台規模最盛大的"過火"民俗活動，信徒擡著神轎或抱著神像衝過二萬多斤燃燒木炭的火堆而能毫髮無傷。這項活動每年總是吸引無數民衆前來參與，宜蘭地區俗語"驚王公生，不驚過年"就是充分形容王公廟會的盛況。農曆七月半的祭典，也是一大熱鬧而隆重的祭儀，目前採五大莊輪流方式作醮。藉著儀式，居民們也增進社區的情誼。二結王公主要功能不再只是醫療、風水和捉妖，而是藉由王公的威信以凝聚社區民衆。[6]

　　台灣關帝崇拜也由大陸傳入。東照山關帝廟建於60年代，雖然較上述寺廟建立爲遲，但仍然不乏傳統中國的文化的影響。其倡導者敬仰關公公義魄忠心，以導引世人正信、正念、正行爲宗旨，恭奉關聖帝君爲主神，且奉祀列聖尊神，並以宏揚儒家倫理道德爲己任。不久便名聞遐邇，香火鼎盛，信徒日衆。1988年，東照山關帝廟推派代表前往大陸山西解縣主廟謁祖。

大陸武當道教與台灣玄天大帝

　　武當玄天宮係早先移民自福建泉州信奉的寺廟。玄天上帝香火東渡來台，起初由個人祠堂敬奉，後再募建而成裏民公廟，與武當道教一脈相承。根據泉州府同安縣、晉江縣等地縣志記載，玄天大帝爲閩南百姓所崇奉之航海守護神。[7] 移民離鄉背井去台開闢新生活，在建設家園之初，賴心靈中的神支持，相信武當神威、玄天聖德，保祐他們身體健康，心靈充實，並消除邪妖，助其開創家園，建立基業。後來，移民們爲感謝神功，故修建玄天宮。玄天宮逐漸成爲地方的信仰中心，那裏每年舉行的各項慶典，吸引了當地民衆的積極參與。人們祈求玄天上帝保祐風調雨順，五谷豐收，事業興隆，萬事如意。雖然玄天宮在台已數百年歷史，但人們仍然把武當山視爲根。該宮曾經於1990年、1997年，及2000年，三度恭迎玄天上帝神尊，前往大陸武當山進香參拜的信衆非常踴躍。[8]

台灣和大陸的土地公信仰

台灣像大陸一樣也普遍存在着對土地公的信仰，這種信仰無不表現出與大陸文化的淵源關係。土地公的前身即社神(亦稱"社公")。古人因土地廣博，無法遍敬，故封土爲社而祀之。統一王朝出現後，抽象化的大地之神稱爲地祇、後土，由皇帝專祀，各諸侯、大夫采邑、鄉裡村社則奉祀管理本地區的社神。此時期自然崇拜已漸消失，轉化爲具多種社會職能的地區守護神。秦漢中央集權之後，保留國家祭祀的後土神和各鄉裡村社祭祀的士地區社神，漢代民間主要是里社、民社信仰。以後社會組織結構逐漸兼具多種社會職能。唐朝城市中以供城隍爲主，城裏土地的轄區縮小，成爲城隍的下屬神。土地信仰的盛行在宋代，無論城鄉、住宅、園林、寺廟、山岳都有土地。過去常有某人死後受天帝任命爲某地土地神之說，而土地也與陽世官吏一樣，需更代輪換。土地公在神靈的系統中，是地方基層的行政人員，相當於人間的村里長，凡是別的神不管的事都歸土地公管，具有多種社會職能，它們成爲村神、農神、財神、山神等等，實際演變爲萬民的守護神(見圖六)。[9]

每年台灣都有與土地神相關的慶祝，如頭牙和尾牙活動，乞龜、以及神龜比賽等[10]。農曆二月二日稱"頭牙"，與農曆十二月十六日之"尾牙"對稱，每年"頭牙"家户備豬肉、鷄、魚等三樣祭祀。燒土地公金，燃放爆竹爲土地公慶壽，同時拜地基主，拜畢聚餐稱"食頭牙"。農曆十二月十六日稱"尾牙"，當

圖六：這是澎湖馬公市街頭的小廟。這種間雜在鬧市和居民中的廟宇表現出人們日常生活與大衆宗教的密切關係，必然會引起外來遊客的興趣，這位遠道從美國來的歷史學家正對它進行仔細觀察。

日家户以牲畜祭土地公，商家要用雄雞象徵生意興隆。祭土地公後在門口供五味碗，當晚街頭巷尾做生意開商店的人們，一定擺設酒席，招待員工或朋友，稱"牙祭"[11]。二月二日以後每月初二、十六都要"做牙"。據說以前在尾牙聚餐時，如果餐桌上的雞頭朝向某一員工，即表示要解僱他；如果雞頭朝向老板，則表示全體員工繼續錄用，皆大歡喜。"牙祭"的說法在大陸也十分普遍，即使是遠離海岸的内地四川。[12]

兩岸的"瘟神"崇拜

台灣瘟神的信仰也是由福建傳去的。在台灣開闢初期，島上遍佈熱帶雨林，由於瘴氣彌漫，蚊蟲成群，因而疾病流行，在這樣的環境下，許多人害病而死。據連橫的《台灣通史》，台灣的一些瘟神廟被稱作"五福大帝"廟，它們的香火是由福州人帶到台灣的。這是因爲過去福建沿海盛行"送瘟神"的活動，即人們在陰曆五月初五的夜晚，把裝飾的"瘟船"流放到大海中，以把瘟神送到遥遠的地方。經常由於順風而且船又堅固的話，"瘟船"便漂到海峽對岸的台灣島。根據閩南的習俗，"瘟船"所到之處便是瘟神所相中的地方，當地民眾必須歡迎並爲其建廟祭祀。否則則可能惹怒瘟神而給當地人民帶來惡運。因此，閩南的瘟神信仰便這樣在台灣流傳開來。據台灣學者的研究，爾後，瘟神崇拜又從台灣沿海深入到内陸，演變爲台灣民眾的普遍信仰，並成爲一個重要的保護神。人們每年爲其舉行隆重的遊行賽會，成爲如今台灣旅遊的一大景觀。由於尋根熱的推動，許多瘟神廟到福建尋根，泉州的富美宮、福州蒼山的白龍庵都被確認爲台灣某些瘟神廟的祖廟。這都反映了閩台民眾間大眾文化的密切關聯。[13]

兩岸的節日和日常生活

不僅是大眾宗教信仰，傳統的節日更是來自大陸，如農曆八月十五傳統的中秋節。在台灣中秋節同時也是福德正神土地公的例祭日，除了祭祀土地公之外，農民還得在田間插設"土地公拐杖"。土地公拐杖是以竹子夾土地公金，插在田間，插好土地公拐杖後，再以月餅祭祀。由於中秋有"秋報"的意思，所以也有聚資演戲，俗稱"謝平安"。像大陸大多數地區一樣，台灣中秋也有吃月餅的習俗。[14]

在台灣人民的日常生活中，處處可見與中國内地的風俗相通之處。在1941年7月出版的《民俗台灣》創刊號上便有一幅"打棉布"(即彈棉被) 的版畫 (見圖七)，作者是日本人立石鐵臣。對照20

年代俞子丹所繪的成都
風俗畫，我們不難看到
兩者驚人相似之處。彈
棉人身背一竹棍，一張
大弓吊在棍上。他一手
扶弓，另一手持木槌，
以槌擊弓弦，弦的震盪
便把已經變死硬的棉被
彈的又鬆又軟。[15] 也是
在《民俗台灣》上，立
石鐵臣的另一幅版畫描
繪了1941年9月21日台灣
地區日食時人們的驚恐
狀態，有跪地求拜者，
有躲藏者，居民敲打盆罐
以去災 (見圖八)。這個
情景與成都《國民公
報》所載是何其相似！[16]
　　兩岸 "敬惜字紙"
習俗更是一脈相承。在台
灣高雄縣美濃鎮彌濃里有
座建於乾隆年間的敬字
亭，以供民眾焚化字紙

↑ 圖七：這是在1941年7月出版的《民俗台灣》
創刊號上的一幅 "打棉布" (即彈棉被)的版
畫，作者是日本人立石鐵臣。

↑ 圖八：也是在《民俗台灣》(第五號，1941年11
月) 上，立石鐵臣的另一幅版畫描繪了1941年9
月21日台灣地區日食時人們的驚恐狀態。

之用．1769年，當時擔任右堆總理的林長熾見人們在路旁、屋角、廁所等到處亂丟字紙，於是倡導募捐建造敬字亭，"以教化民心"．完工後又集地方士紳民眾組織"字紙會"，負責收集字紙到字亭焚化和供奉文昌帝君．直至20多年前，人們都還經常可見一些老婦人挑著紙簍，挨戶收集字紙然後到字亭焚化．雖然由於時代變遷，現在到字亭燒紙的人已經鮮見，但每逢農歷初一或十五，仍有鎮民到敬字亭旁的文昌帝君上香．[17] 這種敬惜字紙的傳統在大陸是普遍存在的，[18] 在過去這不僅是一個大眾信仰，而且為官方所支持．從魯迅的作品中，我們可以見到在30年代江南地區惜字仍很盛行．[19]

台灣的民俗學者在討論其民俗時，有時有意無意地迴避了他們所研究的對象與大陸之關係．如在關於美濃敬字亭的文章中，作者寫到 "在台灣民間信仰中，倉頡為造字神祇，尊為 '史倉先師'、'倉頡夫子' 或 '倉聖人'．與大成至聖先師孔子、文昌帝君並列為讀書人求取功名祿位的敬拜的對象，因此敬聖之心衍生為 '敬惜字紙' 的誠意，撿拾字紙就成為民間傳俗中一種高尚的美德與習俗．"[20] 其實，這何止是在描述 "台灣的民間信仰"，這完完全全即是典型的中國大眾文化傳統．

結論

台灣學者王士禎 (飛雲居士) 在探討台灣 "民間信仰源流" 時便指出："台灣的民間信仰，在基本上，是保持傳統鄉土形式。

而且，在本質上或形式上都與大陸閩南和粵東一帶相同。因爲台灣人民的祖先，絕大部分是來自閩粵的移民。" [21] 雖然他在這裏談的是大衆信仰，但也同時揭示了兩岸在大衆文化方面的深厚淵源。實際上，一些台灣學者已經指出台灣民間信仰普遍呈現三教雜揉、諸神同在的模式，一般寺廟中所供奉的神祇，往往儒、釋、道並存，這便是它們最深厚的中華文化的淵源。[22]

即使在兩岸長期的分離中，大陸和台灣的文化都或多或少發生一定的流變，但也僅僅是地域文化的某些差異罷了，兩岸的人民仍然在一種共同的文化基礎之上生活。這裏還應該指出的是，大陸在1949年之後由於經過歷次激進的反傳統的運動，特別是經過文化大革命，大衆文化、特別是大衆信仰遭到嚴重地摧殘，而那些在大陸正在消失的中國文化傳統卻在台灣得以相對完整的保存。2000年8月我們留美歷史學會在台灣訪問，在參觀台北的文廟之時，竟看到文廟的大殿裏、走廊上以及樹蔭下，小學生們正在老師的引導下大聲朗讀四書五經，這種場景在大陸是見所未見的(見圖九)。我們被告知，這是暑期讀經班，在台灣各地非常普遍。至此，我對台灣傳統中國文化的根深蒂固，發出了由衷地感慨。

圖九：這是2000年盛夏在台北文廟所攝取的一個鏡頭．大殿的迴廊下小朋友們正在認真朗讀四書五經．

作者簡介

王笛：現美國德克薩斯A&M大學歷史系助教授．1982和1985年分別在中國四川大學歷史系獲歷史學學士和碩士學位．1987年被破格提拔爲副教授．1991年由美中學術交流委員會和密執安大學中國研究中心邀請赴美訪問研究．1998年在約翰霍普金斯大學獲歷史學博士學位後任現職．從1981年在上海《社會科學》發表第一篇學術論文起，已先後在中國《歷史研究》、《近代史研究》和美國 *Modern China* 和 *Journal of Urban History* 等學術刊物上發表40餘篇論文．1993年在大陸中華書局出版《跨出封閉的世界——長江上游區域社會研究，1644-1911》，另與他人合著三部，譯著兩部．剛完成英文著作*Street Culture: Public Space, Urban Commoners, and Local Politics, 1831-1930.*

注釋

1. 據學者研究，1925至1995年間，不同學科、不同角度的中文研究論文有一百七十餘篇，英文二十餘篇，使媽祖研究頗有台灣宗教研究的"顯學"之勢．加上台海兩岸文化宗教交流密切，媽祖更成爲兩岸學術交流之"紅人"．這些論文大概包括：媽祖事跡與傳說、媽祖的經典與祭典、進香研究、祭祀活動與組織、媽祖廟之間的戰爭、媽祖信仰與政治、以及媽祖信仰的傳播等等．見張珣：《台灣的媽祖信仰——研究回顧》，《新史學》第六卷第四期(1995年)．英文論文如James Watson,"Standardizing the Gods: The Promotion of T'ien Hou ("Empress of Heaven") Along the South China Coast, 960–1960," 292–324 in David Johnson, J. Nathan, and E.S. Rawski (eds.) 1985. *Popular Culture in Late Imperial China.* (Berkeley: University of California Press, 1985).

2. 《北港溪》十一期，1997年4月．

3. 又稱爲"藝陣"。見黃文博，《消遣神與人——台灣民俗消遣》(台原出版社，1993年版)，第98–100頁。

4. 見鹿港天后宮管理委員會編，《鹿港天后宮》。

5. 大王公柳信宋時號召義士，組成義軍，抵抗元兵，被尊爲大哥。二王公葉誠，三王公英勇柳信結拜成爲異姓兄弟，同成義軍領袖。

6. 關於台灣民間醮事的詳細和生動描述見黃文博，《台灣信仰傳奇》(台原出版社，1989年版)，第52–62頁。

7. 明萬歷四十年《泉州府誌》談及福建晉江縣石頭山："在萬歲山之左，山之盡處有三石傑出，故名。上有真武殿，舊爲郡守望祭海神之所。"乾隆三十年《晉江縣誌》稱"玄武廟，在城東南石頭上，廟枕山漱海，人烟輳集其下，宋時建，爲宋時望祭海神之所。"由此可知晉江縣民宋代起即奉祀玄天上帝爲海神。嘉慶三年《同安縣誌》也記載福建同安縣奉祀真武帝廟多處，如其中延福堂"明裏人户部郎中林挺倡建，崇祀真武；時顯靈異，庇護居民。相傳海中舟楫巔危時，向北呼之，則有光如炬，船藉以安。清順治十三年，陳霸據丙洲，内地居民皆被擄掠，屢欲至村行劫，未入境即見有旗幟招摇，及人馬辟易聲，賊疑有備輒望風引去，乃知爲神祐。康熙初，靖海侯施琅，初征台時，曾宿於廟，馬穢污其宮，是夜馬足高懸號鳴不止。琅虔懇乃寧，因默禱師行得捷願更新廟宇，後凱旋捐俸重建。"由此可知同安縣民亦奉祀玄天上帝爲海神。台灣除奉玄天上帝爲海神外，亦視爲水神兼視爲鎮火災省之神，此外又有人認爲是保護小孩的神，因此各地善信多常到北極殿去爲兒女祈求平安。

8. 台灣寺廟組團到大陸認祖歸宗在20世紀80年代以後成爲十分普遍。參見黃文博：《消遣神與人》，第94–97頁。

9. 關於中國土地公的崇拜參見顧祿，《清嘉錄》(文海出版社，1985年重印)，卷二，第2－3頁；王永謙，《中國的土地神信仰》，《中國民間文化——民間文學探微》，1994年第3期。關於財神崇拜參見 von Glahn, Richard, "The Enchantment of Wealth: the God Wutong in the Social History of Jiangnan." *Harvard Journal of Asiatic Studies* 51.2 (1991): 651–714.

10. 《中央日報》2000年3月8日。

11. "牙祭"之傳說：易牙是春秋戰國時齊桓公的御厨，所以祭牙就是祭祀易牙。

12. 如《成都方言詞典》(梁德曼、黃尚軍編，江蘇教育出版社，1998年版)對"牙祭"一詞的解釋爲："一種定期祭神的儀式，即每逢農歷的初二、十六日，店舖和作坊便要對財神或本行業的祖師爺以及竈王爺進行祭祀，以求神靈保祐生意興隆"(第110頁)。由此可見内地的四川與海島台灣在敬土地神上的驚人的相似性。

13. 徐曉望，《媽祖的子民——閩台海洋文化研究》(學林出版社，1999年版)，第382－383頁。關於瘟神崇拜的研究另見：Paul Katz, *Demon Hordes and Burning Boats: The Cult of Marshal Wen in Late Imperial Chekiang* (Albany: State University of New York Press, 1995); Carol Benedict, *Bubonic Plague in Nineteenth-Century China* (Stanford: Stanford University Press, 1996).

14. 在台灣還有一流傳甚廣的傳説：在元朝末年，蒙古人爲了怕漢人造反，不准民間私藏武器，規定十家合用一把菜刀，十户供養一名兵丁。漢人雖想起來反抗，卻苦於無從傳遞消息。所以劉伯温便想出了一條計策：説是今年要有冬瘟，除非家家户户在中秋節買月餅來吃，才能避免。於是大家爭先恐後的購買月餅來吃。回到家中，擘開月餅，發覺裏面藏著一張條子，上面寫著：“八月十五殺元兵，家家戶戶齊動手”。於是眾人紛紛起義反抗統治者，這個中秋吃月餅的習俗就這樣流傳下來。

15. William G. Sewell, *The Dragon's Backbone: Portraits of Chengdu People in the 1920's*. Drawings by Yu Zidan (York: William Sessions Limited, 1986), pp. 46-47.

16. 《國民公報》，1928年6月5日。

17. 《世界週刊》，1996年3月17日。

18. 如在成都街頭便活躍着許多“敬惜字紙”的老人。中國儒家傳統注重教育，把“知”視爲神聖，因而延及對“字”的珍惜，從而在民間形成了“敬文惜字”的傳統，把倉頡、孔子和文昌帝君作爲崇拜的對象。成都不少街道建有焚燒“字紙”的石亭，稱爲“字庫”，它們成爲街頭灌輸讀“聖賢書”意識和教化民衆的非常具體的工具。民間還組織有“文昌會”，收養一些貧苦的老人，他們平日便自願的沿街收集字紙，然後送到“字庫”焚化。見 Di Wang, "Street Culture: Public Space, Urban Commoners, and Local Politics in Chengdu, 1875–1927." Ph.D. Dissertation, Johns Hopkins University, 1998.

19. 李喬，《敬惜字紙習俗》，《龍門陣》1990年第1期。

20. 《世界週刊》，1996年3月17日。關於惜字的其他學術研究見梁其姿，《清代的惜字會》《新史學》第五卷第二期。

21. 飛雲居士，《細說台灣民間信仰》(益群書店，1999年版)，第23－24頁。

22. 彭明輝由田野工作所得繪製之神明配置圖，以中和地區的八座寺廟爲例，說明台灣民間信仰“三教合一”的普遍現象。在台灣，各寺廟神明是彼此交錯，在此廟爲主神、在彼廟爲屬神；道教廟宇有儒教、佛教神祇；儒教廟宇有佛教、道教神祇；佛教寺廟有道教、儒教神祇。這也説明台灣民間傳統宗教雖有佛、儒、道等派別之分，然三教派多半已喪失其本來面目，形成一大民間宗教，此爲台灣民間信仰的重要特色之一。見《由神明配置圖看台灣民間信仰——以中和地區八座寺廟爲中心》，《新史學》第六卷第四期(1995年)。其實這種現象並不止在台灣，在大陸也普遍存在。如峨嵋山雖然是佛教聖地，但道儒則摻雜其間。類似觀點也見飛雲居士，《細説台灣民間信仰》，第38－41頁。

觀影行爲與台灣的現代化

蕭志偉

　　有關台灣現代化的話題可以從許多方面去談．就目前已經出版的大部分研究來看，側重點無疑在政治、經濟方面。[1] 其實，台灣的現代化還有一個層面，那就是它給人們在行爲方式方面帶來的變化．法國理論家福軻 (Michel Foucault, 1926 – 1984)曾經討論過現代化如何導致人們行爲的高度規範化．這一現象在卓別林的電影傑作《摩登時代》裏有過淋漓盡致的表現．在這部影片裏，人因爲必須適應機器 (現代化的象徵) 的速度、節奏和程式，最後自己也變得如同機器．這近乎是福軻理論的形象注釋．借用福軻的分析方法，本文試圖從社會行爲的角度來考察台灣的現代化過程．更具體地説，我想通過人們看電影行爲方式上的變化來反觀台灣社會現代化過程的某些方面，也就是藉人們觀影行爲變遷的小歷史來透視台灣現代化的大歷史．

　　在今天的台灣，人們去看電影時，都排隊買票，對號入座。電影開演後，大家也都能保持蕭靜，遵守秩序，極少有人中途退場或在演出期間喊叫、起哄。對這一切，人們都視爲理所當然，天經地義，卻很少有人知道這樣的公共行爲是歷史地形成的。這些規矩也都是按照現代化的標準訓練的結果，並非從來如此。那麼，台灣人過去是怎麼看電影的呢？要回答這一問題，不能不從電影院在台灣的歷史講起。根據葉龍顏教授的考證，電影在台灣正式放映的時間應當不晚於1900年。[2] 而有關戲院和電影的記載則可以追溯到1896年，與日本和上海同時。[3] 電影一開始傳入的時候被定位爲戲劇的一個分支。比如，在大陸電影當初叫影戲。顯然，這一詞語的構成中主詞是戲，影作爲定語強調的是其特殊性所在。既然電影本身尚未獲得獨立的身分，也就談不上特定於電影的公共行爲。早期的人們去看電影時，在行爲上多是沿襲過去戲院裏形成的規範。比如，舊時看戲並不一定面對戲台。因爲看戲常常是堂會或其他慶典活動的一部分，客人們可以一邊喝茶、吃飯、聊天，一邊看戲。[4] 電影傳入後，人們在看電影時也沿襲舊習，照樣喝茶、聊天、隨便走動。小商小販也可以在演出期間兜售食品和香烟等雜貨。有的地方，連銀幕也不正對觀衆，人們看電影時還得不斷扭過頭去。

　　同大陸的情形相似，台灣的傳統戲劇和曲藝演出如布袋戲之類，往往也是宗教祭儀或民間慶典活動的一部分。其演出多是在露天臨時搭起的戲臺上，根本沒有現代意義上的戲院。遇有這類演出，觀衆都很隨便，或坐或站，並無一定之規。吃零食、閑聊

天也無人干預。[5] 中日甲午戰爭之後，日本人開始統治台灣，島上
才開始出現現代意義上的戲院。當時日本人爲了自己娛樂的需
要，修建了一些專門的戲院，使它們同宗教祭襖活動徹底脫離。[6]
當然，所謂現代的涵義也是隨著時間推移不斷變化的。當初夠得
上現代的以今天的眼光看來就未必夠現代。譬如，早期的電影院
和戲院都是多功能的，即便是日本人建造的那些戲院影院也常用
於其他目的。根據邱坤良先生的描述，早期的電影院 "不僅是娛
樂中心，也是政治、教育與文化中心。點閱召集，消防練習，户
口校正，里民大會，歌唱比賽，證見發表會，學校遊藝會全在此
舉行"。[7] 這與今天高度專業化的電影院相比較就顯得不夠專業，
不夠現代。但不管怎麼説，台灣畢竟開始有了專門的戲院和影
院。人們開始按照新式戲院和影院的要求來調整自己的行爲。

　　台灣早期的戲院都是日本人建的，行爲規範方面也就免不了
體現日本人的影響。其中最爲引人注目的就是觀衆看戲時要席地
而坐。後來電影傳入，觀衆也坐在榻榻米上看電影。日本人自明
治維新以後，處處都努力向西方看齊，連行爲舉止也亦步亦趨。
他們在一般人們心目中那種 "循規蹈矩" 的形象實在是這些努力
學習的結果，並非從來如此。[8] 現在他們統治了台灣，便要以居高
臨下的態度來改造台灣人的行爲方式，公共場所如戲院影院這種
地方便成了強調秩序和培養規矩的場所。這樣一來，台灣人過去
在露天看布袋戲的那種很寬鬆、很隨便的氣氛現在面臨一場改造。

　　當然，建立一套新的行爲規範不可能是一蹴而就的，而是需
要相當一段時間的。雖然台灣最早的專業電影院——芳乃亭，在

1911年7月就在台北的西門町開幕了，可是在很長時間裏大部分的影院都幾乎是沒有甚麼完備的章法的。那時，電影演出並不分場，影片演完一部就接著演下一部，俗稱"連環戲"。這種演法，免不了在影片開演期間不斷有人陸陸續續地入場退場，彼此之間互相妨礙正常看電影。更有甚者，電影開演後小販們可以自由地穿梭於觀眾當中兜售食品，討價還價不一而足。顯然，這是舊時在露天戲臺看戲留下的痕跡。電影院這樣混亂給不肖之徒以可乘之機，常有惡少們對女孩子進行性騷擾。有一篇文章這樣描述早期影院裏的情形：

> 雖是星期三，但芳乃亭及世界館兩家戲院近乎都是客滿。而且觀眾三分之一是少年男女，三分之一是婦人，其餘是各類型的男人。在一等坐席的樓上，有一對商人夫婦，帶著一位深露後頸衣服的小姑娘。而這位小姑娘每每在幕間休息時，起身站在窗邊。幾個少年發亮的眼睛便不約而同地投射過去。當小姑娘裝模作樣地走下階梯，便有二三人從後面加以尾隨。如次反復了一兩次。另一方面，很多小孩拼命擠向一等坐席和二等坐席，雖被責罵也不當一回事。孩子們毫不在乎地一下子就失去了蹤影。不一會，又不知不覺地擠了進去。在樓下，有四五個中學生進來。三等坐席是人擠人，擁擠不堪。電燈一關，一位十八歲扎著束發的少女，帶著弟弟端莊地坐著。而她的右側、左背後、右後方，有三個男人形成包圍態度。他們立刻現出怪異神情。首先是坐在右手邊和左後方的男子，假裝著看電影，卻一面用膝蓋去頂，一面故意觸摸少女的手臂。少女最初顯得有些不安，但一明白後便爲難地坐立不安起來。同時左邊的幼童也叫喊著不舒服，但聲音越來越微弱了。最後，就在電影尚未結束前，少女無

奈地帶著小孩走出去了．在拐角的某處，有五個男孩妨礙著
通道．女孩子如要通過，就必須相互擦肩而過．這群不良少
年在啓幕開演時，一面竊竊私語，一面吹著口哨，喧囂猥
雜，不堪入目．在電影方面，由於世界館放映新派社會寫實
劇，也就招攬了低級的婦人……還有說明劇情的辯士(默片的
旁白人)品質惡劣者，故意賣弄粗劣猥褻的言語，表現出輕浮
態度，竭力博取觀衆的喝彩……[9]

　　當時，這種情況不是個別的，影院方面一般也都聽之任之，
並不加以管束．但是，隨著台灣現代化的深入，漸漸地，各種各樣
的規定開始出現，人們在看電影時要遵守越來越多的行爲規範，
這些規定有的來自官方，有的是影院自己的別出心裁．政府方面
除了要求觀衆遵紀守法外，還曾強制實行男女分席．到後來，又
覺得這樣作不符合現代文明標準，便加以取消．[10] 但政府試圖約束
觀衆行爲的努力一直沒有終止過．影院方面也推波助瀾，不斷出
臺一些有關觀影行爲的規定．比如很多影院在電影開演前打燈光
字幕，要求觀衆脫帽，保持肅靜等等．[11] 這些規定不僅是爲了保
證劇場應有的視聽效果，使人們能更好地觀賞電影，更主要的是
它們體現了一種新的行爲準則和文明觀念．通過脫帽，肅靜，和
不吸烟這樣的行爲規範，觀衆被灌輸了一種新的現代文明理念．
於是，進電影院看電影的過程變成了一種福軻所說的 "訓練"
(discipline)，遵守這些規矩被賦與了文明與現代的涵義．
　　到了30年代，台灣出現了很多歐式豪華劇場，八個大城市都
有大型劇場興建．這些劇場既是當時經濟繁榮的產物，反過來也

促進了都市生活的多元化，並成爲新興中産階級消閑、娛樂和社交的場所。[12] 同以前的影劇院相比，30年代的新式劇場都建築豪華，設備齊全，而且對觀衆的行爲有了許多更爲具體的規定。舊式劇院裏那種亂糟糟的情形得到了根本的改造。人們來這些新劇場看電影時都穿戴整齊，講究衛生，彼此之間也很注意禮貌。這説明台灣百姓經過二十多年的訓練，在公共行爲方面有了長足的進步，更符合現代公民的形象了。[13] 但是，並不是所有的電影院都在改造觀衆行爲方面獲得了同樣的成功。顯然，觀衆的行爲與影院環境存在一種互動的關係。影院的檔次往往篩選出觀衆的層次。一方面，檔次高的影院規矩多，秩序好。人們去了這種地方自然地要同環境協調，行爲舉止也就順理成章地"文明"些。另一方面，這些影院的高價位使它們對觀衆具有極大的選擇性，經濟上不富裕的去不起，去的人當中便都是"上流社會"人士，這樣一個特定的觀衆層又反過來強化了這些影院的文明形象。總的説來，西門町一帶的電影院建築上都比較豪華，票價也更貴，其觀衆也多爲日本人。根據一項統計，到這些影院看電影的人百分之七十是日本人。[14] 這個區的影院一般也都規矩多，秩序好。而觀衆主要是台灣人的電影院則往往票價便宜些，去的人也是三教九流，男女老幼，秩序也就相應地差些。在這些影院裏，觀衆席往往呈現出一派熱鬧嘈雜的場面。許多人打赤脚進電影院，院方也不加阻攔。有的觀衆在席間吸烟，弄得劇場裏烟霧繚繞，銀幕上的畫面質量受到嚴重影響。放映期間，干擾視聽的情形也時有發生。最常見的是電影放映當中外面有人來到影院找人，這種時候，影院的差役就會衝著觀衆席大聲喊道 "某某先生，外面有人找！" 可以想像在靜悄悄的影院裏，大家正在聚精會神地看電影，突然有人來這麼一嗓子，會有多煞風景。大概那時不會有人把這當做布萊希特 (Brecht) 所説的 "間離效果" 來欣賞。至於個別觀衆在電影開演以後姍姍來遲，那更是司空見慣的事。他們在黑暗當中找不到自己的座位，也看不見影院的差役在哪裏，就在入口的地方大叫： "有人來了，快來帶路。" 劇場的僕役聽見後，也不管自己離入口處有多遠，都會大聲回應： "快請進。您近來不錯吧？"[15] 這種招呼方式顯然受了日語的影響，因爲講傳統中文的人是不會這麼跟客人打招呼的。説話親切友好當然不錯，但這種寒喧方式發生在劇場裏無疑會妨礙別人看電影，用今天的眼光來看，就顯得很不夠職業化。這些二流三流影院還有一個問題，那就是不對號入座。觀衆先到先坐，只要有空座位，大家挑哪個風水悉聽尊便。[16] 這樣一來，很多人都要多佔座，期待著碰上熟人好賣個人情。如果最後沒有看見熟人，也要把座位給自己看著順眼的人。這就經常導致先來的人和後來的人之間的很多爭吵，爲此而訴諸武力的事也時有發生。[17]

　　二戰後，國民政府遷台。當時的台灣百業蕭條，人心惶惶。然而，正如美國三十年代初的經濟蕭條促進了好萊塢的興旺發達，戰後的台灣最紅火的行業就是影院業。[18] 這其中的奧妙值得另文探討。當時台灣的影迷以公教人員居多。這些人薪水不高，每月收入維持生活之外所剩無幾，雖然做別的事不夠用，看幾次電影倒還可以。故影院門前經常人山人海，售票處窗前常掛出客滿的牌子。由於想看電影的人多，而座位又有限，於是售票處便出現擁擠、打架的現象。很多軍警人員不但自己看白戲，還經常帶人看白戲，影院方面敢怒而不敢言。有人統計，當時觀衆席中往往有三分之一的人是看白戲的。[19] 有這麼多的人看白戲，影院的正常營業不可能不受影響，電影票也因之越發奇貨可居。因此，黃牛也就應運而生。他們勾結影院工作人員，先大批購買影票，再用高價賣給排隊買票的人。這樣的社會風氣導致公德的衰落，以至於有些人甚至懷念起循規蹈矩的日本人時代。[20] 有鑒於此，當時的國民政府在百廢待舉的情況下，卻開始率先對影院的秩序進行系統整頓，可見政府對管制電影和約束公共行爲的重視。民國三十五年一月十六日，中國國民黨台灣省黨部召集台北市各戲院負責人舉行談話會。會議期間，宣傳處長林紫貴明確提出一些有關劇場行爲規範的要求。這些要求包括：

1. 觀衆入場出場，要遵守秩序。
2. 環境佈置要整齊清潔。
3. 場內不得吸烟及吃食果物。
4. 肅立時應脫帽立正。
5. 唱國歌時應全體循聲合唱。
6. 放映正片前須先放映富有教育意義之標語。
7. 特定時間須免費招待軍人。[21]

　　這一規定有些方面繼承了日本人時代就已立下的規矩，比如遵守秩序，環境清潔，場內不得吸烟吃東西等。但國民政府也加進去一些自己特有的內容，如唱國歌，放映有教育意義的標語。這些政令同國民黨在大陸時的做法是一脈相承的。南京政府在30年代曾大力推行新生活運動，對老百姓日常生活中的行爲舉止加以約束。這一運動的實質就是要按照國民黨自己的政治需要來塑造國民行爲，並使之符合政府設計中的現代形象。因而，它的意義遠不止穿衣戴帽之類的瑣事。具體到電影問題，國民黨政府的教、內兩部組成的電影審查委員會從1932年就規定，所有影院在上演正片之前，必須先放映孫中山遺像；後來又要求觀衆在開演之前起立唱國歌。[22] 這些做法戰後也帶到了台灣，並一直延續到前幾年才壽終正寢。儘管有很多人都曾很反感這套做法，但很少有人知道它起源於30年代初。

　　在大陸上，抗戰勝利後，國民黨政府進一步加強了對影戲院的管理和對觀衆公共行爲的約束。中宣部和內政部除三令五申規定全國各影院必須實行對號入座外，還發佈了一系列其他具有行爲方面含義的政令。[23] 但由於大陸政治軍事形勢的突變，國民政府沒有來得及將這些法令措施一一付諸實現。於是，只好在遷台後一方面借電影檢查來決定老百姓可以看甚麼，[24] 另一方面通過介入對影戲院的整肅與管理，規定和約束民衆怎樣看電影的行爲。除了上面引述過的國民黨宣傳部長林紫貴對影院頭面人物提出的那些要求之外，政府進一步規定，所有影院都要放映准時，維護秩序，灌輸愛國思想。[25] 這樣，電影院就成了改造國民公共行爲的前

沿陣地。省長陳儀親自過問影院管理，調動憲兵幫助影院建立秩
序。按照政府的規定，自1950年1月開始，台灣所有影院都必須劃
分場次，對號入座。由於國民政府的強力介入，台灣電影院的秩
序得到極大改善。台北各大影院售票處前終於可以看到一列列購
票的蛇陣，人們秩序井然地耐心等待買票，過去那種擁擠混亂的
情形漸成陳跡。[26]

　　到了60年代，政府仍然不放鬆對公衆在觀影行爲方面的要
求。那時，電影檢查已經劃歸到新聞局管轄，新聞局的長官承襲
了過去的思路，繼續致力通過改造電影觀衆的行爲來塑造現代公
民的形象。新聞局的一份文件頗能說明當時的政府對公共行爲的
格外重視：

> 　　近來，"披頭"、"嬉皮"之風入侵銀幕，爲本局檢查
> 工作增添了新的困擾的工作。那種披頭散髮、不男不女以及
> 玩世不恭的態度，不管其理由如何，對於公共秩序善良風
> 俗，都具有無可估價的破壞作用。尤其時至今日我們正全面
> 推行中華文化復興之際，斷不允許此項頹風流傳於討毛救國
> 的基地之上。[27]

　　這裏強調的仍然是行爲準則。披頭散髮與奇裝異服這些本來
屬於個人行爲的事情被視爲具有公共含義，上綱上線到政治高
度，這體現了官方試圖對社會行爲加以指導和約束的一貫立場。
國民黨政府想通過改造公共行爲來塑造文明形象的努力一直沒有
中斷。直到1983年，蔣經國總統在他的除夕講話中還再次強調"維

護良好的社會秩序"、"保持整潔的環境"和"以禮貌促進祥和"。台北的電影戲劇商業同業公會為回應這一號召特別通過決議並制訂出具體辦法,力求有效改善影院環境。這些辦法當中與觀影行為相關的條款包括:

1. 排隊買票,順序入場,對號入座,維護戲院良好秩序。
2. 培養觀眾公德心,愛護戲院各項設施,尊重公共利益。
3. 保持戲院內外環境的整潔衛生,清新美觀。
4. 切實要求員工服裝儀容的端莊與整潔。
5. 逢人遇事常說請,謝謝,對不起。[28]

從另一方面來說,這些條款似乎說明,政府在規範公眾行為方面的成效仍未盡善盡美。顯然,直到80年代初,排隊買票仍未成普遍慣例,對號入座也還沒到習慣成自然的程度,至於順序入場更未達順理成章之境。所以,同業公會才覺得有必要重申這些基本原則。這真有點"革命尚未成功,同志仍需努力"的味道。

不能小看這些行為規範的意義,它們是台灣現代化的一個重要方面,體現了不同時期,不同政權對"現代"與"文明"這些概念的理解。以上對台灣電影觀眾公共行為變化歷史的簡略描述充分說明,電影一直是弘揚一定意識形態和價值觀念的工具。[29] 由於它對世道人心的巨大影響力,歷屆台灣政權都一方面藉電影檢查控制觀眾可以看甚麼,另一方面,通過規範公共行為,決定觀眾怎麼看電影的方式。兩者互為表裏,異曲而同工,都是對公眾進行控制的手段,充分印證了福軻關於規範的論述。

　　經過從日本人到國民黨這一個多世紀的不懈努力，今天台灣
人的公衆行爲確實較以前有了極大的改變，“現代”意義上的公
德意識已經深入人心。仍以觀影行爲爲例，如今，台北西門町一
帶的電影院門前都可以看到人們排著長長的隊伍，依次到售票窗
口買票入場，票券上印著片名和場次時間。一切都顯得井井有
條，規規矩矩，再也見不到過去那種擁擠，混亂，嘈雜的場面。
影院管理方面也顯然更上一層樓，其注意力再也不是督促觀衆對
號入座，順序入場這些在今天已經屬於常識的事情，而是追求精
益求精的高質量服務。[30] 這一切同當初的雜亂無章相比，確實恍
如隔世。

　　儘管如此，今天的台灣政府仍在繼續不懈地致力於塑造符合
現代標準的公共行爲。在許多公共場合，如公園、博物館等等，
管理人員會不時地提醒遊人不要大聲喧嘩，保持肅靜。很多公共
場所也設有各種各樣的宣傳板，告誡觀光遊客哪些行爲是不允許
的。它說明，台灣在追求政治和經濟現代化的同時，也孜孜不倦
地進行了一場靜悄悄的行爲革命。在這個過程中，電影院在塑造
符合現代理念的公德方面起了巨大的作用。

　　本文的寫作得益於三民主義大同盟的邀訪。在台收集資料期
間，也曾得到台灣國立藝術學院廖金鳳先生和電影資料館的黄慧
敏女士鼎力相助。清華大學的尹鴻教授閱讀了全文並提出過寶貴
的修改意見。我對以上組織和個人深表感謝。

作者簡介

蕭志偉：1994年獲加州大學聖地亞哥校區歷史系博士學位，治中國近代史．與張英進合著《中國電影小百科》，並發表多篇有關中國電影史的論文．現任教於加州州立大學聖馬科斯校區．

注釋

1. 見李洪山編，《透過歷史看台灣》(亞洲科學出版社，1999年)；台灣行政院新聞局編印《台灣的故事》，2000年．

2. 葉龍顏，《台北：西門町電影史，1896 – 1997》(台北國家電影資料館，1997年)，第30 – 33頁．

3. 葉龍顏，《日治時期台灣電影史》(台北玉山社，1998年)，第17頁．

4. 侯希三，《老北京的戲園子》(北京中國城市出版社，1996年)．

5. 邱坤良，《台灣劇場與文化變遷》(台北台原出版社，1997年)，第二章：〈劇場之儀式〉．

6. 葉龍顏，《日治時期台灣電影史》，第40–50頁．

7. 邱坤良，《南方澳大戲院興亡史》(台北新新聞文化事業股份有限公司，1999年)，第29頁．

8. 有些中國觀眾對日本人的守規矩很欽佩，號召同胞學習日本人；見麗清《我提議買票排隊》(《華北映畫》，1942年)，第30期．

9.　《台灣日日新報》，大正五年七月十六日、十七日，稱 "令人不敢欣賞的電影成爲風教敗壞的中心，出乎意料的惡劣影響"；轉引自葉龍顏《日治時期台灣電影史》，第90–92頁。

10.　同上，第49－50頁。

11.　同上，第89頁。

12.　李清志，《台北電影院發展史》，見李清志主編《台北電影院》．(台北元尊文化，1998年).

13.　葉龍彥，《日治時期台灣電影史》，第212－213頁。

14.　陳飛寶，《台灣電影史話》(北京中國電影出版社，1988年)，第30頁。

15.　葉龍彥，《日治時期台灣電影史》，第227－229頁。

16.　莊永明，《老台北的電影院記憶》，見李清志主編《台北電影院》．

17.　巨鯤，《電影事業在台灣》，《自立晚報》民國三十七年三月二十九日，第四版；轉引自葉龍彥《光復初期台灣電影史》，第67頁。

18.　葉龍彥，《台北西門町電影史1896－1997》，第二章：〈西門町電影街的繁榮〉。

19.　葉龍彥，《光復初期台灣電影史》，第66頁。

20.　葉龍彥，《台北西門町電影史1896－1997》，第二章：〈西門町電影街的繁榮〉。

21.　《台灣新生報》，1947年12月31號；轉引自葉龍彥《光復初期台灣電影史》，第58頁。

22. 見《教内兩部電影檢查委員會工作報告》(南京, 1934年).

23. 見上海檔案館的有關文件, Q1－12－1464和Q011－6－418.

24. 有關國民政府在台灣的電影檢查, 見葉龍彥《光復初期台灣電影史》, 第四章; 林洋《電影工業生死一令間: 台灣與西班牙電影法令之比較》(台北, 1999年); 鍾雷《五十年來的中國電影》(香港, 正中書局、1965年), 第三章.

25. 《中華日報》, 民國三十六年九月十日; 轉引自葉龍彥《光復初期台灣電影史》第61頁.

26. 葉龍彥, 《光復初期台灣電影史》, 第三章: 〈光復初期的台灣電影院〉.

27. 文化局台北教育部文化局部1969年, 第203頁; 轉引自劉現成《台灣電影社會與國家》(台北, 楊智文化事業股份有限公司, 1997年), 第66頁.

28. 《台北市電影戲劇商業同業公會沿革》, 第58頁, 出版日期不祥, 從内容判斷, 出版時間大約應該在1983－1984年左右.

29. 斯蒂夫·羅斯 (Steve Ross) 就此有極好的論述, 參見 "Struggle for the Screen: Workers, Radicals and the Political Use of Silent Films." *American Historical Review*, vol.96, no.2 (1991).

30. 王阿福, 〈戲院管理〉, 《電影欣賞》, 七卷四期 (1989).

婦女地位

之變化

台灣經濟發展與
婦女政治地位的改善

倪亭

在尋找中國未來現代化道路的過程中，台灣無疑將擔任着重要的角色。中華民國以經濟自由化和政治民主化的雙重奇跡震驚東亞以及全世界。經濟上，儘管這塊寶島耕地面積有限，自然資源匱乏，但它經濟持續增長，且所得相對平均，一個強大的中產階級已經開始形成。政治上，人民享有相當充分的言論、出版、結社、集會等自由權力，政黨政治漸入軌道，通過自由競選獲取政府權力的方法已普遍實行。毫無疑問，台灣正在穩步地進入民主社會。所有這些成就當然應當歸功於一些遠見卓識的企業家和政治家，特別是台灣人民的艱苦創業精神。但是，在討論台灣經濟現代化與政治民主化的經驗時，多數著述不僅略去了佔台灣人

口半數的婦女對台灣經濟起飛的貢獻而且很少涉及台灣婦女政治
地位的改善。

本文試圖通過探討台灣經濟現代化與公民政治參與中的性別
差異，它的經濟發展如何影響女性社會地位與政治生活，台灣奇
跡是否提高了女性參政意識，以及台灣政治選舉中的席位保留制
度爲女性政治參與所帶來的利與弊，將台灣婦女的重要貢獻納爲
"台灣經驗"的重要組成部分。文章不僅將重點討論台灣婦女在
經濟繁榮、政治民主上的重要貢獻，而且也將考察伴之而來的社
會影響。隨着廣大婦女進入以男性爲主的勞力市場和工作領域，
她們不僅對傳統社會提出重大挑戰，而且也對政治權力提出了新
的要求。台灣選舉中的席位保留制度爲婦女參政提供了必要的保
證條件，特別是在台灣步入政治民主的初期。隨着台灣經濟與政
治現代化的逐步完善，越來越多的女性不但對參與政治具有強烈
的欲望，而且還會具有日益增加的經濟、教育和政治的資源與男
性競爭。台灣女性真正獲得平等參政的機會與權力之時也是婦女
參政席位保留制度最終結束之日。

一　台灣經濟起飛對婦女地位的影響

在討論現代化與政治民主化的經驗時西方學者對經濟發展與
促進婦女地位改善的關係有三種解釋。

第一，工業化提供了家庭以外的就業機會，這一變革削弱了
以男性爲主導的家庭經濟，爲女性提供了走出家門和經濟獨立的

機會，最終廣大婦女會因爲經濟狀況的改善而產生參與政治的要求。[1]

另一種理論對上述解釋提出了挑戰。以Ester Boserop爲首的經濟學家認爲經濟發展會削弱女性的社會地位。他們對一些西方工業國家的研究表明，儘管工業化爲婦女勞工提供了就業機會，但與此同時，它也引起了勞工市場的性別分工。婦女勞工通常集中在低工資，無技術，無晉升機會和無訓練機會的二等勞工市場。這一情況主要是由於以男性爲主導的社會文化和資本主義經濟價值所決定的。這些經濟學家強調工業化實際上擴大了男女社會經濟地位的差別。因爲資本主義經濟發展必然要引起生產與再生產的分化，資本主義企業的等級化和資本主義與男性家長制度的互相依賴。他們認爲，資本主義經濟發展對女性勞工主要有三個負面影響。第一，在資本主義初級階段，婦女勞工受僱的機會不是增加而是減少了；第二，女性勞動力不是自願而是由於經濟需要而被迫進入勞工市場，最後，她們的工作機會不僅逐漸減少，而且極不穩定。[2]

西方學者對經濟現代化與婦女政治地位改善關係的第三種解釋來源於階級分析的觀點，這種理論認爲經濟發展只改善了中產階級和社會上層女性的地位，但並未改善社會下層，特別是以農爲生的女性農民的地位。[3]

上述三種模式是否適用於解釋台灣經濟發展與婦女政治地位的改善？在進行研究之前，我們必須強調台灣與西方社會的基本差異，一方面傳統中國中的婦女較她們西方姐妹的地位更爲低下；另一方面，台灣資本主義經濟比西方社會發展得更爲迅速和全面，它不僅在二、三十年中消滅了失業率，而且還明顯地改善了人民的生活。在研究台灣現代化與女性政治地位改善的關係時，我們必須將台灣社會這些區別於西方資本主義發展的特性考慮進去。

　　台灣經濟起飛大致開始於二十世紀六十年代。在現代化所帶來的衆多變化中，廣大婦女加入勞工市場無疑爲最重要的變革之一。從女性勞工橫向參與勞工市場來看，當以密集型勞工生產爲基礎的工業迅速發展時，女性參與勞工市場率開始穩定增長，從1966年的27%增至1976年的38%，而且大部分婦女勞工集中在非農業部門。[4] 表一反映了男女勞工比例從1966－1988年的變化。[5]

　　上述數字表明台灣現代化的確爲婦女提供了就業機會。這一變化在女性農民數量的迅速降低中可以明顯見到。二十年間，台灣女農民從46.6%降爲14.3%，而製造業中的女工人從18.5%增至39.6%。可以肯定地說，台灣婦女分享了台灣勞動力更嚮往的製造業。但是如果從台灣勞工的工種來看，女性勞工肯定沒有享受與男性勞工同等的待遇。表二反映了這一差別。[6]

　　如同其他國家一樣，在台灣所有職業中，行政管理人員名列前茅，專業和技術人員名列第二。這兩組人員不僅在社會上享有高聲譽和在經濟上有

表1: 男女僱員在農業、商業、服務業與製造業的百分比

	1966		1986	
	男性	女性	男性	女性
農業	43.0	46.6	18.7	14.3
商業	11.2	12.9	16.4	20.4
服務業	13.5	18.7	13.9	18.5
製造業	17.7	18.5	30.3	39.6

高收入，而且多數政治家來自於這兩組人員。台灣婦女成爲管理
人員和專業人才的能力對於改善她們的政治地位極爲重要，因爲
這不僅反映了工作中性別歧視的程度，而且還因爲獲得上述職位
是在政治中取得較爲廣泛代表的前提。一九六六年從事這兩項職
業的人員約佔台灣人口的7%，但女性行政管理人員尚不足男性同
行的三分之一。二十年後，雖然從事行政管理人員的比例數目男
女均有降低(男性行政管理人員爲全國人口的1.2%，女性爲0.2%)，
但女管理人員只佔男性的六分之一。上圖清楚地表明工業化沒有
爲台灣女性進入高層職業帶來實質性的變化。

　　工業現代化國家一般認爲農業勞動是所有職業中最低的一
等。一九六六年，農民與生產勞動者結合起來是台灣總勞動力的
60%，一九八六年這一比例爲55%。但工業化轉變了這兩項職業的
百分比結構。一九六六年後者爲前者的兩倍(表2)，如果我們進一
步比較男女勞工的人數，會不難發現在這二十年中從事生產勞動
的女勞工略低於男勞工。1966年，女農民略多於男農民，1986

年，女農民略少於男農民。這
表明台灣女性並沒有由於工業
化而集中在屬於社會最低層的
農業中。

　　如果從縱向參與勞工市場
來看，台灣勞動力僱傭形式可
以分爲四等。僱主，個體經營
者，僱員和無償家庭勞工。僱

表2：男女僱員工種百分比				
	1966		1986	
	男性	女性	男性	女性
管理與行政	4.4	1.4	1.2	0.2
專業人員	4.6	5.8	6.0	6.7
秘書	7.3	6.1	11.2	18.0
銷售	10.4	12.4	13.3	13.7
工業勞動者	20.2	16.6	42.6	36.2
農業勞動者	42.4	46.6	18.5	14.2

主爲最高形式的勞動力，因爲他們完全爲自己工作。無償家庭勞工爲最低形式，因爲他們的工作基本得不到任何報酬。雖然一些自營者，特別是小規模自營者，通常沒有較高的經濟收入和社會地位，但一般認爲自營比爲他人工作好。表3至表6分別顯示了在製造業、服務業、商業和農業中，男女在四種僱傭形式中的比例。[7]

製造業和服務業中的多數工人屬於僱員這一範疇。製造業中僱員的比例從1966年的75%升至1968年的85%，這表明隨着工業的發展，越來越多的勞工進入製造業。從1966年至1986年，服務業的僱員幾乎佔所有服務業勞工的85%。男女僱員的比例在製造業和服務業中相差無幾的事實並不能證明台灣勞工市場不存在性別隔離。因爲很多女勞工實爲半日工作的無產者(婚前工作女勞工)，在製造業僱員這一範疇內，她們是收入最少和地位最低的僱員，幾乎沒有晉升的機會，在傳統家庭中永遠處於附庸地位。

除僱員範疇外，在其他三個範疇中，僱主、個體經營者和無償家庭幫工中，男勞工於女勞工的優勢在二十年時間中逐漸顯示出來。例如在製造業中，1966年男僱主爲女僱主的三倍(5.4% 對

表3：製造業中男女僱員僱傭形式百分比

	1966		1986	
	男性	女性	男性	女性
僱主	5.4	1.7	8.2	0.6
自營	13.7	12.8	5.5	0.9
僱員	76.4	73.4	84.4	93.2
無償家庭幫工	4.4	12.1	1.9	5.3

表4：服務業中男女僱員僱傭形式百分比

	1966		1986	
	男性	女性	男性	女性
僱主	3.7	3.0	4.8	2.0
自營	9.9	6.3	13.8	8.9
僱員	84.5	83.6	80.1	83.3
無償家庭幫工	2.0	7.2	1.4	5.8

1.7%) 二十年後，男僱主的比
例增至8.2%，而女僱主的比
例降爲不到1%。1966年，男
女個體經營者人數基本相等
(1.4% 對 1.3%)。二十年後男
女自營者佔勞力總數的比例
均有下降，但後者的下降更
爲明顯。至於四個範疇中最
低的一等、無償家庭幫工，
二十年來，人數幾乎下降一
半 (男性從4.4%下降爲1.9%，
女性從12.1%下降爲5.3%)。

表5：商業中男女僱員僱傭形式百分比

	1966		1986	
	男性	女性	男性	女性
僱主	5.6	1.5	10.6	2.4
自營	57.7	34.6	46.6	23.1
僱員	28.4	22.3	36.2	38.3
無償家庭幫工	8.3	41.6	6.6	36.3

表6：農業中男女僱員僱傭形式百分比

	1966		1986	
	男性	女性	男性	女性
僱主	0.9	0.3	10.6	2.4
自營	51.8	9.4	67.6	20.4
僱員	18.6	15.5	14.1	11.8
無償家庭幫工	28.7	74.9	16.5	67.3

但女性無償家庭幫工在1966年和1986年均爲男性的三倍 (表3)，從
這一角度來看，製造業的發展造成了台灣的兩極分化：致富男性化
和貧困女性化。

在服務業中，男女僱主的差別不大，但男性比女性佔有優
勢。雖然男性僱主只比女性僱主稍多一些，但是在廿年間，男性
僱主比例從3.7%增加至4.8%，女性僱主從3%減至2%。同樣的，在
個體經營者範疇內，男性從1966年的9.9%增爲1986年的13.8%；而
女性的增值並不多，從1966年的6.3%增爲8.9%。至於服務業中的無
償家庭幫工，1966年女性爲男性的3.6倍，廿年後增長爲四倍 (表4)。

在商業中，女性職工的劣勢充分表現出來。女性無償家庭幫
工爲同等男性的五至六倍，1966年的比例爲 42% 對 8%，1986年的比

例爲 36% 對 7%。但是男性成爲僱主的機會均爲女性的四倍 (表5)。

在農業中，女性勞工的情況更糟糕，男性成爲僱主的機會爲女性的三倍。

1966年四分之三的女性農業勞動者爲無償家庭幫工，是男性的三倍，雖然1986年數字減爲三分之二，但仍爲男性無償家庭幫工的三倍。表面看來，個體女農民從1966年的9%增至1986年的20%，而個體男農民只從1966年的52%增至68% (表6)。但如果我們仔細研究這些數字背後的意義就會發現，雖然農業在台灣日益走向衰敗，但個體女農民的數字卻在增加，這表明農業女性化的趨勢在發展。原因之一爲：對一些年長者和教育程度較低的女性來說，可供選擇的職業有限，進入工業和城市工作的機會也不多，這樣她們只能選擇不需要高技術和高訓練的農業勞動。這證明工業革命可以使未受教育的年長女性的社會地位降低，而教育程度較高的年輕女性則可從現代化中受益匪淺。實際上，台灣婦女進入專業領域和獲得白領工作的一個重要原因是日益增加的教育機會，中小學教育的普及與大學聯考制度極大地縮小了五十年代教育界存在的性別差異。1951年，台灣男性平均在學年限爲3.9，而女性只爲1.4，但到1983年，這種差別縮小到男性爲8.9，女性爲7.4，女大學生的比例從1958年的18.8%增至1987年的43.6%；男女非文盲的比例也明顯縮小，從1963年的83% 對57%減少爲1987年的96% 對 86%。[8]

上述研究表明，從台灣婦女橫向參與勞工市場來看，現代化使越來越多的女性加入勞工市場，特別是使她們進入各種專業領域和白領階層的機會大大增加。這充分表明台灣婦女在寶島經濟起飛中扮演了重要的角色。但是，如果從台灣女性縱向參與勞工市場來看，歧視婦女勞工的現象仍然存在。一般來講，女性不但被排斥在高級管理階層之外，而且還不合比例地擁擠在無償家庭幫工之列。更重要的是，多數從事農業的婦女缺乏得到非農業工作的機會，很多年輕的工廠女工仍然被困在低收入無技術的工作中。從職業分佈看，女性無償家庭幫工遠遠多於同類男勞工。

二　女性政治參與

如果進入勞工市場爲促進婦女政治參與的第一步，那麼下一步我們應該考查台灣女性是否由於加入勞動力大軍而逐漸對政治感興趣。

西方理論對於工業化國家婦女缺乏政治領導地位的解釋爲女性一般缺乏對於政治和選舉的興趣，因爲自幼年起，婦女活動的形式妨礙了她們未來進入公共領域的活動。但是自廿世紀七、八十年代以來，男女政治參與的差別逐漸縮小，在有些國家甚至消失了。一些政治理論家將這一現象歸於女性教育程度的提高以及女權運動的興起。這裏我們可以借鑒西方學者的研究來探討台灣女性的政治參與。首先，台灣未成年男女的社交活動和政治參與的差異極爲明顯，因爲台灣從農業社會向工業社會轉型發生得比西方社會晚的多，而前工業化時期的台灣社會基本是男性主宰的社會；其次，如果未成年男女的社交文化與政治活動完全不同，那麼這種差異自然會順延至成年男女。中國傳統文化強調女性的主要責任在家庭，而且在家庭中她們常處於從屬男性的地位。男孩和女孩從小就接受了在社會家庭中扮演不同角色的教育，這種教育肯定影響到他們對政治參與的興趣。一些研究還表明男女性別的差異也表現在不同的政治領域内。例如，男女學生在初等和高等教育中都學到了政體、公民與政府的知識，但他們對政治感興趣及捲入的程度卻極爲不同。雖然有時男性公民與女性公民參加選舉的比例差別不大 (以1971年爲例：分別爲76%和69%)，但是在需要投入更多精力的活動中，例如參加政治組織和捲入政黨活動，男性公民參加政治集會和競選演説的人數和頻率遠比女性公民多。在台灣第一大黨國民黨中，女性成員比男性成員要少得多，以1982年爲例，女性國民黨員只佔全體黨員的21%和台灣婦女人口的7%。[9] 當被問及不參加投票的原因時，很多男性公民表示因爲投票是不在自己注册選舉的地方 (台灣法律禁止公民在非注册區投票)，而女性公民則是因爲對選舉的意義和作用表示懷疑。[10]

女公民參加投票的動機也反映了她們參與政治的被動性。男公民的投票基於個人決定，他們視選舉爲表達自己意願的機會，或是對政黨政策做出的反映。但女公民投票則基於關係，即在很大程度上是受到他人的影響。在1980和1983年的選舉中，42%的女投票人表示她們的選擇是應家人、親戚或鄰居的要求。女公民的投票結果在很大程度上是表達家庭而不是個人的意願。另外，雖然對台灣選舉的研究尚未顯示出男女公民在道德標準、個人品德、教育成就和公眾形象這些問題上有重大差異，一般男公民在選舉中更爲重視當時涉及的重大問題以及候選人對這些問題的一貫立場。[11]

當然教育程度會影響選舉結果。研究表明，受過高等教育的男女同樣對涉及國計民生的重大問題感興趣，而教育程度低的公民，不論男女，普遍對這些問題無興趣。同樣地，在文化程度高的選民中以性別爲基礎的黨派傾向極不明顯，而中低等文化水平的女性比男性更傾向於對執政黨投贊成票。可以預測，隨着越來越多的女性公民接受高等教育，她們應該更爲積極地投入到政治之中，更爲關心選舉中涉及的重大問題。

總之，台灣男女參與政治的差別仍然存在，但消滅這些差別的條件正在台灣發展起來。隨着越來越多的台灣婦女獲得經濟獨立，接受高等教育，從事專業工作的機會增多以及婦女運動的興起，台灣女性會以前所未有的熱情積極投入到台灣政治中，會對台灣的政治民主化做出更大貢獻。2000年總統大選雄辯地證明了台灣婦女參政已經進入了一個重要的歷史轉折點。呂秀蓮成爲台灣歷史上第一位成功當選的女副總統。很多西方國家雖然具有百年民主社會的經驗，但迄今爲止，女性只在極少數國家成功地當選爲最高領導人的職位。衆所週知，美國在建國兩百多年後仍然沒有一位女總統或女副總統。

三 台灣的席位保留制度與婦女參政

任何對台灣婦女參政問題有興趣的學者以及願意爲促進男女平等做出貢獻的公民都不應忽視席位保留制度對台灣婦女參政的影響。1947年台灣憲法第七條規定，在法律面前男女平等。第一百三十六條規定，在各級立法院的選舉中，應爲婦女代表保留一定的席位。[12] 這兩項法律無疑爲近代中國史上促進男女政治平權的重要里程碑。歷史上，由於封建王朝的長期統治，中國婦女的社會經濟地位被嚴重削弱。當台灣步入民主社會時，即使她們被賦予機會，也不可能與男子在政治領域內公平競爭。爲了補償女性幾千年來遭受的不公正待遇，保證台灣婦女最低限度的政治參與和響應孫中山先生提出的男女平等的原則，女性代表席位定額制被寫進憲法。

女性席位保留制度不適用於行政院的選舉，只用於立法院和國民大會的選舉，但立法院和國民大會的定額保留制度有很大的區別。在各級立法院的選舉中，女性同男性一樣，得選票過半數者當選，當選的女議員基本上用掉了保留的席位。如果沒有足夠的女候選人獲得半數以上選票，那麼女候選人的選票單獨計算，不論是否超過半數，獲票最多者當選。所以只有在第二種情況下，女性席位保留制度起到了保證婦女參政的作用。它的弱點是，在這種情況下，當選的女立法委員的票數要比男委員少的多，容易産生男女立法委員的對抗情緒和削弱她們在立法院的權威。在立法院的選舉中爲婦女保留的席位是兩性政治平等的最低保證，而不是男女立法委員的最終比例。如果女候選人得選票過半數者超過席位保留數目，所有女當選者都能成爲立法委員。

一九四七年憲法第五條款規定，含有十名或十名以下立法委員的立法院，必須爲婦女保留一名席位；立法院每增加十名席位，其中一名席位必須爲女性保留。這種規定使女立法委員的代表率呈U形。立法委員人數不多時，例如五名或三名，女性比例可高達20%至33%，但當立法委員從五名增加到十九名時，女性代表比例可降至5%，只有當立法委員數達到二十，女性定額比例方可恢復到10%。在實際選舉中，各級立法院中女性定額從未超過一名。

女性並不是憲法中爲其保留政治席位的唯一團體。第二十六、六十四和一百三十五條款也爲少數民族、海外華人和其他職業團體在立法院和國民大會中保留了席位，但這些團體和組織的定額制度只在中央一級的選舉中有效，並不適用於地方選舉。女性席位保留制度則通用於從中央到地方的各級立法院的選舉。[13]

國民大會選舉中的女性定額代表制度與立法院中此一制度的實施完全不同，前者的席位是專爲政府認可的婦女組織選出的代表保留的。台灣選舉法和民間組織法只承認婦女會爲唯一合法的婦女組織，[14] 這樣國民大會的席位保留制度實際上認爲婦女會可以代表台灣所有婦女的利益。很顯然，這種規定完全没有反映台灣社會的現實。正如一個男性組織不可能代表所有男子的利益，任何一個女性組織絶不可能成爲所有女性的代言人。婦女會作爲一個社會群體，有階級和政見之分，更何況很多婦女，尤其是文化水平較低的女性，不屬於任何組織。熱衷於加入組織的女性實際上多半來自中產階級或上流社會，這樣國民大會選舉中的席位保留制度將代表台灣廣大女性的權力賦予極少數没有代表性的婦女。

與此相關的國民大會選舉中女性席位保留制度的另一弱點爲婦女組織易與執政黨發生密切關係。由於有權向國民大會選送代表的婦女組織必須是政府認可的組織，這樣國民大會選舉中的女性席位實際爲執政黨操縱婦女組織留有餘地，執政黨可以拒不承

認持不同政見的婦女組織或對合法婦女組織的條件提出種種限
制。與立法院選舉中婦女席位保留制度相比，國民大會選舉中這
一制度的實施顯然存在嚴重的缺陷。立法院選舉中的女性席位保
留制度一方面承認女立法委員可以更好地代表廣大婦女的利益與
觀點，另一方面，它並不將公民的需要與婦女組織聯繫在一起。

　　評價女性席位保留制度是否促進婦女參政的另一重要標準是
女性參加競選的人數與當選者的比例。表7至表9顯示了女性代表
在中央和省級立法院，國民大會縣市及城鄉選舉中的情況。[15] 總
的看來，從地方選舉到中央級選舉，女候選人不但能夠贏得10%至
15%的席位，而且越來越多的人當選爲各級政府的官員。在省級和
縣市級的選舉中婦女當選的比例高於中央級的選舉，但是在城鄉
一級的選舉中，女當選者的比例略低於省級和縣市級。

　　對上述數據的分析表明女性席位保留制度在很大程度上有助於推動婦女參政。這是因爲第一，由於立法院實行女性定額代表制，與行政院和國民黨相比，立法院中的女立法委員的比例最高。1988年夏新自由政府和新國民黨領導被任命前，台灣從未

表7：國民大會中的女性代表

	候選人		女性	席位			女性
	總數	女	比例	總數		女	比例
1969	29	2	6.9	15	2	2	13.3
1972	78	10	12.8	53	5	8	15.1
1980	18.5	17	9.2	76	7	12	15.8
1986	169	25	14.8	84	8	16	
立法院							
1969	25	4	16.0	11	0	1	9.1
1972	55	6	10.9	36	3	4	11.1
1975	61	4	6.6	37	3	4	10.8
1980	218	17	7.8	70	5	7	10.0
1983	171	22	12.9	71	5	8	11.3
1986	137	12	8.8	100	6	8	8.0
1989	302	26	8.7	101	7	13	12.9

有女性内閣成員和國民
黨中央常委委員。從歷
史上看，由於沒有席位
保留制度的保證，台灣
婦女在各級行政職位的
競選中一直沒有重大突
破。截止到1985年，基
本上沒有女縣長和女市
長。直到80年代中期，
在312名城鎮檢察院長
中，只有三名女性。歧
視女性的現象在政府機
構中較爲普遍。與同等
學歷和在文官考試中取
得相同成績的男性相比，
女性通常職位較低。[16]

第二，與世界各國
比較。台灣婦女在立法

表8：省級立法機構婦女代表						
候選人		女性		席位		女性
總數	女	比例	總數		女	比例
省級立法院						
1951	140	12	8.6	55	5	5	9.0
1954	110	18	16.4	57	6	6	10.5
1957	118	22	18.6	66	9	9	13.6
1960	126	18	14.3	73	9	10	13.7
1963	137	14	10.2	74	9	10	13.5
1968	129	19	14.7	71	10	11	15.5
1972	121	21	17.4	73	10	12	16.4
1977	125	23	18.4	77	10	13	16.9
1981	199	34	17.1	77	9	10	13.0
1985	158	28	17.7	77	9	13	16.9
1989	157	30	19.1	77	9	14	18.2
台北市議會						
1969	77	8	10.4	48	4	7	14.6
1973	63	8	12.7	49	4	7	14.6
1977	61	8	13.1	51	5	8	15.7
1981	83	11	13.3	51	5	7	13.7
1985	74	10	13.5	51	5	9	17.6
1989	100	24	24.0	51	6	10	19.6
高雄市議會						
1981	81	15	18.5	42	5	6	14.3
1985	71	13	18.3	42	5	6	14.3
1989	94	14	14.9	43	5	6	14.0

機構中的比例較高，三倍於非社會主義的發展中國家，幾乎與女
性立法委員最多的西歐國家相等。[17] 考慮大男子主義在中國的歷史
要比西歐國家長得多，台灣婦女在立法院選舉中的成就的確令人
羨慕。但另一方面與美國相比，台灣女性在地方政府中的代表比
較少，這對婦女進入高層職位十分不利，因爲多數中央級行政官

員來自於地方官員．所以具有政治抱負的台灣婦女決不應該輕視地方選舉。

第三，如果台灣沒有實行女性席位保留制度，毫無疑問，當選的女政治家會更少。五、六十年代的多次選舉證明了這一制度在促進婦女參政方面的重要性。表9顯示了1952年城鄉國民大會的選舉沒有實行女性定額制，在5695名國民大會代表中只有11名女性，爲全體國民大會代表的0.2%。兩年後，席位保留制度開始實行，女性代表的比例增至9%。不幸的是在城鄉一級的國民大會選舉中，從1959年至1977年爲女性

表9：縣／城級立法機構婦女代表

	候選人			席位			
	總數	女	女性比例	總數		女	女性比例
縣長／市長							
1985	54	4	7.4	21	0	2	9.5
1989	69	6	8.7	21	0	3	14.3
縣／市議會							
1950	1827	116	6.3	814	70	69	8.5
1952	1844	224	12.1	860	74	74	8.6
1954	1579	142	9.0	928	94	94	10.1
1958	1621	168	10.4	1025	102	101	9.9
1961	1629	162	9.9	929	91	95	10.2
1964	1563	230	14.7	907	108	123	13.6
1968	1262	208	16.5	847	100	123	14.5
1973	1480	206	13.9	850	99	119	14.0
1977	1271	190	14.9	857	93	121	14.1
1982	1683	226	13.4	799	89	115	14.4
1986	1472	209	14.2	837	97	127	15.2
1990	1743	265	15.2	842	NA	128	15.2
鎮／鄉議會							
1952	NA	NA	NA	5695	NA	11	0.2
1954	NA	NA	NA	6397	NA	550	8.6
1958	NA	NA	NA	6834	NA	629	9.2
1961	8833	1068	12.0	5260	NA	660	12.5
1964	8510	668	7.8	4776	NA	385	8.1
1968	7769	736	9.5	4709	NA	497	10.6
1973	5575	516	9.3	3757	NA	378	10.1
1977	6460	872	13.5	3793	NA	488	12.9
1982	6717	878	13.1	3699	397	490	13.2
1986	6066	901	14.9	3754	417	560	14.9

註：NA＝無或不詳

保留的定額沒有留下記錄，因此我們無法判斷在多大程度上，這些年代裏女性代表比例的變化是由於定額制度的影響。但我們可

以從這些資料推測台灣婦女贏得的席位多數是由於定額制度的實施。例如在整個50年代縣市一級的選舉中，婦女從未贏得超過她們定額的席位 (表9)。在中央和省級八十年代以前的選舉中，除台北議會和國民大會的選舉外，情況也是基本如此。(表7和表8)。

第四，表7和表8顯示了女性席位保留制度將婦女在各級立法院的代表增至10%左右。毫無疑問，如果台灣婦女希望在未來增加政治權力，她們必須在各級選舉中贏得更多的席位。這樣女性席位保留制度是妨礙還是有助於台灣婦女在選舉中贏得更多席位，她們是否充分利用這一制度來增加婦女在政治選舉中的競爭性便成爲值得注意的問題。

筆者認爲衡量台灣婦女政治競爭性的一個最主要的標準是她們能否贏得超過定額席位的數目。目前看來，雖然她們尚未取得驚人的成就，但進展不慢，這一點可以在縣市選舉的資料中顯示出來(表9)。五十年代，婦女在縣市選舉中基本不能贏得比定額多出一席的數目，但進入七十和八十年代，她們經常能夠得到多於1/5到1/3的席位。另外，在1985年21個縣長和市長的選舉中，兩名婦女首次當選。[18] 很顯然，台灣婦女已在席位保留制度的基礎上，逐漸擴展了她們的政治勢力，在地方政治中開始扮演重要的角色，這些成就具有重要的歷史意義。當然，一個不容忽視的事實是家庭宗派和地方勢力通常在地方政治中佔有重要地位，一些女政治家的當選實際上得益於某些家庭宗派在地方上的長期勢力。

在中央和省級的選舉中，婦女贏得超過保留席位數目的能力遠不如縣市一級的選舉。但台北市議會和國民大會選舉爲一例外。自1969年兩機構首次選舉以來，女性通常贏得比定額數目多1/3的席位 (表7和表8) (1969年國民大會的選舉爲例外)，但她們成功的原因並不相同。作爲台灣城市的中心和政治首都的台北自然爲雄心勃勃的女候選人提供了理想的活動場所，但女國民大會代表的成功當選可能由於女性較容易在男性不十分嚮往的政治地位的競爭中獲勝。儘管國民大會享有較高的聲譽，但它並不吸引那些雄心勃勃的政治家，這不但是因爲國民大會的代表沒有決策權，而且還被那些非民選的 "萬年國會" 所壟斷。

在其他政治選舉中，當選的女性在80年代後半期最終超過了她們的定額數目，1989年可能是她們最成功的一年。女候選人的數目，她們吸引台灣媒體和國際觀察家的能力，當然最主要的是她們贏得選票的能力，都超過了以往的水平。幾乎1/4的候選人和1/5的台北議會當選者爲女性。表7至表9顯示了在1989年的各級選舉中當選的女議員比例高於歷屆選舉，甚至在女性通常難以當選的立法院和省國民大會，1989年當選的數目幾乎爲保留席位的兩倍。另外，女縣長和市長也從兩位增至三位，從而使女行政官員佔島內行政官員的14%，幾乎與她們在國民大會中的比例相等。[19] 1989年台灣婦女在各級選舉中的成功的原因可以歸納爲兩點。首先，以女權主義團體 "覺醒" 爲領導的婦女運動日益發展，從而提高了女性參政的意識和台灣大衆對她們政治抱負的認同，這一發展基本與70年代很多西方國家的經歷相同。其次，國民黨與民進黨日益激烈的政治角逐，使兩黨都千方百計地拉攏婦女選票，而實現這一目的的最好辦法則是支持更多的女候選人。

第五，通過女候選人與當選者的比例，我們可以看出台灣選舉中的另一個獨特現象：性別歧視幾乎不存在。表7至表9顯示出女當選者與候選人的比例相當高。在五十年代的很多選舉中，由於席位保留制度的實施，所有女候選人都能當選，即使在七、八十年代，當越來越多的女候選人參加競選，在多數的選舉中，基本上50%的女候選人會取勝，最低的比例也會高達25% (表7全表9)。當然這些數字也顯示了熱衷於競選的台灣婦女仍然是鳳毛麟角，與男性候選人相比，女競選者的數目仍然很低。在各級選舉中，她們只佔全部候選人的20% (1989年台北市議會競選除外)，即使進入七、八十年代以來，女候選人比例的增加也不明顯。這足以說明兩性在政治參與中仍然存在着相當的差距。台灣婦女缺乏參加競選的興趣可以歸因於她們仍然認爲選舉中缺乏公平競爭，例如賄選現象可以使一些婦女缺乏對政治職務能夠解決她們日常生活中問題的信心。另外對很多職業婦女來講，工作和家庭的雙重負擔已經使他們難以應付，很少有人會有更多的時間和精力去投入競選活動中。"心有餘而力不足"的心態會妨礙很多女性人才捲入政治。

最後，女性參政的席位保留制度本身是一個很有爭執性的問題。特別是近年來，越來越多的遠見卓識的政治家對其提出異議。首先，儘管1947年憲法的進步言辭與改革精神，爲婦女參政保留的定額席位實際上很低，一般只爲女性在立法機構中保留了8% – 12%的席位。理論上這些席位應爲女性當選的最低限額，但在實際運作中，最低定額變成最高界限。1989年之前，主要政黨基本不願提名和支持超過定額數量的女候選人，這種保守的傾向在1989年後日益激烈的黨派競爭中逐漸消失。其次，台灣一些女政治家指出這一制度基本承認男女在政治上是不平等的，女性是需要法律保護的弱者。這樣台灣女性在政治上便淪爲二等公民。最後，當選的女政治家還可能因爲這一制度而蒙受恥辱，一些男性公民會認爲她們不是憑能力而當選，因而對她們的權威性提出挑戰。這無疑會影響到那些憑能力當選的女政治家的工作。

縱觀歷史，女性席位保留所制度在促進台灣女性政治參與中的作用不應全面抹殺，中國重男輕女的傳統文化使得這一制度在台灣政治現代化的初期尤其必要。基於這一制度，台灣女政治家顯然已經逐漸從象徵性的當選過渡到具有強烈競爭性的候選人，因而在各級選舉中越來越多的女候選人贏得了超過定額數目的席位。隨着台灣經濟與政治現代化的逐步完善，越來越多的女性，特別是年輕的一代，不但對參與政治具有越來越強的欲望，而且還會具有日益增加的經濟、教育和政治的資源與男性競爭。隨着台灣女性要求平等與參政的呼聲日益高漲，婦女參政席位保留制度的使命最終會告結束。

作者簡介

倪亭：於1982年獲南開大學世界歷史學士學位，1984年獲南開大學美國歷史碩士學位，1996年獲印弟安納大學美國歷史博士學位和圖書館碩士學位。現任美國明尼蘇達州聖瑪麗大學歷史系助理教授。主教課程包括：

美國通史，美國二十世紀外交關係史，美國東亞關係史，美國婦女史，現代中國，與全球問題研究．主要出版物爲: *Stones from Other Hills : A History of the Chinese Who Studied in 1930s/40s America* (Edwin Mellon, 2002) ; "China"(Encyclopedia of World Education, 2002); 費城中國基督教教堂與中心 (Migration World Magazine, Vol.28 (No.4), 2000); "美國西進運動史學史" (世界歷史，1985，六卷，33-36頁；七卷，34–37頁); "美國印第安人史學史" (歷史研究，一卷，1984, 54–62頁); "美國普爾曼工人大罷工" (歷史教學，八卷，1983，29–31頁)．主要獎學金和研究資助包括: 台灣中國青年團結會夏季研習營(1994); 台灣逸仙教育獎學金(1993); 國際和平獎學金(1989–1993); 印弟安納大學博士論文獎學金(1993), Starr 獎學金(1989–1990); 中美教育基金會獎學金(1992); Fulbright 獎學金(1987–1988) 現爲美國歷史學會，二十世紀中國歷史學會與明尼蘇達州國際中心會員．

注釋

1. Chou Bih-er, Cal Clark & Janet Clark. *Women in Taiwan Politics: Overcoming Barriers to Women's Participation in a Modernizing Society* (Denver: Lynne Rienna Publishers, 1993), p. 57.

2. Ester Boserup, *Women's Role in Economic Development* (London. Allen & Cenwin, 1970); Martha Blaxall and Barbara Reagan, eds., *Women and the Workplace: the Implications of Occupational Segregation* (Chicago: University of Chicago Press, 1976); William A. Bridges, "Industry Marginality and Female Employment: A New Appraisal,"*American Sociological Review* 45:1 (Febrary 1980), pp. 58-75; William Gross, "Plus Ca Change...? The Sexual Structure of Occupations Over Time,"*Social Problems*, 16:2 (Fall 1968), pp. 198-

208; Barbara F. Reskin, ed., *Sex Segregation in the Workplace* (Washington, D. C.: National Academy Press, 1984); Patricia A. Roos, *Gender and Work: A Comparative Analysis of Industrial Societies* (Albany: State Unviersity of New York Press, 1985); Donald J. Treiman and Heidi Hartmann, eds., *Women, Work, and Wages: Equal Pay for Jobs of Equal Value* (Washington, D. C.: National Academy Press, 1981); and Gregory Williams, "The Changing U.S. Labor Force and Occupational Differentiation by Sex," *Demography* 16:1 (February 1979), pp. 73 – 88.

3. Heleieth I. B. Saffioti, "The Impact of industrialization on the Structure of Female Employment."(East Lansing: Michigan State University, "Women in International Development Programs", Working Paper No.15, 1983); Wellesley Editorial Committee, *Women and National Development.*

4. Chou Bih-er, Cal Clark & Janet Clark. *Women in Taiwan Politics: Overcoming Barriers to Women's Participation in a Modernizing Society* (Denver: Lynne Rienna Publishes, 1993), p.60.

5. 勞工統計年度報告(台北: 預算, 會計與統計總署, 行政院, 1966 & 1986).

6. 同上.

7. 同上.

8. 中華民國年鑒, 1988 (台北: 預算, 會計與統計總署, 行政院, 1988), pp.228 – & 237 – 240.

9. Chou Bih-er, Cal Clark & Janet Clark. *Women in Taiwan Politics: Overcoming Barriers to Women's Participation in a Modernizing Society* (Denver: Lynne Rienna Publishes, 1993), p. 71.

10. 同上，p.71 – 72.

11. 同上，p.72.

12. Hung-mao Tien, The Great Transition: Political and Social Change in the Republic of China (Stanford, CA: Hoover Institution Press, 1989), p. 269.

13. *Republic of China, 1988: A Reference Book* (Taipei: Hilit, 1988), pp. 119 – 120 &132.

14. Chou Bih-er, Cal Clark & Janet Clark. *Women in Taiwan Politics: Overcoming Barriers to Women's Participation in a Modernizing Society* (Boulder: Lynne Rienna Publishes, 1993), p. 85.

15. 中華民國選舉統計摘要，1946 – 1982 (台北，內政部中央選舉委員會，1987)；1989年投票記錄 (台北，內政部中央選舉委員會，1990).

16. Selig S. Harrison, "Taiwan After Chiang Ching-kuo," *Foreign Affairs* 66 : 4 (Spring 1988) pp. 791 – 796; James D. Seymour, "Taiwan in 1987: A Year of Political Bombshells," *Asian Survey* 28 : 1 (January 1988) pp. 56 – 58.

17. Chou Bih-er, Cal Clark & Janet Clark. *Women in Taiwan Politics: Overcoming Barriers to Women's Participation in a Modernizing Society* (Boulder: Lynne Rienna Publishes, 1993) p. 91.

18. Carl Chang, "Detailed Platform", *Free China Review* 39:12 (December, 1989, P.213).

19. Chou Bih-er, Cal Clark & Janet Clark. *Women in Taiwan Politics: Overcoming Barriers to Women's Participation in a Modernizing Society* (Boulder: Lynne Rienna Publishes, 1993), p. 94.

台灣的現代化與婦女

沈于

　　近一二十年來，"婦女史" 發展很快。開始時，婦女史不爲
傳統史學所承認。學術界中的保守人士不承認它有任何學術價
值，對這一新生學科，不是暗中譏笑，就是公開抨擊。近年來，
有關婦女史的研究成果已有目共睹，婦女史已成爲正宗史的一部
分，受到學術界的重視。在美國大學教學，我親眼目睹了婦女史
的成長。在我所任教的校園裡， "婦女學" 自成一體。在歷史
系，有專門講授各國婦女史的課目，本人亦參與此課目的教學與
研究。在教授一門婦女比較史的課上，我發現在大陸、香港和台
灣的中國婦女，既有共通性，又有特殊性。尤其是近五十年來，
由於三個地區的婦女生活在不同的環境內，各有其特殊經歷，決
不應籠統概括在一個框架內。基於這樣一個基本認識，我決定利
用訪台機會，對台灣婦女近幾十年來的變化作些考查與研究。

初到台灣時，耳聞目睹到一些過去不知曉的事，如 "婦女保障名額" 及其實際效應；又如 "民法親屬篇" 之修改過程。以下這篇短文將根據本人所見所聞，加之初步調研，從三個方面試論台灣婦女與現代化的關係。一，婦女對台灣現代化的貢獻。台灣經濟的起飛有賴於勞力密集產業的發展，而這些產業又多僱傭年輕女工，可以説，台灣婦女對於台灣經濟奇跡的出現做出了鉅大貢獻。然而，新的生產方式並沒有馬上帶來社會的根本變革，對大多數工廠女工説來，她們的貢獻並沒有根本改變她們的命運。二，婦女之自身努力。台灣婦女能有今天的地位，在很大程度上，是婦女們自己鬥爭所獲，特別是婦女中的領袖們。她們背景不同，工作重心有異，但投身於婦女工作的獻身精神卻相似。沒有她們不懈的努力，台灣婦女不會獲得今天的成就。三，台灣婦女之今日。將進入二十一世紀的台灣婦女之地位與權益，已是今非昔比，但是她們並未因此滿足現狀，止步不前，而是盡最大努力，爭取真正的平等。

本文將試圖以台灣社會轉變爲背景，婦女變化爲主題，論述台灣婦女在現代化過程中的經歷。

婦女與台灣的工業化

台灣婦女的奮鬥、進步，以及她們今天仍面臨着的問題，與台灣整個社會在不同時期發生的種種變化改革密切相關。因此，台灣婦女的研究必須放到歷史的框架之中，特別是近五十年來台灣在政治上經濟上的發展和變化。從政治上看，自1949年台灣與大陸分離之後，台灣經過了四個時期。五十年代爲第一個時期。此時國民黨戰敗遷台，面臨生存危機，急於重整重建各級領導體制，穩定局面，控制台灣。此爲權威重組期。六十年代爲第二個時期。這十年的政治爲國民黨一黨專制，權力高度集中，政治空氣亦最爲壓抑。到七十年代第三個時期期間，國民黨統治開始出現危機。在執政黨不得不進行抵台後的第一次權力換班之際，新生一代的選民們因不滿獨裁起來反對國民黨一貫執行的選舉制度。到八十年代第四個時期，台灣政治經過鬥爭，經過多次失敗與成功的經歷，已成功地走上民主化、多黨化的道路。

與政治發展變化相對應，台灣的經濟發展也經歷了幾個階段。五十年代的台灣經濟形態以農業爲主，例如一九五二年農業產值爲百分之三十二點二，高於工業產值的百分之十六點七。而且，對外貿易中農業品和農產加工品的出口比重也超過工業產品。與此同時，出於政治和戰略上的考慮，自五十年代起，政府在穩定扶植農業經濟的同時，也開始大力發展工業。到六十年代初，工業產值開始逐漸超過農業產值，台灣發生了中國有史以來最大的社會轉型，由農業社會開始步入工業社會。到一九七三年，農業和工業已分別佔台灣經濟總產值的百分之十一和百分之四十三。自一九六三年至一九八〇年，台灣經濟以百分之十的增長率持續迅速發展，被稱爲"台灣奇跡"。此期間是台灣經濟成長最快的時期。自從進入八十年代，台灣不論在經濟，社會，政治各方面，均發生重大變化。台灣經濟逐步走上自由化，國際化；勞力密集不再是產業的主流，技術密集及資本密集產業逐漸取而代之。

台灣的婦女，在台灣社會發展的每一個階段，都留下了足跡，做出了貢獻。在以農業生產爲主的社會裏，婦女既要持家，養育後代，也要參與生產，從喂養家禽、加工食品、織布紡紗、到直接下地勞動；在這段時期，婦女的生產活動仍以家庭爲軸心，社會對她們的貢獻未予承認。

當農業恢復到戰前高峰時，台灣當局開始採取農工配合政策，即"以農業培養工業、以工業發展農業"，提高農工業發展。以農業爲基礎之工業有糖、食品罐頭、製烟、紡織等。在工業化初期，製糖、紡織、肥料、電力等行業發展最快。其後，進出口貿易比重迅速加大，形成一個獨立的工業系統。如同許多工業發展的模式，農業和輕工業的發展促成了整個經濟起飛，加快了整個工業化的進程。而在輕工業中，紡織、電子是兩大主要行業，貢獻尤其顯著。特別值得注意的是，這兩種行業中，女工最集中。

婦女對工業化的貢獻反映在以下幾個方面。第一，早期的工業發展使勞動力的需求急速膨脹。因男性勞力遠遠不能滿足需求，必須徵聘大量女工以資彌補。從六十年代早期開始，婦女就業率就持續增長，其速度超過男性。從一九六四至一九七五年，婦女就業率增加了四個百分點，由百分之三十四點零四增至百分之三十八點五八，增長速度高於男性。在新增的就業人口中，男性僅佔百分之三十九，而女性則佔百分之六十一，引起男女性就業總人口比例的變化。六十年代，男女就業比例爲百分之七十二點四四對百分之二十七點五六; 十年後, 比例變爲百分之六十七點三六對百分之三十二點六四。(同上) 雖然總體上女性就業率仍低於男性, 但在某些行業, 婦女逐步成爲多數。到七十年代, 女工佔食品加工業所有工人的百分之五十九, 紡織業的百分之七十九, 服裝業的百分之八十五, 電器製造業的百分之六十五; 服務行業中的女性更佔絕大多數。值得一提的是, 婦女就業率的增長尤以未婚的年輕女子爲最。

第二, 勞力密集型產業曾經是台灣經濟飛速發展過程中一支勁軍, 而女工在這些產業裏又佔多數, 女工工資的多少, 直接影響資本家的效益, 多僱女工的主要目的之一就是減少工資的支出。多年來, 女工工資始終較男工低得多, 有的僅是男工工資的百分之五十。其原因除傳統觀念中的性別歧視外, 還有其它一些具體因素。一般來講, 女工集中的地方工資水準相對較低。一項統計結果表明, 一九六九年二十個行業的工人每月平均工資爲一千四百三十四元, 其中服飾品製造業爲一千零八十四元, 佔倒數第一; 紡織業爲一千二百二十四元, 是倒數第五。多數女工年齡、工齡以及教育程度較低, 這些被認爲是造成低工資的合理因素。追根究底, 減少工資的支出能降低成本, 保持產品在國際市場上的競爭力, 而女工與男工同工不同酬, 保證了廠家的利潤, 增強其在國際市場上的競爭實力。

第三, 儘管女工在勞務報酬上受到歧視, 工資低於同工種的男工, 她們的勞動所得仍有助於提高社會消費能力, 提高生活水平, 從而繁榮國內市場, 促進工業不斷發展。

　　很明顯，自五十年代就開始的工業化現代化過程，爲台灣婦女，特別是未婚的年輕女子，提供了就業機會。很多來自農村的女工，離開家鄉，住進工廠提供的宿舍，領取工資，獲得了經濟上的獨立，的確比她們的前輩享有更大的自由空間。她們可以穿得好點，爲自己買點零食，看個電影，享受一點城市生活。但是，這些並沒有從根本上改變婦女在社會上的地位，也沒有從此徹底改變她們的一生。以年輕未婚女子爲例。爲壓低工資又便於管理，有些廠家特別以高小畢業生爲目標。這些還未成年的女孩子，不論出於自願還是屈於壓力，進廠做工。她們中的大部分將勞動所得全部或大部分交給家裏，忠實地履行女兒對父母的孝道。對廠方，她們努力工作，對低工資、超長工作日以及缺少提升機會不敢多出怨言。對她們，身爲工人不是身分提高的象徵，離家做工也不等於獲得自由。工廠這段經歷也不會改變她們將來的生活，一到結婚年齡，便由父母做主嫁到夫家，不再外出工作掙工資。

　　由此可見，工業化給台灣社會帶來現代化的生活氣息，並開始動搖傳統的生活習慣。但是，台灣工業化的迅速發展沒有馬上帶來思想意識上的變化，工廠女工的“現代化”經歷是短暫的、膚淺的，僅僅是離開學校到結婚之前的一段小插曲。之所以這樣，其根本原因是政治環境。台灣當局的經濟政策以鼓勵發展工業吸引外資爲主，而其政治政策卻以壓制自由重以傳統爲本。結果是經濟發展、社會保守、文化崇古、政治獨裁。換言之，政府在大力提倡經濟發展的同時，竭盡全力壓制思想進步、社會變革。也可以說，“台灣奇跡”是以一般百姓，特別是女性工人的利益爲代價而形成的。在這樣的環境裏，參加工作的婦女雖置身在工業化現代化的過程中，或多或少地享受其物質成果，卻沒有產生相應的政治覺悟。女孩子從小在家裏、繼而在學校、再到社會上，聽的看的都是男女有別，重男輕女，忠貞孝道這類說教。進了工廠後，既未意識到此變化的深遠意義，也未意識到自身對正在發生的社會變革之舉足輕重的影響，自然不會想到，更難以做到，組織起來，改變現狀，爭取自身應有的權益。從政府到廠家，只顧追求經濟效益，完全不顧女工利益。在一個沒有政治自由的社會裏，談不上婦女的解放及自由。

社會現代化和政治現代化隨着工業現代化的深入而深入。到八十年代，現代化不僅體現在婦女就業機會的增多，而且體現在就業機會的多樣化，及婦女自我意識的加深，體現在蓬勃發展的婦女運動。從就業種別來看，有愈來愈多的女性打入過去幾乎完全被男人壟斷的職業裏並擔任職務，突破了傳統的以性別分工的框框。現代社會中的工作婦女，已不滿足於一份工作，工作已成爲她們生活中的一部分，不再是結婚前的一段小插曲。她們追求終身事業，追求事業給予的滿足感。

婦女自身努力

台灣婦女之所以能取得今天這樣的成績，是與婦女自己的努力與奮爭分不開的，以下以兩例來說明台灣婦女爲自身解放而作的努力。

　　自光復便存在的婦女會，吸引了不少有志於爲爭取婦女平等而奮鬥的志士。雖屬政府組織，這些婦女會以婦女利益爲工作宗旨，爲婦女爭取權利。一方面，由於政治環境所限，婦女會的基本方針是協助政府團結教育地方婦女，與政府同心同德，徹底消滅共產主義及其影響。另一方面，既有婦女會，就有以婦女爲對象的工作。據一當事者回憶，當時她所在的婦女會，爲爭取男女平等，爭取婦女人格的提升，強調婦女教育，力圖從思想觀念着手。但在具體做法上，婦女會還是根據一般婦女的實際需要來組織各種活動。比方説，以烹飪及縫紉這樣的與實際生活有關的活動，可以吸引很多婦女前來參加。又比如，在農業縣開辦 “農忙時期托兒所”，幫助解決農村婦女既要下田又要照顧孩子這一難題，不僅受到婦女的歡迎，也能獲得男人們的支持。從實際工作着手，不僅能幫助婦女解決她們生活中的實際問題，同時也教給她們一技之長，增強其獨立的基礎。逐漸地，婦女會也開展其他意義較爲深遠的活動，如文化補習班及幼兒教育講座，提高婦女文化知識水平，喚起她們的自我覺悟。

　　婦女會經常性的工作之一，是調解家庭糾紛。一般情況下，夫妻感情發生問題，婦女多處劣勢，其原因是婦女在家庭經濟中不佔主導地位，一旦遭丈夫遺棄，無工作的家庭婦女沒有獨立生存的能力。有婦女會幫助調解，婦女多了一點靠山，丈夫多了一點壓力，使結果不至於太不利於女方。

　　婦女會也積極參與反對有害婦女兒童的社會行爲，養女問題就是一例。養女問題涉及到妓女問題，台灣不少人家收養養女，目的是逼她們當妓女。當時無法律明文限制妓女戶的開設，因此妓女戶相當普遍，很多養女罹此惡運。可見，養女問題不僅是家庭問題，更是社會問題。婦女會一方面出面進行勸阻，同時建議政府取締私娼，促成政府參與對妓女戶的管理。自此之後，養女被迫充當妓女的情形才日見減少。

這個時期婦女會的組織及活動，全靠有貢獻精神的婦女自己的努力。據一位宜蘭縣婦女會創辦人的回憶，宜蘭縣政府社會局裏沒有一位主管人過問婦女會等社會組織，更別提經費了。熱心婦女事業的人不僅要到處奔波，流汗出力，還常常自己出錢辦事。正是由於這些人的不懈努力，婦女才沒有完全被社會所遺忘，婦女的利益才有所保障。而這些多年致力於婦女事業的人，有不少後來步入政界，縣議員、省議員、到國大代表，都有她們的代表。值得一提的是，不管身分怎樣變，她們總還是以婦女問題作爲關心重點，繼續幫助婦女會的工作。

就本人看到的有限材料，對婦女會的作用可歸結爲兩點。一，熱心於該會的積極分子們，是一群有志於婦女事業，以婦女利益爲己任，兢兢業業爲婦女服務，努力提高婦女自身認識，提高婦女社會地位的鬥士。二，婦女會是當局爲爭取婦女支持而設立的一個基層組織，該會活動不可能處於政府政策之對立面。在高壓政治"父權國家"統治的年代，婦女會不可能承擔起破除傳統的重任。

與此相反，由呂秀蓮女士發動組織的婦女運動，獨立於政府，啓蒙於西方思潮，以"新女性主義"爲號召，直接向中國傳統的父權、國民黨政府的獨裁統治挑戰。

一九七〇年，呂秀蓮女士在美留學，時下正是美國婦女運動
蓬勃發展之際。美國的女權運動促使她正面思索台灣的婦女問
題，返台後，正值大專聯考後引發的男女考生名額之爭，她立即
參戰，寫文章作演講，傳播"新女性主義"。她的女性主義之所
以冠以"新"，是爲有別於西方流行的女性主義。"所謂新女
性，是指一個以生爲女人自傲，能充分發揮志趣，適度保持自
我，負責任盡本分，有獨立人格思想，而與男女兩性均維持和睦
真摯關係的女人。"同中國傳統對女性的要求比，新女性強調自
我意識，獨立思考，同時也鼓勵兩性和諧。同西方女性主義比，
新女性着眼女性的特色，以女人自傲，同時加入男女平等的觀念。

在政治統治有所鬆動，經濟快速增長的八十年代初期，婦女
運動開始集聚力量。到八十年代中期解除戒嚴時，愈來愈多的婦
女團體相繼成立，如主婦聯盟、晚晴協會、婦女救援基金會等，
都是台灣蓬勃發展的各種社會運動中的活躍組織，一股不可忽視
的政治力量。這些組織的共同特點是着眼現實問題，以改善婦女
地位爲主旨。

在學術界，台灣也受到美國婦女運動的影響。七十年代以
前，很少有學者專門研究婦女問題，有關婦女的研究論文屈指可
數。一九〇〇年至一九七一年之間，只有一百五十篇論述涉及婦
女，而且其中大部分都是研究婦女的傳統角色，如養女和童養媳
的問題。七十年代以來，美國各大學相繼成立婦女研究室，婦女
研究逐步納入學術軌道。這個潮流很快影響到台灣，台灣的大學
紛紛開設婦女史課程，學生中以婦女史作爲論文題目者，也不乏

其人．不管是婦女史(Women's History)還是婦女研究(Women's Studies)，都促進了學術界對婦女問題的研究，其觀念不斷更新。一九八五年，台灣大學正式成立婦女問題研究室。以後十年中，其他大學也相繼設立了一些與婦女性別相關的研究室，其中包括清華大學的兩性與社會研究室，高雄醫學院的兩性研究中心，以及中央大學的性別研究室。雖然學術研究有別於社會運動，兩者之間卻存在着互動互導之關係。婦女研究終於成爲一門獨立學科，淵源於婦女運動，婦女運動爲學術研究不斷積累經驗，提出新的理論與實踐問題；而婦女研究之學術成果，亦爲婦女運動總結經驗，提出問題，進行理論性的指導。

婦女研究在學術界所取得的地位，是婦女作爲經濟發展的重要推動力及政治舞臺上日益顯著角色的生動寫照。

台灣婦女之今日

台灣婦女在過去的五十年，經過現代化的進程，通過自身奮鬥，取得哪些進步與成就？這部分僅就三個方面，教育、參政及法律保障，論述婦女的成就，並指出仍存在的問題。

在一部新聞局制作的關於台灣婦女成長的錄音帶中指出，最有助於台灣婦女運動的工具是教育。國家通過教育機構向人民傳播主流文化，宣揚社會價值。當教育體系被用來穩固男女有別，男尊女卑之社會觀時，婦女的不平等待遇被認爲合法，婦女問題不受重視。在解嚴以前，教育作爲國家機器的擴音機，協助政府對民眾進行政治馴化，從根本上忽略婦女地位問題，男女受教育機會也不均等。經過長期努力，女性受教育的機會已有相當增長，以升學率爲例：一九五一年，六至十一歲學齡兒童就學率，男生爲百分之九十三點四四，遠遠超過女生的百分之六十八點五八；國小生的升學率，男生爲百分之四十二點三一，亦高於女生的百分之三十二點零六。在工業迅速增長的年代，許多女生小學畢業後即進廠做工，不再升學；而男生卻因此受益——一般家庭用女兒的工資輔助兒子的教育，結果，男生同期的升學率勁長。如一九六八年，男生的升學率爲百分之八十三點三八，遙遙領先於女生的百分之六十三點六九。當今，各年級的男女升學率就學率比率基本平等，在十五歲至二十一歲的青少年中，女生就學率還略高於男生。

　不可否認，光復迄始就推行的六年、後增至到九年的義務教育和均等教育，已結碩果，但受教育機會仍有性別差異，這在大學以上的教育中尤爲突出。從數字上看，就讀碩博士班的男性遠高於女性，女性進入大學以上的比率多年來始終都是依次減少。再從學科來看，“男理工，女人文”之現象甚爲普遍，男性以理工科醫科爲優先考慮，女性則以文商學科爲主，上醫科者則以護理學科居多。據統計，工程類男性人數是女性的八點六倍，比例最爲懸殊。

　更令人不安的一個情況出現在新科技領域，即電腦業。電腦業的突起與稱雄反而更加深了性別區隔，現在的情況是，男性在這個領域中佔絕對優勢。從在校生比例看，明顯呈現陽盛陰衰的現象。這意味着在相當一段時間内，此項新興科技市場將主要由男性霸佔。

除此之外，平等教育仍有待於教材内容的進一步改進。九十年代以來，中小學教科書已依據性別平等原則進行了多次修改，但仍存在男女有別的意識形態，如強調婚姻制度的家庭主義，男外女内的性別分工，等等。

婦女參政程度是衡量婦女是否平等的一個重要標準，只有掌握了相應的政治權力，才能有效地改善和保護自身利益。台灣婦女參政受兩個因素的影響。第一，憲法保護女性與男性同樣的選舉權和被選舉權，且明文規定"各種選舉應規定婦女當選名額"，使婦女在參政方面受到優惠保障。台灣自實行地方自治以來，各種選舉均設有婦女保障名額。第二，婦女的政治權力的獲取與全台灣政治大環境的發展有關，政治民主化爲女性參政開創了更廣闊的天地。

"婦女保障名額"，初次聽説，不大以爲然。後經觀其歷史與現實作用，我認爲，在一個傳統強大持久的社會裏，這樣的措施不僅是對歷史的矯枉過正，對當今社會，它也是一個有效的制衡力量。我認爲，它的實施是成功的，它保證了婦女的參政機會與空間。至於它應持續多久，何時可以完成使命，退出歷史舞臺，至今在台灣還沒有一個共識。台灣的婦女團體早在九十年代初期，就對此政策提出兩種不同的修正建議：一爲取消保障名額，一爲提高保障比例。至於男士們的看法，似乎有三點。第一，保障名額有其歷史根源，在歷史上也有積極作用。第二，早

期婦女參政在很大程度上的確是依靠保障名額，但現代婦女完全
有能力靠自己的條件當選，已當選的各級女代表中，大部分是以
平等競爭而當選的。第三，(半開玩笑半認真地) 現在的社會已有必
要對男性進行保護。可見，對這一歷史上形成的法規，還沒有強
烈要求廢除的呼聲。

從女性各級首長的數目來看，經過第二屆總統選舉，已產生
台灣的第一位女性副總統。地方上，女性首長鳳毛麟角，為數甚
少。長期執政的國民黨至今還未選出一位本黨籍的女性縣市首
長。相比之下，各級民意代表因名額較多，當選者比例較高，然
地方級所佔比例較中央級高，又以台北市女性議員比例為最高，
在一九九八年的選舉中，從百分之二十三點多進一步達到百分之
三十二點七，是二十世紀台灣女性參政比例最高的一項記錄。同
年選舉，女性立法委員佔百分之十九點一，並選出了台灣地方自治
史上第一位女議長。在行政機關裏，女性公務員絕大多數擔任低
級職位，部長級的有百分之五點七為女性，至今仍無女性擔任五
院正副院長職。

女性參政在數量上不斷增加，表示出婦女政治地位的提高，
較上一代明顯改善，但與男性相比，女性仍佔劣勢，難與男性立
於平等地位。

在台灣逛書店，看到不少法律普及之類的書，其中很多針對
女性。隨手拾起一本民生報家庭叢書之一，題為《女性法律交流
道》，開宗明義，此書為婦女而寫。引起我注意的是對民法親屬
篇的提及，我沒有想到它自三十年代到八十年代，一直未經過修

改。如果把規定保障名額視爲先進舉動，那麼，民法親屬篇中的一些規定就顯得格外落後於時代，如妻冠夫姓，妻從夫居，子女從父姓，離婚子女監護權歸夫等項，反映了婦女在傳統家庭制度中的女性附屬地位，無獨立自主權，無平等權；在居住、遷徙、財產、子女問題上，無自決權。雖然這篇法律制定於三十年代，但時至今日，其中大部分條款仍有其法律效力，實在説不過去。從《女性法律交流道》中列舉的實例看，民法親屬篇仍存在着對女性不公平的條文，例如，關於財產所有權問題。書中指出，根據未修改的民法，婚姻關係存續中取得的財產，若是登記在妻的名下，除非妻子能證明是她因勞力取得或受贈與或繼承得到的查察，否則都會推定是丈夫所有。妻子想提出這樣的證明，其實非常困難。

民法親屬篇自一九三一年公佈，一九七四年才第一次組織修正，到一九八五年將修正法正式公布實施。這次修改是政府應社會變遷及家庭結構之改變所動，而非因婦女團體之強烈要求。當時參與修法人員，除兩位女性外，皆爲男性。經修改後的民法，仍受到婦女團體的批評，認爲它表面貫徹男女平等原則，實際仍以父權夫權壓制女權。乃至一九九〇年由民間婦女團體發起，邀請律師、法官及學者數人共同組織成 "民間團體民法親屬篇修正委員會"。經過四年多、近百次研討推敲，集思廣益，提出修正案，於一九九五年經三黨一派八十六位立委連署，正式送入立法院。新的修正案何時能通過，看來遙遙無期。

結束語

本人不是專門研究婦女問題的專家，對婦女問題發生興趣，是在工作後教學中開始的。趁短期在台訪問之機，搜集了一些資料，包括政府頒發的統計和學者的研究，也作了一些觀察與調研。我原對台灣婦女問題瞭解甚少，且非常膚淺。經過觀察、座談、採訪、調研、作文章，有助於提高本人對台灣社會以及婦女地位的認識。這篇文章算不上一篇專題論文，只是一名初學者的粗淺認識。

我深深體會到，台灣婦女研究正蓬勃發展，在廣度及深度上都很有成就。我以爲這與台灣政治民主化社會自由化很有關聯。在自由的氣氛裏，各路各派可以暢所欲言，自由競爭，不以政治傾向而互相褒貶。譬方説，談到台灣走向問題，有的學者和婦運活動家以北歐爲模式，批評自由主義模式對女性的歧視，提出"美人魚國度"優越於"自由女神國度"，並指出社會民主模式的福利國家是最有利女性的制度。又如，當談到托兒問題時，首先介紹古巴的托兒制度，爲之稱頌。這種敢於超越政治，大膽探索的精神，給人希望，令人敬佩。

此篇短文到此該劃上句號了，但我對台灣婦女問題的興趣並不會因此而了結。台灣社會仍在變革中，台灣婦女仍在奮鬥中，婦女研究仍在發展中。

作者簡介

沈于：1995年獲依伊利諾大學歷史學博士．現任教於印地安那大學歷史系．曾任二十世紀中國史學會理事．發表中英文學術論文多篇．

參考書目

* 劉毓秀主編，《台灣婦女處境白皮書：1995》(女性學學會著．台北，女書文化，1995).

* 劉毓秀主編，《女性國家照顧工作》(女性學學會著．台北，女書文化，1997).

* 《台灣女權報告：一九九九》(台北，財團法人婦女新知基金會，1999).

* 王如玄，翟敬宜編，《女性法律交流道》(台北，民生報，1997).

* 呂秀蓮著，《新女權主義》(台北，前衛出版社，1990，四版).

* 《婦女福利》．立法報章資料專輯，第五十輯 (台北，立法院圖書資料室，1995).

* 《女性生活空間》(台北市政府教育局編印，1996).

* 《台北市統計要覽，2000》．(台北市政府主計處編印，2000).

* 梁雙蓮，朱浤源，〈從溫室到自立——台灣女性省議員當選因素初探(1951－1989)〉，《近代中國婦女史研究》(台北，1993，第一卷)，第91–124頁．

• 顧燕翎，〈從移植到生根：婦女研究在台灣 (1985 – 1995)〉，《近代中國婦女史研究》(台北，1993，第四卷)，第241 – 268頁。

• 《六十年來的中國近代史研究》(上冊)，中央研究院近代史特刊(1)，中央研究院近代研究所六十年來的中國近代史研究編輯委員會編(台北，中央研究院近代研究所，1988)。

• 《走過兩個時代的台灣職業婦女 —— 訪問記錄》，遊監明訪問(台北，中央研究院近代研究所，1994)。

• 黃富三，《女工與台灣工業化》(台北，牧童出版社，1977)。

• 《婦女與兩性研究通訊》，台灣大學人口研究中心婦女研究室編印。

• 《婦女與兩性學刊》，台灣大學人口與性別研究中心婦女與性別研究室編印。

• 于宗先，《台灣的故事 —— 經濟篇》(台北，新聞局，1999)。

• 鐘孟學等，《台灣的故事 —— 社會篇》(台北，新聞局，1999)。

• 謝文全等，《台灣的故事 —— 教育篇》(台北，新聞局，1999)。

• 葛永光，《台灣的故事 —— 政治篇》(台北，新聞局，1999)。

• 行政院國家科學委員會，《台灣的故事 —— 科技篇》(台北，新聞局，1999)。

• 行政院新聞局，《中華民國國情簡介》(台北：新聞局，1999)。

• Tsui, Elaine Yi-lan, *Are Married Daughters' Spilled Water'? —A Study of Working Women in Urban Taiwan.* Monograph No.4, Women's

Research Program, Population Studies Center, National Taiwan University, Taipei, 1987.

- Kung, Lydian. *Factory Women in Taiwan*. Ann Arbor, MI: UMI Research Press, 1978.

- Hsiung, Ping-chun. *Living Rooms as Factories — Class, Gender, and the Satellite Factory System in Taiwan*. Philadelphia, PA: Temple University Press, 1996.

- Gallin, Rita S., "Rural industrialization and Chinese women: A Case Study from Taiwan." Working paper, No.47, Michigan State University, 1984.

- Wolf, Margery. *Women and the Family in Rural Taiwan*. Stanford, CA: Stanford University Press, 1972.

- Chou, Bih-er, Cal Clark and Janet Clark. *Women in Taiwan Politics — Overcoming Barriers to Women's Participation in a Modernizing Society*. Boulder, CO: Lynne Rienner Publishers, 1990.

留學生

與新移民

從台灣留美學生模式的變化，看台灣社會的現代化

令狐萍

前言

1854年，容閎取得耶魯大學文學士學位，並於同年年底遠渡重洋，在去國八年之後，回到祖國，成爲中國歷史上第一位留美學人，更開創留美學人返國、報効國家的先河。1868年的中美"蒲安臣條約" (The Burling Game Treaty) 中的第七條 "中國人欲入美國大小官學，學習各等文藝，需照相待最惠國人民一律優等"，美國政府給予中國學生在教育上的 "最惠國待遇"，在法律上使中國留學生赴美成爲可能。在容閎的反復建議下，清政府於1872年開始選派留學生。

1908年，爲了平息中國國內的反美情緒，美國國會通過法案，決定退還部分庚子賠款，但規定此款必須被用做教育經費。清政府遂設立留美預備學校，開始系統地長期選派留美學生。從此，留美學生源源不斷，許多人學成回國，爲中國的政治、經濟、文化、教育的發展，做出了鉅大貢獻。

1949年，國民黨政府遷台。戰後的台灣，經濟凋蔽，百廢待興。國民黨政府爲了發展工廠製造業，亟需工業技術專門人材，因此積極贊助有志青年留學，是爲台灣留學運動的第一波。1970年代以來，國際局勢的發展使國民黨政府在外交上屢受挫折。1971年，國民黨政府被迫退出聯合國，中華人民共和國取而代之。1979年，美國與國民黨政府斷交，與共產黨政權建立外交關係，許多盟邦也被迫一一與台灣斷交，台灣在國際政治中日益孤立。面臨此政治局勢，台灣民衆人心惶惶，紛紛選擇出國避難一途。同時，台灣此時期經歷經濟起飛，經濟的富裕致使更多人有能力到國外留學，台灣政府也逐步放寬留學政策。因此，留學美國爲各種出國途徑中最容易可行，台灣再次掀起留學美國的浪潮。1990年代以來，台灣政局相對穩定，台灣經濟持續發展，國民收入穩步提高。與此相適應，留學美國浪潮開始衰退，不僅留美學人返台率增加，許多台灣青年不再青睞留學，只有興趣於在國外的短期旅遊觀光，或暑期國外的語言學校。

上述台灣留美學生模式的變化，反映戰後台灣政治經濟形勢的變化與發展，以及與此相適應的台灣民衆的心理變化。本文將分別討論台灣留美學生運動的三個階段，即興起階段(1950－1960

年代)，高潮階段 (1970 – 1990年代)，和衰落階段 (1990年代後期至今)，欲從中探索戰後台灣社會現代化的發展。

第一階段：興起階段，1950 – 1960年代

這一階段台灣的經濟篳路藍縷，百廢待興，國民黨政府亟需專門技術人才推動台灣的經濟建設。台灣留美學生多經自費留學、政府選派等渠道出國。在留學期間，台灣留學生多勤工儉學，而留美學人在完成學業後多滯美不歸。

一　留學背景與動機

1945年，第二次世界大戰結束。日本投降，台灣被歸還中國，結束五十年的日據時代(1895 – 1945)。國民黨政府作爲當時唯一的合法政府，接收台灣。戰後的台灣，政局不穩，經濟凋蔽，其中土地集中問題，尤爲突出，大部分土地集中於極少數地主之手，多數農民無地可耕。爲了穩定政局，發展經濟，國民黨政府實行了三階段化的土地改革運動。第一階段，從1949年開始，實行三七·五減租，以抑制大地主對佃農的剝削。第二階段，從1951年起，政府將戰後沒收的日本僑民及日本殖民政府的土地低價出售給無地農民。第三階段，從1953年開始，爲土地改革的"耕者有其田"階段。政府動員土地擁有者將土地出售，其地價的百分之七十爲谷物，百分之三十爲政府四大企業的股份。土地改革運動的成功不僅使"耕者有其田"(百分之六十五的農民擁有

其耕種的田地), 更使土地擁有者將其在地產的投資轉移到工業建設。這一轉變對於台灣經濟發展有着深遠的意義。

與此同時, 美國開始對台灣提供軍事與經濟援助。1951年, 美國在台灣成立軍事援助顧問小組。1954年12月, 台灣與美國簽定軍事互防條約。從1951年至1964年, 美國對台一共提供十五億美元的非軍事性援助, 平均每年一億美元。

土地改革的成功與美國的經濟與軍事援助, 使中華民國政府得以集中精力發展經濟。1953年與1957年, 國民黨政府分別開始其第一與第二個四年經濟發展計劃。第一次四年經濟發展計劃重點發展電力、化肥與紡織, 第二個四年經濟發展計劃旨在發展重工業、國防工業、高級科技, 並重視就業與國民收入的平均等問題。工業的發展, 需要大批受過良好教育與專門訓練的人才, 政府開始大量僱傭受過國外教育的年輕科技人才。

此外, 台灣的人口結構也開始發生變化, 生育率逐漸降低, 家庭逐漸變小。同時, 台灣家庭收入普遍提高。低生育與高收入引起人們觀念與生活方式的變化, 台灣的父母親們對待子女的培養問題也有了不同的見解。家庭中子女人數的減少與經濟能力的增強, 也使得家長有能力支持子女到美國求學深造。

這種種社會經濟現像造成了台灣自五十年代末以來的一股"留學熱"。大多數大專院校的學生似乎都希望能出國留學, 特別是對到美國留學的機會, 更是孜孜以求。當時台灣社會流行的順口溜 "來來來, 來台大; 去去去, 去美國", "來來來, 來東海; 去去去, 去美國" 便形象的表達了這種社會心態。台大是台灣最優秀的公立大學，而東海大學是台灣私立大學中的翹楚，這兩所大學因而最受台灣青年青睞。而去外國留學，尤其是赴美留學，則成爲台灣大學畢業生的首選。

與一些台灣留美學人的口述訪談，更具體說明了 "留學熱" 在台灣青年中的影響力。D女士於1919年出生於廣州市，其父是地方法官，在抗日戰爭期間，她於廣東襄勤大學讀完了地質學學士學位；1947年，她遷居台灣，在台灣師範大學教書。1952年，台灣省政府撥款選拔公費留美學生，規定凡在省立大學教書五年以上的，通過考試，則可獲取公費五百美元的補助金，到美國留學。D女士立即報名，通過了考試，獲取全省九個補助金名額之一，同時，她又申請了俄勒岡大學地質系的獎學金，遂啓程赴美。[1]

L女士於1938年出生於上海，其父爲國民黨政府郵政系統的高級官員，全家於1949年隨國民黨政府遷往台灣。1961年，L女士於台灣成功大學的英國語言文學系畢業。在此之前，她的哥哥已獲取夏威夷大學的肯尼迪獎學金，在哥哥的幫助下，L女士來到美國某大學學習圖書館學。在談到台灣當時的 "留學熱" 時，L女士說： "當時的潮流是，凡是大學畢業生，都要到美國的研究院學習。因爲美國的大學接受較多的外國學生，也給予較多的獎學金。雖然也有一些大學畢業生到英國、德國與其他地方，但是美國的大學給予你的選擇性更多，美國的教育制度也與台灣類似。"[2]

　　R女士於1945年出生於四川重慶，其父爲國民黨軍將領，全家於1949年隨國民黨政府遷台。R女士於1967年從台灣的一所私立天主教會大學西語系畢業，R女士選擇西語系的原因是因爲外國語言當時是熱門學科，她專攻英國語言文學。R女士回憶說：“我記得剛進入大學後，我回到家告訴父母，大學畢業以後，我要到美國讀研究生。從此，我一心一意向這個方嚮努力。在我離台赴美之前，我母親說，沒有人真的想讓你離開家，你現在改變主意也不遲。我說，我已經努力許多年了，如果不去美國，我將來會後悔的。”[3]

　　Y女士是淡水大學1968年的畢業生，獲取法國文學學士學位，不久即來美國留學。她在口述訪談中談到當年她如何作出赴美的決定：“我們都是在隨大流……那個時候，大學畢業生到海外留學是件時髦事。所以，每一個大學畢業生，只要有經濟能力，或者能得到美國學校的獎學金，都會去留學的。”[4]

　　根據吳瑞北與張進福的研究，這一時期台灣留學生出國主要通過如下三個渠道。第一，自費留學。國民黨政府於1950年規定，凡高中畢業，獲得國外大學四年全額獎學金，並經留學考試及格者，可以出國留學。由於流弊甚多，此一規定於1955年被廢除，從1953年至1975年，政府規定留學以研究生爲限，自費留學生必須經過政府考試，方可出國。此一階段，通過自費生留考的學生共兩萬五千餘人。第二，公費留考。爲了適應現代化的需要，培養建國人才，國民黨政府於1955年舉行公費留考，1960年再度實行公費考試制度。多年來，有兩千多人通過此渠道出國。

第三，出國進修。國家科學委員會於1961年開始制定出國進修的具體規定，"每年由各公私立大學及研究機構，就具體工作需要詳擬研究進修計劃，推薦適當人選，由國科會斟酌實際情形審查遴定人員出國研究或攻讀學位。" 自1961年度開始至1995年度止，有五千人次通過遴選，出國進修。[5]

洶湧的留學潮，將大批台灣青年推往太平洋彼岸。根據台灣教育部的統計，從1950年至1974年，台灣教育部共批准了30765名大專畢業生到美國留學。[6]

二 留學生活狀況

從上述口述訪談的案例與資料數據，可以歸納出第一階段台灣留美學人的如下特點。

第一，許多留學生來自台灣社會中與國民黨政府有聯繫的家庭。雖然在遷台後，他們的家庭失去了往日的財富與權勢，但其家庭均可維持温飽，其家庭政治經濟背景有助於他們進入台灣的高等院校，並在畢業後選擇赴美深造。例如R女士的個案。R女士的父親是國民黨軍隊的高級將領，她的全家過着優越的生活。1949年，她的父母必須拋棄所有家産，倉皇逃離大陸，隨同國民黨政府來到台灣。雖然她是家中的次女，她的父母期望她能夠進入大學學習。[7]

第二，絕大部分留學生(80%以上)屬自費留學生。他們必須依賴美國大學發放的獎學金，或者利用暑期或課餘打工繳納學費。

那些没有獎學金的學生，生活異常艱苦。既然以學生的身分赴美，他們必須在每學期選擇足夠的學分上課，以達到美國移民局對全職留學生的學分要求(每學期至少十二個學分)。不選夠學分，則會失去學生身分，被遞解出境。要讀書，便要交學費，學費便成爲自費留學生的最大開銷。爲了籌足學費，許多自費留學生在暑期奔赴華人聚居地的中餐館，苦幹一暑期，可以湊足下一年的學費，而生活費用還得靠每日課餘在當地的中餐館或校園打工掙出。許多中餐館因而自詡其爲"留學生的搖籃"，培養出了一代又一代的碩士、博士生，而中餐館也得以運用這源源不斷的廉價勞動力，生意興隆，成爲美國華人經濟中的一大支柱。

這一時期台灣留美學人的艱辛生活，被生動地反映在"留學文學"中。這些留學文學作家本人多爲留美學人，親身經歷或耳聞目睹了留學生的艱辛生活，他們豐富的個人經歷使他們得以淋灘盡致地再現第一階段台灣留學生的生活狀況。於梨華的《又見棕櫚，又見棕櫚》與《傅家的兒女們》，及彭歌的《在水一方》均爲台灣留美學人生活的真實寫照。白先勇的短篇小説集《紐約客》中的一篇小説，敘説某台灣留學生，爲了謀生，每天夜晚開着貨櫃車送貨。在沿着西海岸的州際公路上，他絕望地開着車，路的一邊是沉睡的城市，另一邊是呼嘯的大海。這種文學形象生動地表現出台灣留美學生的孤獨寂寞與只能前進不能後退的背水而戰的境況。

擁有獎學金的學生固然比較幸運，不必爲籌措學費而發愁，但是他們同樣經歷了兩種不同文化衝突而引起的"文化震動"，與語言障礙而帶來的學業困難。D女士的個案可以充分説明第一階段台灣留美學人的生活狀況。D女士於1953年來到俄勒岡大學地質系讀碩士研究生，她回憶説： "我在俄勒岡大學的生活很有意思。因爲我的獎學金只夠我繳納學費，我必須想其它辦法來支付我的生活費用。我的一個朋友將我介紹給阿爾文．斯托克斯坦德(Alvin C. Stockstad)和格雷斯．斯托克斯坦德(Grace Stockstad)夫婦，這對夫婦在尤金(Eugene, Oregon)開有一家五金電器商店。他們同意提供我的食宿，作爲交換，我得每天給他們做飯、清理房間。剛開始我不會做飯，因爲我以前在中國從未做過飯，他們就教我如何做飯。他們又問我會不會用吸塵器，我説我在中國從來沒有做過家務，他們又教我如何用吸塵器，如何清理房間。記得有一次，我在洗碗時摔破了一個杯子，我便告訴他們我會賠他們。誰知斯托克斯坦德太太大笑着説，'如果没有人打破東西，商店就會關門。' 還有一次，我在清理壁爐時，一不小心，壁爐上面的一個飾物掉了下來，打碎了壁爐的玻璃門。我想，這次我可闖禍了。我決定找人修理。斯托克斯坦德夫婦知道後，連忙安慰我，'別着急！我們的房産保險公司會負擔修理費用的。' 兩個星期之後，他們找人修好了壁爐門。我很生自己的氣，也很奇怪他們爲什麼還要僱傭我。於是，我問他們爲什麼要僱傭我。他們告訴我 '我們僱傭你，是因爲你又誠實又討人喜歡，你總是對我們微笑。' 這確實是真的，我對待他們像待父母一樣尊敬。每當我聽到他們的臥車回來時，我都會跑到門口去迎接他們，幫助他們脱外套、拿帽子，令他們非常高興。他們對我也非常友善，稱我爲他們的干女兒。在我結婚時，他們爲我買了婚紗和度蜜月的飛機票。他們的獨子因此而對我非常嫉妒。我是俄勒岡大學地理系當時唯一的女生，但是我盡量保持各科成績優秀。入學第一年，我的英語不太好，聽課時很吃力，我必須在課前閱讀講義，課後再復習講義。斯托克斯坦德太太又自告奮勇爲我修改論文。一九五四年一月，我在俄勒岡大學的美術館舉辦了一次個人畫展，我自幼學過南宋水墨畫。我的畫吸引了很多當地的觀衆，幾家地方報紙都報導了這次畫展，俄勒岡大學藝術系的教授華萊士·鮑丁格 (Wallace Baldinger) 專門爲我的畫做了評論。"[8]

三 留學生去留

　　這一時期由於台灣與美國經濟懸殊，故而多數留學生滯留不歸。根據蔣家興的研究，國民黨政府教育部早在1950年已頒定"教育部輔導國外留學生回國服務辦法"，行政院又於1955年設立"行政院輔導留學生回國服務委員會"，專司聯繫國外留學人士及輔導其返國服務業務。該會在成立十六年之後，於1971年由行政院青年輔導委員會 (簡稱青輔會) 接辦其業務而結束。[9]

　　根據青年輔導委員會的統計，從1950年至1971年，留學生 (其中百分之九十爲留美學人) 接受輔導回國就業的有2,341名，僅佔同期出國留學人數的7.7%。[10]

第二階段：高潮階段，1970－1990年代

這一階段爲台灣留美學生運動的高潮階段。此時期台灣在外交上經歷多重打擊，在國際上日益孤立，導致國人紛紛出國。與此同時，台灣經歷經濟起飛，人民收入普遍提高。許多留學生在留學期間的經濟來源爲個人積蓄或家長資助，較多的留學生在畢業後返國服務。

此一階段推動台灣學生留美的原因與前一階段不盡相同，可以分爲下列幾種。

一　留學背景與動機

1.　台灣在外交上的困境

1970年代以來，國際政治局勢發生鉅大變化，使台灣國民黨政府的外交頻頻受挫。在美國，公衆的情緒開始發生變化，親國民黨的政客、議員、外交家在逐漸老去，新一代的選民對蔣介石與國民黨政府毫無印象。新上台的總統理查德‧尼克松及時理解並掌握公衆情緒，開始在外交上與北京接觸。

與此同時，美國的外交理論也開始傾向於注重 "新的權力平衡"。新的權力平衡理論認爲，新近崛起的中國的軍事力量與日本的經濟力量，使得這兩個亞洲國家在對於美國前途的重要性上，與歐洲處於同等地位，僅次於蘇聯。中國、日本、蘇聯與美國這四個國家均在亞洲相遇，而這四國中只有中國被孤立於國際團體之外，因此，有必要將中國納入國際大家庭。尼克松與其國

務卿基辛格更認爲國際力量的 "多極化" 有利於美國, 有利於世界局勢的穩定。

在中國, 與蘇聯的政治軍事衝突, 也使得主張接近美國的務實派力量擡頭。1970年10月1日中國國慶, 美國著名新聞記者埃德加‧斯諾受邀參加國慶盛典, 其間毛澤東主席請斯諾轉告尼克松總統可以私人或總統身分訪華。中國隨即又展開 "乒乓外交"。1971年4月, 美國乒乓球代表團訪華, 受到外交部長周恩來的熱情接待; 第二年4月, 中國乒乓球代表隊訪美。

對此, 美國積極回應, 先解除對中國的貿易禁運, 又迫使國民黨政府退出聯合國, 再派高級特使赴華安排接洽尼克松訪華的具體細節。1972年2月, 尼克松出訪中國, 與中國政府簽定《上海公報》, 美國政府承認一個中國, 與中華人民共和國建立外交關係, 與台灣國民黨政府斷交。在美國之後, 許多盟邦也逐一與台灣斷交, 與中華人民共和國建立邦交關係。

面對此外交局勢, 許多台灣民衆不僅對 "反攻大陸" 完全失去信心, 更開始擔憂自己的前途, 認爲在台灣局勢不保的形勢下的最好出路是出國避難。

2. 政府留學政策的放寬

從1970年代開始, 政府放寬留學政策, 使留學手續更加簡單易行。1976年, 政府修訂留學規定, 留學僅分公費與自費。對於自費留學生, 政府不再設定年限, 並且取消留學考試; 自費留學生僅須提供 "出國留學研習證明書" 及 "留學國語文能力合格證明書"，即可被教育部批准出國。1979年，政府再次簡化留學政策，規定自費留學生可以免繳推薦信；1989年，政府留學政策更加寬鬆，規定自費留學生不經教育部核准即可出國。

留學政策的簡化與寬鬆，極大地鼓勵台灣青年留學美國。從1950年至1989年，經教育部核准的出國留學人員達116,065人；自1989年下半年開放自費出國留學，留學生人數驟增，從1991年起，每年約有兩萬人出國留學。[11]

3. 台灣經濟起飛致使更多人有能力到國外留學

在1953年土地改革成功後，政府開始利用農業發展的成果，扶植工業發展。從1952年至1970年，台灣的經濟成長率平均爲百分之九點二一，農業成長率爲百分之四點二四，工業成長率爲百分之十二點三九，服務業成長率爲百分之九點零八。顯而易見，工業有後來居上的形勢。[12]

從1962年起，工業產值開始大於農業產值，台灣進入"以工業爲主的時代"，至1986年，台灣工業產值所佔比例達到百分之四十七點一。同時政府積極拓展對外貿易，設立加工出口區及工業區，以吸引因從農業爲主轉變爲工業爲主而產生的大量農村剩餘勞動力。

1970年代，台灣經濟發展的重心轉移到重工業及基礎建設。1973年，政府開始十項建設，其中有七項與基礎建設相關，包括：(1)橫貫南北的中山高速公路，(2)桃園蔣中正國際機場，(3)西海岸鐵路幹線電氣化，(4)北部沿海鐵路，(5)台中港，(6)蘇澳港擴

建，(7)核能發電廠，(8)中國鋼鐵公司，(9)中國輪船建設公司，
(10)石化中心。十項建設在1979年完成，耗資70億美元。台灣開始
展現出富裕發達國家的外觀。政府乘勝開始推行十二項建設，重
點發展技術與資本密集型的工業，包括發展鋼鐵工業，增建核能
發電廠，修建橫貫海島公路，完成台中港以及環島鐵路設施，增
修高速公路，改善地區性灌溉與疏導系統，建設海堤，增加農業
機械化程度，建設新型城市、文化中心、以及住宅等。十二項建
設耗資57.5億美元。1985年，政府又推行十四項建設，重點發展基
礎建設，改善現有基礎結構，包括中國鋼鐵公司的第三階段擴
建，增修鐵路，修建台北捷運地下鐵路，電訊通訊設施的現代化，
發展四大國家公園，利用石油水利資源，以及保護自然生態平衡
等。十四項建設耗資200億美元，在90年代初完成。

　　以此爲結果，台灣在1970年代的經濟成長率達到百分之十，
居世界第二，僅次於新加坡。1980年代，台灣國民生產總值達400
億美元，國民人均產值達兩千美元，外匯儲備達70億美元；到
1990年代初，國民人均產值近一萬美元。

　　台灣經濟起飛的重要成果之一是"均富"的實現。社會財富
不是集中在少數豪富手中，而是由大多數國民享受。在1952年，
百分之二十的最高收入者與百分之二十的最低收入者的年收入之
比爲15:1；1964年爲5.33:1；到1987年爲4.69:1，此一貧富差距低
於美國。台灣現今自有住宅率已達到百分之八十五，家庭電視機
與電話的擁有率接近百分之百。

　　台灣國民收入的增加，使得更多的大學畢業生，甚至高中生有能力到國外求學。在自費留學生中，許多人在大學畢業後即參加工作，一邊工作，一邊準備托福考試，申請美國的研究生院。幾年努力之後，被美國大學的研究院接收，工作所得的積蓄也足夠在美國的留學費用。許多台灣的父母，也有能力爲子女提供留學費用。所以台灣國民經濟能力的增強成爲此一階段留學生人數驟增的又一原因。

4. 美國研究院教育的先進吸引台灣青年留美

　　美國大學的研究生院，師資力量雄厚，課程設置靈活多樣，成爲吸引台灣大學畢業生留美的原因之一。許多台灣留美學生表示他們到美國留學的原因之一是嚮往美國的研究生教育，認爲其比之台灣有過之而無不及。[13] 台灣的許多重點大學 (包括台大) 研究生院仍師資力量不足，課程設置選擇有限。

二　留學生活狀況

　　這一階段的台灣學生，經濟狀況比前一階段明顯改善。根據筆者的一項調查，在80年代與90年代的台灣留美學生中，有百分之七十來自台灣的業主與職業者家庭，其父母擁有服裝加工業、電腦産品企業，或者就職於銀行或廣告公司。[14] 大部分台灣留學生在留學期間的費用由其父母支付或來自於個人在台灣工作的積蓄。[15]

因此，此一階段的台灣留學生與前一階段的台灣留學生相比，有着不同的留學經歷，一些人認為在美國留學新奇有刺激，而另一些人則認為留學經歷苦樂參半。但是，無論他們的個人經歷如何迥異，大部分台灣留學生，學習刻苦，成績優異，出色地完成在美國的求學經歷。

在求學的最初階段，語言障礙與文化差異似乎構成許多台灣留學生的主要困難。K小姐是台灣某電腦生產企業主的女兒，於1993年自費赴美國留學，專攻金融專業。她訴説了她在美國的主要苦惱。"我們很想結識更多的美國同學，但是他們一般講話很快，如果我們在同一個學習小組，我們常常聽不懂他們發言的大意。我為此感到非常苦惱。如果教授將學生分組討論，一些美國學生不想和我們分在一組，因為我們的英語不如他們的好，因為我們不能向他們一樣隨意地表達自己的思想。我們對這一點感到非常生氣。"[16]

R女士在七十年代於美國留學，深切感受中美文化差異帶來的"文化震動"。她説："當我初來美國時，生活真是艱苦，我深深感受文化震動。我不認識任何人，我驚駭、恐慌，並且非常想家。在美國的第一年，除非別人和我説話，我不會主動和任何人講話。在饑餓時我不知道如何燒飯，我從我的美國房東太太那裏學會了燒飯。我不習慣於諸如生菜等美國食物，不知道如何處理色拉油。現在我意識到，你至少在美國生活五年才會感覺習慣，至少在美國生活十五年才會感覺像在家裏一樣。"[17]

除了語言障礙與文化差異，對於許多沒有獎學金又個人資金不足的台灣留學生，財政困難是最大的困擾。丁文瑤(Wendy Wen-yawn Ding Yen)的自傳式散文《漫漫長路有時盡》，真實生動、細膩深刻地敘述了留學生與其家屬在留學過程中所體驗的酸甜苦辣和心路歷程。一九五八年，丁文瑤出生於台灣，是家中六兄妹中最年幼的一個。她在大學時學習旅遊觀光專業，畢業後在台灣一家國際飯店做行政管理工作，待遇優厚，工作輕鬆。一九八一年夏天，她的留學生未婚夫從美國返回台灣與她結婚，隨後，她到美國與新婚的丈夫團聚。一俟抵美，她開始體驗留學生活的艱苦。她在其散文中寫道：“一九八一年十二月二十日，千里迢迢，經過二十多小時的飛行，終於抵達奧克拉荷馬州的愛德蒙小城(Edmond, Oklahoma)。迎接我的不是別的，是那漫天漫地伸手不見五指的大風雪和那三個傻裏呱譏的書呆子，及一部pinto小車。不用說，其中一個就是我那分別四個月的先生，另兩位同學便是抓來做小紅帽提行李及開車的幫手。那時候先生正同時修企管碩士及電腦學士的學位，而我們也只不過新婚五月餘，尚在蜜月期間，而孩子卻是在努力避孕中，仍是不請自來了，一時令我慌了手腳……那時候先生尚有一學期才能拿到學位，自己尚且是伸手牌大將軍，而我有孕在身，根本談不上如何打工幫忙賺錢……記得那年聖誕一過，學校才開學，先生便勇於面對現實，一口氣接下了每晨六點到十點、圖書館的清潔工作，其餘的時間修滿了六個學分的課，又在附近的中餐館接下了周末收碗盤的工作……兩份工，加上全職修課，我幾乎沒有跟他碰面的機會。臘月隆冬的天氣，清

晨，天尚昏暗未明，我只能飲泣於窗簾後，望着他一脚高一脚低
的身影，漸行漸遠……先生是陝西人，道道地地的北方胃，不愛食
米飯、海鮮，愛包子、饅頭、刀削面、大塊燉肉，而我這個甚少
下厨的南方小姐，硬是得挽起袖子來學和面、揉面。一學期下
來，到也能做出些像樣的東西來。既然在生財、課業上都幫不上
忙，那麼唯一能做的，就是給他足夠的本錢——‘好的身體’去衝
刺。那時候最開心的事，莫過於每月領取餐館的工資及學校的支
票，面臨龐大的醫藥費，我們必須錙銖必較，以求收支平衡……
就這樣，他忙他的打工及課業，我忙着適應新環境，一下子便開
春了，而孩子也在五月蒲公英的怒放中出生了，是個失望中來的
女兒……當時的經濟情況不允許我們在醫院久留，住了一夜便帶
着新生兒返家……更可憐的是返家第二天，便發起高燒來了，自
己都被燒得昏昏沈沈，還得強支着照顧啼哭不休的小嬰兒……趁着
先生上工前的三、四個小時空檔讓他接手看管孩子，自己照着老
祖母土法煉鋼的方法，喝下了一大碗熱姜湯，冲了個大大的熱水
浴，蓋了兩床厚厚的大被，硬是把自己壓出了一身大汗，如此在
經過一陣冷，一陣熱，冷熱交攻下，慢慢的退燒了……學校放假
了，先生也以幾乎全A的成績，順利的拿到了兩個學位，並同時申
請到了內布拉斯加州大學，繼續攻讀資訊管理博士學位。當時由
於申請的晚了些，有限的獎學金名額已分配完畢了，我們也來不
及分到，再一次又面臨經濟上的問題……所以暑假期間，先生幾乎
不分晝夜，除了睡覺，就是打工賺錢，當然也顧不到我們母女

了⋯⋯到林肯的第二個月，我們意外的得到了個好消息，因爲有位申請到獎學金的學生未能到校上課，先生便順利的替代了那份獎學金，除了免除學雜費外，每星期替教授做十二小時的事，領取四百三十元一月的生活補助費，不無小補，心安不少。先生在經過一年的努力中，更踏穩了原本搖晃的脚步，同時我們幾經商量，決定開源以平衡無法再補貼的存款⋯⋯我立刻找到了一份端盤子工來打⋯⋯每天打完了早工，下午兩點匆忙接回了女兒，七手八脚忙出了一老一小的晚餐，自己草草填了點東西，只待先生回來一交班，又急駛回餐館趕打晚工。每個周末，總也得弄到十一、二點方能收工⋯⋯終於八五年的夏天，在全家殷殷期盼中，先生捧着一個博士、一個碩士學位，昂首闊步的踏出了校門，並以相當出色的成績，找到了他的第一份工作，舉家浩浩盪盪的遷往俄亥俄州，定居於牛津小城⋯⋯」[18]

　　中國留學生社區内外的一些社會組織付出了很大努力，來緩解中國留學生及其配偶的困境。"中國學生學者聯誼會"(Chinese Student and Scholar Friendship Association) 和 "中國同學會"(Chinese Student Association)，分別代表中國大陸留學生與台灣留學生，在全美大專院校中設有分會，幫助中國同學排難解憂，活躍課餘生活，並組織學生社區外的各種社會活動。這兩個學生組織，爲留學生適應環境、順利完成學業所必不可少，功不可没。

三　留學生去留

　　儘管留學生活中有諸多困難，大部分台灣留學生順利完成學業，在美國定居。許多人受僱於美國高等教育與研究機構，另一些人則進入商界，或成爲個人企業主或白領職業工作者。

　　雖然多數台灣留學生仍選擇在美國就業定居，但是這一階段有更多的台灣留學生回國服務。從1971年至1991年，有24,981人回國服務，佔留美學人總數的百分之二十點三。[19] 從1992年起，台灣留美學生歸國人數急劇增加：1992年，有5,157人歸國，1993年爲6,172人，1994年爲6,150人，1995年爲6,272人，呈逐年增長的趨勢。[20]

　　台灣留美學人的回流趨勢有內因與外因，以及經濟、政治、文化諸多方面的因素。外因包括美國自八十年代以來勞工市場不景氣，對職業工作者職位的競爭加劇，導致台灣留學生在完成學業後歸國服務 (因此因素不是文本討論的主題，故不在此詳加論證)；而內因則包括台灣經濟快速成長導致國民收入提高，國內人才市場供需的不平衡，台灣政治更加開放自由，回國人員教學、研究、工作環境的改善等。

　　台灣在1971年時，人均國民所得爲410美元，至1997年，已提高到11,950美元。在台北等大城市，人均所得近2萬美元，與美國人均所得極爲接近 (根據1990年美國人口統計，美國的人均收入爲2.4萬美元)。加之台灣的生活費用便宜，除住以外，衣、食、行的費用均低於美國。

此外，台灣人才市場供需不平衡，求大於供。以1996年爲例，行政院青輔會征集的就業機會爲10,165個，而該會受理的就業高級人才登記只有5,535人，其中留學歸國者2,760名，國內培養的高級人才2,775人，平均每名被登記者有1.83個工作機會。[21]

在政治上，自1986年以來，台灣開放黨禁，反對黨民主進步黨於1986年9月28日正式在圓山飯店宣佈成立。台灣民主開始成長，兩黨競爭態勢初具。同時國民黨於1986年解除實行三十八年的戒嚴令，台灣的民主政治開始起飛，使台灣社會逐步充滿了生力與活力，日趨自由、開放和多元，從"部分民主"進入"完全民主"。國民黨又推動一連串的政治改革，包括解除報禁，通過"集會遊行法"，開放大陸探親，國會全面改選，終止動員戡亂時期及修訂通過總統、副總統、台灣省長及台北高雄市長直接民選等。

對於回國人員教學、研究、工作環境的改善，台灣政府也花費了很大力氣。1980年，國科會主管的新竹科學工業園區正式成立。新竹距台北四十五英里，距中正國際機場也不過三十四英里。清華大學、交通大學、工業技術研究所和其它教學或科學研究機構都位於新竹附近。從1980年至1996年，政府共投入5億美元於新竹園區。有利的地理條件與政府的各項優惠政策，使新竹園區在十幾年內吸引了一大批台灣留美學人回台工作，從1980年至1990年，從美國回新竹去工作的科技人才達五百人，其中大部分人是在1988至1990之間返回，多爲原在美國加州工作的高級科技或管理人員。[22] 根據統計，到園區工作的海外學人，從1981年的

27人增至1995年的1,750位，而其中海外學人回國創業已達89家，佔園區廠商數的40%。[23]

上述經濟、政治、文化等方面的原因，成爲吸引台灣留美學人回台工作的有利因素。

第三階段：衰落階段，1990年代後期至今

從1990年代後期起，台灣青年不再青睞在國外長期學習，而只有興趣於短期的國外觀光或國外暑期語言學校。此一現象反映了台灣的研究生教育水準與研究水平的提高。本土培養的研究生的實力與返台的留美學人已不分伯仲，返台服務的留美學人與本土培養的研究生相比，在人才市場與就職、提升等方面不一定具有太大優勢。因此，留學國外自然失去往日的吸引力。台灣研究生教育的發展與國際化，在一定程度上反映台灣經濟的飛躍發展與國際化，同時，台灣社會生活的富裕化與國際化使得留學發達國家不再成爲經濟發展的必須。

一　留學運動衰落的原因

1. 台灣研究生教育的發展

台灣留美學生運動的衰落的主要原因在於台灣研究生教育的發展，吳瑞北與張進福的論文《留美學人與台灣的學術發展》，分析概括了台灣學術發展的四個時期，對本文的論述，頗有啓發意義。第一時期爲制度肇建期，從1949年國民黨政府遷台至1967

年國科會的成立爲止，此一時期，主要爲台灣學術研究與發展策略方針的設計與制定。第二時期爲學術引進期，從1967年至1980年，這一時期的發展重點是在各個學術領域引進研究的觀念。第三時期爲本土萌芽期，從1980年代初至1980年代末。這一時期重在發展本土學術的國際水準化。第四時期爲融合發展期，從1980年代末期至1990年代後期，這一時期政府在教育上的投資急劇增加，台灣的研究環境有長足的進步。[24]

　　台灣學術研究的發展從一個側面反映台灣研究生教育的發展。從1949年至1967年，台灣的大學教師以自大陸隨政府來台與留日者爲主，並以本科教育爲主，研究生教育幾乎等於零。從1967年至1980年，本土研究生教育開始發展，返國留美學人與客座教授指導碩士博士研究生學習國際性研究方法。1980年代，台灣研究生教育開始向國際水準化努力。例如，台大電機系在1980年首先實行博士論文發表制度，該系要求博士班學生必須要有國際一流水準期刊發表的論文才可畢業。[25] 1990年代，本土培養的研究生人數急劇增加，研究水平國際化。例如，1971年台灣本土培養的碩士、博士畢業生人數爲847人和23人，而1995年則據增爲12,649人和1,053人，超過了每年留學生回台的人數。[26] 本土培養的研究生積極參與國際會議發表論文，大量投稿國際期刊，與同領域的外國同事進行學術合作。台灣的研究生教育已達到國際化，在國際學術領域中，扮演着 "既競爭又合作的角色"。[27] 台灣研究生教育的國際化，使得在國外深造，不再是提升研究能力、加強人才市場競爭力的唯一途徑。

　　台灣研究生教育的國際化，反映了台灣經濟的快速成長與國際化。台灣經濟已不再仰賴外力而生存發展，逐漸在國際競爭中扮演平等的角色。

2. 台灣社會經濟的國際化、資訊化

　　台灣高度發達的電腦資訊業與國際網絡的普及，使得遠渡重洋、取經鍍金不再成為必須。在電腦與國際網絡時代，"秀才不出門，便知天下聞"，一台與國際網絡相通的電腦，便可將各領域的研究現狀與成果，快速有效地展現。電腦的普及使用率在台灣已達到相當高的程度。政府大力撥款規劃建立學校電腦化教室、網絡教學等，極力普及全國資訊應用能力。台灣青年，多數對於電腦資訊與網絡情報的使用得心應手，在國際網絡中如魚得水。國際網絡的普及，加快了國際研究成果的流通與運用，學子因而不必負笈海外，便可掌握最新知識。

3. 台灣社會的富裕、繁榮

　　自1980年代，台灣完全脫離貧窮狀態，進入富裕之境。在八十年代後出生的青年，因而難以想像並理解上兩代人篳路藍縷、含辛茹苦的奮鬥精神。雖然當代台灣青年中不乏生氣勃勃、積極進取的有為之士，但也有不少青年人，為物質的豐裕淹沒，貪圖享受，不再情願去"受洋罪"，在美國留學已失去了往日的吸引力。相反，台灣青年現在更有興趣於在國外短期觀光旅遊或注冊於國外的暑期語言學校。許多台灣青年在大學畢業後拼命工作，

積蓄資金，是爲了到世界各地名勝古跡遊覽。在每年夏季的國際旅遊旺季中，世界各旅遊勝地遊客中的亞洲人，多爲台灣與日本人。

更多的台灣青年，爲了增強自身的競爭力，也迫於台灣社會經濟國際化的壓力，紛紛參加國外暑期語言學校。一些調查報告揭示，每年大約有八千台灣青年男女，奔赴國外暑期語言學校，進修深造，創造了六千五百萬美元的消費市場。以此爲結果，許多專爲暑期國外語言班注冊、住宿及旅行的咨詢中心應運而生。根據一項市場調查，在國外暑期語言班的全部費用，包括學費、食宿費、交通費、以及文化活動的費用，約二千五百萬美元至五千美元不等。[28]

二 留學運動衰落可能引起的後果

台灣留學生運動的衰落從正面反映台灣社會經濟的高速發展與國際化。台灣已進入世界發達國家的行列，因此沒有太大必要向外發展。與此同時，台灣留學運動的衰落也在學術界人士中引起擔憂。許多研究院校的領導人與專家，擔心留學生運動的衰落將會影響台灣學術研究的進一步發展，長期的近親結婚會造成劣生的現象，因此呼籲政府各主管部門，制定相應的政策，撥款贊助留學。

結語

　　台灣留學生運動的興起、發展、與衰落，反映了戰後台灣經濟從滿目瘡痍、百廢待興、貧窮落後到富裕繁榮的鉅大變化，也反映了台灣現代化的萌芽、發展與成熟。

　　從1950年代至1960年代，台灣經濟篳路藍縷，到先進國家留學，因而成為一代青年的最高願望。來自經濟貧困的台灣留學生，必須含辛茹苦，克服經濟與文化的雙重困難，方能功成名就。而留美學生的去留，代表世界勞工移民的去向，反映世界各國經濟發展的水平。留學運動從實質上講是世界勞工流動的一部分，世界經濟發展與勞動流動的規律證明，勞工的流向總是由發展中國家到發達國家，從世界經濟的邊緣國家或地區到中心國家和地區。因此，1950年代與60年代台灣經濟與美國的鉅大懸殊使留美學生很容易地做出滯留不歸的抉擇。

　　從1970年代台灣開始經濟起飛，到1980年代台灣完全脫貧致富，台灣留學生經濟狀況改善，多數留學生不必打工，依靠個人積蓄和家長資助即可完成留美學業。從1980年代起，美國勞工市場的不景氣與台灣社會經濟的發展吸引一部分留美學生返台工作。到1990年代，留美學生的返台率進一步提高，反映台灣經濟進入國際中心，勞工人才開始流向台灣。

　　1990年代後期，留學美國運動開始衰落，許多台灣青年不再視出國留學為"正途"，而僅有志於短期國外觀光或暑期國外語言學校。這一現象不僅體現台灣學術研究水平的提高、本土培養

的研究人員已具有國際競爭力，也反映台灣經濟國際化、資訊化
的開始。

　　本文只是從一個方面來考察台灣的留學生運動。不可否認，
台灣留學生運動的興起、發展、與衰落同時也受所在國的移民政
策與就業形式所影響。但此因素不在本文討論範圍之內，在此說明。

作者簡介

　　令狐萍：邁阿密大學歷史學博士。現任美國杜魯門州立大學歷史系副
教授，教授東亞史與亞裔美國史。她多年從事美國亞裔史的研究寫作，出
版學術專著《萍飄美國新移民實錄》(2002年)，《金山謠　美國華裔婦女
史》(中國社會科學出版社，1999年，該書獲美國福特基金出版獎)，*Surviving on the Gold Mountain : A History of Chinese American Women* (Albany : SUNY Press,
1998) 等，參加《二十世紀的重大事件》、《海外華人與中國的新研究》、
《海外華人國際研究協會論文集》、《世紀之交的海外華人》、《亞裔美
國百科全書》、《起源與歸宿》等著作的寫作，並經常投稿《美國種族歷
史研究》、《美國研究》、《美國城市研究》、《歷史教師》、《密蘇里
史學研究》等學術期刊，發表五十多篇學術論文。她受聘《聖路易時報》
任專欄作家，撰寫《聖路易的華人》歷史專欄。她榮獲多項著名國際國內
學術獎，包括中華美國學會美國福特基金會美國學著作出版基金，美國大
學婦女教育基金會美國學者獎金、杰普森教學獎金等。她也擔任美國亞裔
美國研究協會理事，《國際移民評論》、《美國種族歷史研究》、《美國
歷史研究》與《美國性史研究》等學術期刊的評委。從1995年至1997年她
曾獲杜魯門州立大學優秀教師提名。令狐萍教授現在從事《聖路易的華
人》、《美國中部的亞裔婦女》等書稿的寫作。

注釋

1. 口述訪談第八. 參見令狐萍"Sze-kew Dun", *Missouri Historical Review*, Vol. XCI, No.1 (October 1996) : 35 – 51.

2. 口述訪談第十二.

3. 口述訪談第十四.

4. 口述訪談第十.

5. 吳瑞北, 張進福, 《留美學人與台灣的學術發展》, 收錄於李又寧主編《華族留美史: 150年的學習與成就—國際學術研討會文集》, (紐約天外出版社, 1999年).

6. John T. Ma, "Chinese American in the Professions", in Yuanli Wu (ed.) *The Economic Condition of Chinese Americans* (Chicago: Pacific/ Asian American Mental Health Research Center,1980), P67.

7. 口述訪談第十四.

8. 口述訪談第八.

9. 蔣家興, 《台灣的留學教育與國家發展》, 收錄於李又寧主編《華族留美史》.

10. 李保瑞, 《加強延攬海外學人回國服務之研究》, 行政院青年輔導委員會, 頁3.

11. 蔣家興, 《台灣的留學教育與國家發展》, 第173頁.

12. 行政院主計處, 《中華民國國民所得》.

13. 口述訪談第十五.

14. 作者對一百多名台灣留學生所做的調查；口述訪談第四十二、四十三、四十四、四十五、四十六、四十八、五十一、五十二、五十三、和五十五。

15. 同上。

16. 口述訪談第五十一。

17. 口述訪談第十四。

18. 丁文瑤，〈漫漫長路有時盡〉，載《世界日報》1990年5月8－10日，口述訪談第三十九。

19. 蔣家興，《台灣的留學教育與國家發展》，第175頁。

20. 同上。

21. 同上。

22. 《世界日報》1990年1月3日。

23. 許炳炎等，〈留美學人與台灣科技的發展〉，收錄於李又寧主編《華族留美史》，第145頁。

24. 吳瑞北、張進福《留美學人與台灣科技的發展》，第157－165頁。

25. 同上，第161－162頁

26. 蔣家興，第175頁。

27. 吳瑞北、張進福，第166頁。

28. Joyce Lin, "Summer Language Opportunity." *Taipei Journal*, vol., XVII, No.26, 7 July 2000, p.4.

台灣新移民在美國的文化認同

張玲

　　林小姐是生活在美國芝加哥遠郊的第二代台美人，就讀於得保大學電腦系。所謂 "台美人" 的稱號是她自己選擇的。她在一份關於美國移民史的課堂論文結尾驕傲地寫到： "我的父母於七十年代來自台灣，把他們在台灣的生活習性和傳統也帶到美國，並不遺餘力地向我灌輸台灣文化以及台灣人的概念，對我影響甚大。我對我的台灣祖根甚感自豪，我很自信地稱自己爲台美人。"[1]像林小姐這樣把台灣和族群認同結合在一起的人，在台灣新移民及其子女當中不僅大有人在，而且佔主流。他們大多把自己看作台美人，而非福建人、山東人、中國人、華人、乃至亞裔。在台灣民衆和旅美台灣人的心目中，台灣作爲一新興的文化實體正在迅速取代自由中國、中華民族、中國文化，以及更廣泛的亞洲文

化，這一以台灣人和台灣文化爲主線的自我認同現象在美國社會
中的表現呈多種形式，由各種因素決定，並有其複雜的變革過程。
台美人的這個群體認同是建立在台灣移民及子女從台灣帶來的共
同信念和相似的歷史經歷之上的，是由台灣移民有意識地塑造的。

　　本文所談的台灣新移民是指二十世紀六十年代中期美國新移
民法實施以後從台灣來美國定居的居民及其子女，台美人則泛指
入籍定居美國的台灣人給自己的文化認同。台灣人泛指所有的台
灣居民，他們可分三大類：一是大陸人或外省人，俗稱"芋
子"，泛指一九四九年前後從大陸隨國民黨政府和軍隊流亡台灣
的各類難民及其子女，這些人佔島上人口的百分之十六；第二類
是本省人，俗稱"蕃薯"，指第二次世界大戰以前從大陸南方沿
海省分移居台灣的大陸居民及後代，主要包括閩南人和客家人，
爲島上主要居民，佔總人口的百分之八十；第三類爲島上原住
民，人數不過島上人口的百分之二。[2]

　　自一九六五年美國國會開放亞洲移民政策以來，大批的台灣
人像其他發展中國家和地區的人們一樣加入了這個移民美國的浪
潮。到了八十年代，大陸的移民也加入了這個浪潮，這種不間斷
的移民趨勢給華人社區帶來許多新變化和挑戰。在這三十幾年
中，台灣、大陸、美國和國際社會在政治、文化、經濟和社會等
領域都發生了鉅大變革，這些變化不僅對台灣和台灣居民本身的
自我認同問題影響深遠，而且對台灣新移民的文化認同起決定性
作用，特別是台灣－大陸－美國的三角關係深刻影響了在美華人
社區的凝聚力。在二十一世紀的今天，台灣新移民的認同問題已

成爲他們最關心的問題，他們就此問題通過報紙、互聯網、專題討論會等媒介抒發各自的觀點，展開了熱烈的辯論。有的強調台灣文化的淵源與中華文化聯繫，更多的人強調台灣文化的獨特性以及區分台美人和華美人的必要性。與此相關的一個政治問題是台灣的前途問題，有少數人強烈支持台灣獨立，更多的人尊重台灣居民的願望，但大部分移民對此問題持等等看的態度，他們更關心諸如文化認同的非政治問題。本文將從歷史的角度探討台灣新移民在美國如何隨著變幻的國際、國內形勢及新移民本身複雜的組成，而建立其特別的認同。

一 台灣新移民的歷史背景和組成

台灣新移民從哪裏來？他們是誰？他們爲什麼移民美國？這是以下章節所集中回答的問題。

由於經濟和種族歧視的原因，美國的移民政策在歷史上對亞洲人 (尤其是華人) 極度苛刻。自從美國國會一八八二年的排華法案實施以後，移居美國的華人人數遽減，准許入境者僅限於極少數的留學生和商人。華人不僅不能移民美國或入美國籍，已定居美國的華人在經濟、就業範圍、工會會員、法律等方面倍受歧視，因此以後的四十年中離境回國者多於入境者。例如一九零八年至一九四三年之間有90,199人離境，而入境者只有52,561人。極端的限制和歧視使華人人口從一八九零年的107,489降至一九三零年的74,954。[3] 這種遭遇不只局限於華人，到了一九二四年，幾乎所有

的亞洲人都被列入 "禁止入境" 的移民法令之中，這種排斥華人
歧視亞洲人的氣氛一直持續到二次大戰時期才有所緩解。

鑒於勞工緊缺、戰時盟友的關係，美國人民普遍排華心態的
轉變以及親華美國學者和教會領袖的遊說和努力，美國國會於一
九四三年底推翻了六十多年前制定的排斥華人移民入籍的法案，
允許第一代華人移民入美籍，並撥給每年一百零五人的華人移民
額。二次大戰後到一九六五年間，除每年給中華民國的一百零五
個移民配額外，又有六千多名華婦以美軍駐台等地服役軍人之配
偶的身分入境入籍。一九四九年中華人民共和國在大陸的成立，
又迫使五千多名前國民黨政府官員、商人、專業技術人員和困留
美國的學生，就美國國會應急通過的《難民法》申請避難定居美
國。這一期間定居美國的華人中絕大多數是婦女和兒童，華人社
區近百年來的男女比例不平衡的局面得以緩解。這批移民中也有
相當一部分人是從大陸各地經台灣或香港入美的大陸留學生和各
種背景的大陸人，這其中有世界聞名的諾貝爾物理獎獲得者李政
道、楊振寧。[4]

另外，還有少數鮮為人提及但現在在美國事業很成功的台灣
留學生也在五十年代來美，這些在台灣出生長大的年輕人都是達
到政府於一九五四年新規定的服役標準後才得以留洋的。他們抱
著求學深造的希望，懷著忐忑不安的心情，從親戚朋友處湊些路
費，踏上旅程，來美國開始了他們靠美國獎學金的留學生涯。他
們大多都不會或很少說國語，喜歡聚集在東部或西部沿海大城市
和中西部的幾個城市裏。[5] 儘管他們在美國的前途飄渺，返回軍管

戒嚴的台灣更不是選擇，他們內心深處還是希望學成後能留美找到工作。等到六十年代他們完成學業時，正趕上美國移民法大改革大鬆動，於是他們大多如願以償，陸續成家立業入籍。他們雖然人數相對不多，卻成為海外抨擊國民黨政府、要求台灣民主化和台灣本省人自治的喉舌。

現任芝加哥大學生化和分子生物學等系教授的廖述宗就是一個鮮明的例子。廖教授是生長在台灣的本省人，於一九五六年從台灣大學農化系獲碩士學位後來美，時年二十五歲。他家庭並不富有，母親是小學教師，父親是台大的美術教授。他從親屬那兒借了路費和一部分生活費，靠美國伊利諾理工學院提供的獎學金，隻身來美作了一年的研究，試圖從密西根湖水中提到抗菌素，結果很失望。當年像廖述宗這樣靠際遇來伊利諾理工學院留學的台灣學生只有五、六個(如今這個學院有台灣研究生五十二名)，他們求學心切，對不遠的將來沒有確切打算。一九五七年，廖述宗又因為偶然的際遇，進芝加哥大學生化系作博士生。是什麼原因促使廖教授離開熟悉的環境來美國闖盪？他激情地說：“二二八事件發生那年【即一九四七年】，我是個十四歲的高中生，親眼目睹了台灣起義領袖被國民黨軍隊槍決的場面。我不能容忍在軍管下乞生，我開始向往民主和人權，想通過留美瞭解民主的含意。我熱愛化學，專業很強，想出國深造後返回台灣。”[6] 廖教授以後四十多年的足跡反映了他初來美國的願望，儘管他後來在美國安家立業並入籍，他曾不顧家人的乞求和自身的安全，三次 (一九六五年年、一九七四年、一九八二年) 冒險回台，每次要麼不是被政府拒之國門外，要麼就是被暗中監視，他一貫的反一黨專制和倡導台灣民主自治的言行使這位海外持異見者被國民黨政府列入黑名單達四十餘年。

像廖教授這一代的台灣移民並非都是持異見者，那些前來避難的前政府官員畢竟是心向中華民國的，也有少數人純粹是爲了尋找就業出路，不惜到餐館洗碗打雜。

五十年代的美國受冷戰影響，不僅没有很多留學生們所期望的自由民主，反而用各種應急法令阻止所謂 "紅色恐怖" 在華人中蔓延，政治氣氛異常壓抑。台灣留學生更是要顧及聯邦調查局和國民黨特務的雙重審視。與此同時，冷戰的宣傳又迫使美國對其明顯的基於種族歧視的移民政策進行反省。到了六十年代，民權運動的崛起和發展迫使美國國會修改一九二四年的移民法，其結果是影響深遠的《一九六五年新移民法》。新法令對第三世界國家的移民限額做了大規模調整，華人入境年限額從一百零五人增加到二萬人。[7]

新法令的倡導者錯估了法令對未來移民趨勢的影響，他們的原意並非要鼓勵亞洲移民，而只是想通過取消對亞洲人的歧視以扭轉歷史對亞洲人的不公平待遇。意想不到的事態發生了，新法令無意當中向第三世界的人民打開了美國的大門，亞洲人迎來了第二次移民高峰 (第一次發生在一八八二年以前)。由於 "優先家庭團聚" 和 "優先專業技術人員" 等條款的實施，實際入境人數比限額要高得多。新移民的到來改變了美國的人口結構。比如，亞裔人口在一九六五年前還不到美國人口總數的百分之一 (即一百萬人），到了一九八五年升到五百萬，其中華人人口達八十一萬二千，這其中的一半以上是一九六五年以後入境的新移民。到了一九九零年，亞裔人口達六百九十萬 (2000年亞裔人口已突破一千萬)，其中華人人口的比例最高，佔百分之二十四，他們大多聚集在加州和紐約的華人居住區。新移民的到來，給一度死氣沉沉的唐人街帶來生機和活力。[8]

新法令剛實施後的幾年，台灣人並沒有立刻受益，因爲他們不像廣東來的移民那樣人數衆多，靠親戚關係申請移民。到了七十年代，台灣移民劇增，開始建立有助於移民的家庭網絡。一九六五年入境的台灣新移民有以下三大類：一是留學生；二是所謂專業技術或有一技之長者；三是企業家、商人或體力勞動者，第一類佔大多數。

台灣人爲什麼要移民美國？這個問題可以從以下幾個方面來回答。首先從年輕人的角度來分析，出國留學很有吸引力。六十年代到八十年代的台灣人口擁擠，島上的高等學府數量有限，學科也不健全，入學競爭激烈。考進大學不容易，進了大學後完成學業也不容易，大學畢業後找到對口的工作更不容易。台灣失業率高，到了一九八五年達百分之四點一的記錄，以至出現大學畢業生做小學畢業生就能做的工作。[9] 而對大多數青年來講，找到就業的唯一希望是讀大學，他們在台灣找不到這些機會，就把眼光轉向美國。由此形成了一個模式——他們先在台灣讀高中和大學，服役二三年後來美讀碩士或博士，畢業後找工作，找到工作後申請綠卡，最後申請入籍。六十年代到八十年代的台灣年輕人大多是通過出國留學的途徑移民美國的。[10]

解決子女教育和就業問題也是台灣父母移民美國的重要動機。眾所週知，台灣的大、中、小學校一向競爭激烈，學校規章制度林立，體懲普遍，給學生和家長帶來極大的精神壓力。在台灣進大學難，而美國大學相對容易進，容易讀，因此做父母的希望通過移民美國來解決子女就學問題，改善他們的教育環境和前途。[11]

而不論是自身的就業還是子女的前途問題，經濟上的考慮是最重要的移民動機，出國留學只不過是個借口或跳板而已。很多台灣留學生還未出境就做好留美的打算，準備學成後找份工作，買車、買房子、定居入籍、生活舒適。經濟的考慮更是那些小商人或普通藍領階層來美移民的主要驅動力，對一個飯店厨師來說，在美國餐館洗碗打雜一個星期賺的錢比台灣的一個大學教授一個月的薪水還高。錢的誘惑是實實在在的。[12]

也有的台灣人 (特別是已婚婦女) 移民美國是因爲婚姻破裂，在傳統觀念還很盛行的台灣，她們深感約束和壓抑，無法忍耐，渴望更開放的美國。

最後，還有一些台灣人因爲於政府持不同政見而離開台灣，他們的經歷和五十年代來美的留學生很相似。以新移民施忠男博士爲例，他像多數台灣留學生一樣，經歷了高中、大學、服役、出國留學、找工作、定居入籍的過程。他先在台灣上大學，獲化工工程學學士，去日本讀了碩士，於一九六七年留學美國，在印地安那大學讀博士，畢業後在一家化工出版社工作，不久申請到綠卡，過幾年後入美籍。施博士說他還在高中時就意識到國民黨

政府的腐敗和壓制，他受不了“寄人籬下(即大陸人的統治之下)
的生活，不得不離開台灣”。來美後，施博士積極參與抗議政
府、推行台灣人自治的活動。[13]

　　七十年代台灣－大陸－美國三角關係的變動促使大批台灣居
民移民美國。一九七一年中美“上海公報”的發表以及一九七九
年中美正式建交，造成台灣居民人心惶惶，生怕共產黨攻打台
灣。人們日夜排隊，希望能拿到去美的簽證，逃離“危險區”。
美國與中共建交，與台灣斷交，暫時迫使台灣居民、大陸居民共
享二萬的移民限額。由於大陸移民急劇上升，兩岸的競爭使申請
移民等候期達五年半。這種擁擠現像到了一九八二年才有所緩解，
是年美國另撥給台灣二萬移民限額。到了八十年代末，大陸留學
移民人數遠遠超過台灣。七十年代和八十年代入境的台灣新移民
大多通過留學或“連鎖移民”形式入境入籍的，他們大多是受過
高等教育的專業人員，這與同時期入境的香港和其他東南亞地區
的華人移民形成鮮明對比。後者多為無專業特長的體力勞動者，
多集中在美國大城市內的中國城。[14] 八十年代以後來美的台灣留學
生和他們的前輩有很多不同之處，追求經濟地位對後者更重要。
一位五十年代來美的老留學生抱怨說：“我們那一代人正正經經
地想上名牌大學做學問，獻身科學；現在的年輕人太實際了，他
們只想著將來如何生活的好。”[15]

　　一九九零年美國國會進一步修正一九六五年的移民法，更強
調優惠專業技術人員的入境入籍申請，這給那些將獲或已獲高級
文憑的台灣人申請移民開了綠燈，致使六十年代就開始的台灣智

力外流現象更加嚴重。另外修正法還增加了另一條款，優先考慮能給美國創造就業機會的海外投資者移民。隨著八十年代中期台灣的經濟起飛，眾多台灣人競相來美經商投資，申請入籍。由於以上因素，一九九六年一年中台灣移民人數達13,400人。台商來美投資不僅爲了盈利，更重要的目的是想通過投資辦商在美國獲得永久居住權，給自己和子女的未來買個"定心丸"。如今大批台商和高層企業管理人員入籍美國，他們充分利用全球化經濟，穿梭於太平洋兩岸之間，成了往來於台灣－美國之間的"太空人"。[16] 他們在城郊建立新型的中國城：開報社、買房地產、辦銀行、建工廠、造商場。世紀之交，台灣新移民正以其經驗、實力、資本、文化素養和數量改變美國社會的面貌。

二　六十年代至七十年代台灣移民的認同

各個不同時期入境的台灣移民是如何認同自己的呢？他們在二十一世紀的今天又是怎樣認同自己的呢？因爲新移民在不同時期宣誓入美籍，背景不一，經濟和社會地位不同，認同的問題經歷不斷塑造的過程，受眾多因素的影響，最重要的幾個因素如下：台灣的政治民主化，經濟現代化，社會和文化的演變，大陸－台灣－美國的三角關係，台灣在國際社會中的政治地位之變動和台灣本土的認同，以及美國國內的政治和社會的變遷。這些因素因爲時期的不同，對台灣新移民的認同的影響或強或弱。

就四十年代末、五十年代初來自台灣的中國避難者而言，絕大部分人以中華民國和中華文化爲認同，這是因爲他們大多來自大陸各地的所謂外省人，台灣只是一個給他們提供出國機會的窗口，非久留之地，故他們不認同自己是台灣人，而少數台灣留學生則以台灣爲其群體認同。前面提到的廖述宗教授在談到認同問題時毫不遲疑地表示：雖然他祖輩來自漳州，他一直把自己看作是入美籍的台灣人。對像他這樣的第一代台灣移民來説，祖輩是否從大陸來並不重要，重要的是對台灣這片生養他們的土地、人民和當地文化的聯結情結。[17] 另外一位六十年代留學美國的洪教授在一九九二年台美公民團舉辦的全美年會上解釋他是如何變成一個台灣人的。他説： "政府表面上稱我們 (本省人) 爲中國人，實際上把我們當二等公民對待。我從小學開始政府就提醒我們台灣本地人的語言、習俗比不上經孫中山和蔣介石所改造、完善的中國語言和文化，我們只不過是海盜、殺人犯的後代，還未完全開化。我們的語言已被 '波利尼西亞兒語' 所侵蝕。這些統治我們的中國人盡力壓制我們的民俗、宗教，對這些大中國文化的倡導者來説，我們樂衷於落後、鋪張的迷信活動，而不願意跟隨明智、公正的蔣介石。" [18] 這個官方與居民認同對立的現象在六十、七十年代入境美國的台灣知識分子當中尤爲突出，是台灣的政治狀況的反映。

一九四九年國民黨政府退至台灣島，蔣介石一手控制下的國民黨施行一黨專制，在島上強加了近四十年的戒嚴管制。它不顧共產黨佔領大陸的事實，一意孤行其 "歷史使命"，即推行三民主義、反攻大陸、發揚中華文化。這個由大陸人壟斷的政黨和政府拒佔島上大多數的本省人於門外，至使本省人在政治上沒有發言權，在經濟、教育、就業、文化上倍受歧視和排擠。大陸人在經濟上通過國家壟斷企業和政治關係而佔上風，在教育和就業上佔優勢，直到一九六七年，外省人仍把持著百分之八十二的國防領域職位，在語言上強行推廣國語教育。這些手段使原本就緊張的政府與當地居民的關係更緊張。關於就業問題，一位台灣人滿腹怨言地透露： "日統時代對台灣人謀求管理階層職位大加限制，我父親為了找到一份像樣的工作辛苦奔勞。沒想到一九五二年蔣介石逃到台灣後三年，我父親就被那家由日企變公營的企業解僱，當時我只有九歲，我父親已五十歲。他再也沒有找到工作，靠著自己少量的土地來養活十個兒女。" 這位台灣人認為，他父親之所以失業不是因為工作不勝任或幹得不好，而是因為他是本省人，受嫌與日本人合作。他的職位被一個外省人奪走了。[19] 這種對政府極為不滿的情緒在第一代新移民中極其普遍。由於國民黨的政治獨裁和社會控制而造成的外省人與本省人之間的隔閡也被移植海外移民中，倡導台獨和統一的人形成對峙。

由於其自許的使命感，國民黨政府一昧地堅持 "中華民國是唯一的中國"， "中華民國政府是中國的正統政府" 的虛構，以反共為名，禁止任何批評政府的言行；絕不承認也一向不容忍台灣文化有其獨特性的說法，更不必言台灣獨立。直到一九九二年提台獨還是非法的。政府對持異見者大加壓制，如一九六零年九月的 "雷震事件" 是一個鮮明的例子。作為國民黨黨員和外省人

的雷震因批評國民黨反攻大陸的立場以及組織異黨 (中國民主黨)
而被判十年徒刑。又如一九六四年的 "台灣人民自救宣言事
件"，台灣大學教授彭明敏和學生提出台灣應面對 "一中一台"
的現實並採取相應的措施，在印刷 "宣言" 過程中被秘捕。[20] 政府
的高壓手段迫使各種持異己者 (包括要求開黨禁實行政治民主化的
外省人和台獨者) 把鬥爭陣線轉移到海外。台獨者先以日本爲據點
開展活動，在京都發起 "台灣民主獨立黨"；六十年代隨著留美
人數的劇增，各種台獨組織在美應運而生，台灣民主獨立運動隨
之轉移到美國。在此期間崛起的政治組織中規模最大和影響最廣
的是以紐約爲基地的 "台灣獨立聯盟" (一九七零年)，它們受美國
民主運動的影響，向美國國會遊說，抗議、揭露國民黨政府的壓
制，一度引起美國政界的注意。台灣持異議者把台獨運動的壯大
"歸功" 於國民黨政府的政策，他們説如果當時政府沒有把國語
強加在本省人頭上，沒有對他們排擠，沒有貶低他們的語言，沒
有強調外省人與本省人的差別，他們或許不會像今天這樣認同自
己是十足的台灣人，而非中國人。[21]

　　台灣新移民在美國的遊説和抗議活動儘管得到美國有識之士
的同情，但美國政府爲了維持與國民黨政府的戰略合作，不惜犠
牲其一貫倡導的自由民主原則，在多數情況下保持緘默。六十年
代中期畢竟是國民黨政府在外交上的鼎盛時期，以反共爲主線的
美國因冷戰的廣泛需要和干涉越南的加深，與蔣介石建立了更密
切的軍事和經濟關係。國際社會又只承認中華民國爲中國唯一的
合法政府，加上大陸正受文化大革命的衝擊，紅衛兵大肆摧毀代

表所謂舊文化的古跡、博物館和圖書館，這加強了國民黨政府作為中國合法代表和中國文化真正繼承者的宣傳。[22] 台灣移民中要求民主和台獨的呼聲自然被淹沒。對於一般的美國人來說，台灣移民跟其他亞洲移民或華人並沒什麼兩樣，這種思維到了70年代才有所改變。

台灣新移民關心島上的政治狀況，這並不等於說所有的人都積極參於政治性活動，他們每天為生計奔波，更關心自己和家人如何在這完全陌生、時而冷酷和充滿種族歧視的環境中生存並活得好。對於許多外省人來說尤為如此，原籍大陸的陀醫生就是一個很好的例子。陀醫生於一九六六年從台灣大學獲碩士學位，同年便來美西海岸一所大學讀博士，三年後畢業，又在南方一家醫院作博士後，之後又攻讀醫學博士，一九八三年終於在紐約一家醫院安頓下來。陀醫生在此期間把妻子和女兒也辦到美國。他們跟大多數職業華人一樣，經常跟親戚朋友保持聯絡，周末經常去中餐館用餐；他們慶祝中國傳統節假日，但更喜歡美國的感恩節、聖誕節和元旦；每年“雙十節”時，陀醫生一家常去他弟弟主持的中國學生會國慶晚會湊熱鬧。另外陀醫生還參加由台灣外省移民組成的河南同鄉會，他妻子則屬於東北人同鄉會，夫妻二人對華美人的社區活動很積極，定期參加當地華美選民協會的會議。[23]像陀醫生一家的“新中産階級”在美國的生活還算舒適，在政治上更認同中華民國，在文化上更認同中國文化。

胡先生也是大陸出生的外省人，一九四九年隨國民黨來台灣，一九六八年他從軍隊離休，在台北一家貿易公司求職，次年他受"留美熱"的感染放棄還算豐厚的薪水來美求學，學成後幾經換工作，在紐約市政府一個部門做過電腦系統分析，後因爲白人和黑人對他的種族歧視而辭職，同時他也曾因爲在國民黨軍隊當過官而受同事懷疑。他幾經失業，曾爲了找工作把變白的頭髮染成黑色。胡先生後悔當初不應該離開台灣，他在美國的波折使他認識到加入像華美選民協會那樣的華人組織的重要性。胡先生最關心的問題是怎樣能在美國生存下去，怎樣能擁有自己的房子。[24]

　　七十年代一系列的外交事變改變了台灣在國際社會中的政治地位，對台灣島内外的人民震撼極大。首先是一九六九年底美國開始與中共恢復談判；一九七一年尼克松的國家安全顧問季辛格密訪北京；同年聯合國大會投票肯定了中華人民共和國在聯合國的合法代表權，並立即驅逐以蔣介石爲代表的中華民國；一九七二年美國總統尼克松正式訪問大陸並與中共聯合發表了"上海公報"，肯定了一個中國的原則；同年日本與北京建交。由此國民黨政府的地位每況愈下，到了一九七八年與其邦交國從一九七一年的五十四個急降到二十一個。此間美國還開始從台灣撤減駐軍和顧問，停止無償軍事援助。對台灣最沉重的打擊是一九七八年美台斷交，次年中美建交 (在此之前英國和法國早已與北京建交)。[25]

　　美國對台灣的"拋棄"造成了台灣外交上日益孤立，不僅損害了國民黨政府在台灣的信譽，也影響了台灣居民和台灣移民的處境。台灣居民怕中共以武力收復台灣，大批申請出國並將資本移至國外，台灣人移民美國的勢頭有增無減。如果不是美國決定於一九八二年單獨撥給台灣二萬移民名額，台灣人必須和大陸移民分享原撥給中國的二萬名額。由於台灣與美國的關係降爲非官方性質，此間從台灣入境美國的台灣人地位也隨之變化，他們從中華民國的公民變成無國籍人士，美國人把台灣看作 "隱形國" 或中華人民共和國的一個省。這一夜之間的變化使很多台灣人一時不能接受，於是在衆多留學生或華人社團聚會上，經常出現台灣人熱泪盈眶地高唱 "梅花頌" 或 "中華民國頌" 的情景，表達了衆多台灣人的失落感。[26]

當一部分台灣人深感失落時，另一部分人卻投入了新興的民主化運動，國民黨政府在七十年代的外交焦困在台灣留學生和知識分子中激起了又一波抗議政府的波瀾。此時島內的有識之士的民運抗議目標有所改變，他們不再強調推翻國民黨政府以達到台灣獨立的目的，而開始提倡從實際出發，迫使政府放棄反攻大陸的企圖，促使台灣的政治和社會大開放、學術自由、經濟發展，最終建立一個與中共體制遙遙相對的自由台灣。他們不顧政府的壓制，組織各種形式的抗議活動，並大力推廣 "鄉土文學"，用台語寫作，弘揚地方風氣和傳統文化。與此同時，台灣移民也在美國遙相呼應，各種組織紛紛行動，如一九七六年在紐約成立的台灣人權協會 (FAHR)，與國際大赦組織和其它人權組織合作，揭露台灣島上的人權侵犯案，爭取島內被政府監禁的持異見者的釋放。又有很多美籍台灣民主人士踴躍批評國民黨政府，七十年代一度活躍在美國的陳文成博士就是因爲強烈抨擊政府而遭暗殺。[27]島內島外的抗議活動和台灣 "鄉土文學" 的復興加深了台灣居民和美籍台灣人新的自我意識，台灣移民的活動促使美國政府給台灣施加壓力，最終結果是八十年代台灣的政治鬆綁和九十年代自由民主的實現。

三　八十年代和九十年代台灣新移民的認同

自六十年代，外省人和台灣當地人民不斷通婚，導致各類人口的融合。外省人的語言和認同也正在本土化，很多人放棄和大陸地名相關的稱呼，也開始像本省人那樣認同台灣了，因此前面所提到的三種台灣居民已不能準確顯示這二十年來台灣人口的真實面貌。陳水扁曾用"落花生"來取代"蕃薯"和"芋子"之分，描繪今天的台灣人，就連蔣經國在晚年也認同自己是台灣人。經過民主選舉而當選的李登輝總統於一九九八年提出"新台灣人"的概念，更準確地反映了台灣人口的現狀。李總統的新概念肯定了所有台灣居民對台灣做出的貢獻，表達了台灣人的主人感和自信心，是對大陸優越感的挑戰。[28]

由於族群的融合和新台灣人的認同，八十年代以來的入境的台灣移民也很少以"外省人"或"本土人"認同自己的族群背景，更多的台灣移民認同自己是台灣人或台美人。這個新認同的塑造是在以下背景之下進行的：台灣的政治民主化和經濟飛躍、大陸的經濟改革和對台的統一攻勢、兩岸關係的起伏不定、台灣法律地位之未決、美國社會向文化多元性發展。當台灣人致力於新台灣人的建立的同時，台灣在美國的移民也忙於塑造台美人這個新認同，以別於華美人或亞美人的認同。

　　一九七五年，蔣介石去世，其子蔣經國繼承父位。台灣在國際社會中的日趨孤立、島內外要求解黨禁和政治改革的呼聲、台灣居民對黨外人士的支持、以及美國的壓力，迫使蔣經國實施初步的民主化。八十年代初，一些黨外人士不顧戒嚴令，出版發行各種刊物雜誌，以推動民主化運動。他們違黨禁，成立具有反對黨性質的"黨外公務人員政策研究會"。在美國的台灣人與此同時遊說國會和美國人民，說服了親台的雷根總統在《一九八六－一九八七年度外交事務授權法案》中，要求蔣經國政府採取實際步驟施行政治民主化。隨後美參議院也通過《台灣民主化決議案》，向國民黨提出解黨禁的要求。一九八六年，一批黨外人士不顧禁令，在台北成立了"民主進步黨"，提出了解除戒嚴令、改造國會、讓台灣居民自己決定台灣的前途等口號。[29] 同年國民黨結束黨禁，次年又解除戒嚴，蔣經國指定本省人的李登輝為副總統。一九八八年蔣經國去世後，李登輝為代總統，隨之更多的本省人參政，台灣的政治民主進程加快。一九九一年台灣第一次民主選舉國大代表；一九九六年，台灣舉行了第一次總統大選，李登輝以百分之五十四的選票獲勝，並深化政治本土化。二零零零年三月台灣又舉行總統大選，反對黨候選人陳水扁獲勝，台灣的民主進程使留美同胞無不歡喜，他們踴躍回台投票，表達他們的政治願望，對大選的關心給他們的認同添加了新成分——對台灣進步的驕傲，對台灣前途的自信。

如果説台灣的民主化增強了島内外台灣人的自我意識，大陸的經濟改革和兩岸關係的演變對台灣人和台美人的認同更起了決定作用。一九七八年起，大陸經過“十年動亂”的浩劫之後，開始了舉世矚目的改革開放。經濟改革先從農村的承包制開始，逐漸延伸到沿海城市的經濟特區和經濟技術開發區，最終擴展到目前全大陸範圍内的經濟體制改革。經過二十年的改革開放，大陸經濟取得前所未有的成就，對外貿易額從一九七八年的二百零六億美元驟升到一九九四年的二千三百億美元，大陸一躍爲世界第十一位貿易大國；同年外商在大陸投資達九百五十五億美元，外企的進出口額達八百七十六億美元，佔大陸總進出口額的百分之三十七。到了二十一世紀，大陸已初步建立了市場經濟的格局。[30]

改革開放，引用外資，外向型經濟的建立和深化改革，與兩岸關係的改善並行，一九七九至一九八七年，兩岸關係從敵對轉爲和平對峙和互相往來時期，其解凍的動力先來自於大陸。一九七九年中美建交後，大陸向台灣當局發動連續和平統一攻勢，先是發表《告台灣同胞書》，提出尊重台灣現狀、和平統一中國和“三通”(通郵、通航、通商) 等主張；一九八一年中共人大委員長葉劍英又提出國共兩黨對等談判的主張；一九八四年，鄧小平進而推出“一國兩制”的新模式。在中共的攻勢下，國民黨政府以“三不”(不妥協、不接觸、不談判) 和“貫徹以三民主義統一中國案”來抵擋。一九八七年以後，隨著台灣戒嚴解除和開放台灣居民到大陸觀光探親，兩岸關係進入互動和民間交流階段，一時間，台灣居民、特別是一代老大陸人，紛紛訪大陸看故鄉，形成一股"大陸熱"。人們常聽到台灣人娶大陸女或老大陸人回故鄉受全村上千人的夾道歡迎的報導，台灣人張明敏作的"龍的傳人"這首歌風靡大陸和台灣。[31]

一九八九年大陸的"六四事件"暫時給台灣人潑了一頭冷水，此後的兩岸關係起伏不定，民心也隨之起伏。此間有兩股勢力對台灣居民和海外的台灣移民的認同起相對影響——兩岸經濟關係的步步緊密和兩岸政治關係的逆轉。兩岸交流中最突出的成就是經濟交流，台灣開禁不到兩年，兩岸貿易便達到四十億美元，到一九九七年突破二百六十四億美元，台灣對大陸貿易佔其對外貿易總值百分之一百一十二。大陸對台進口則佔其總進口額的百分之十五點八，大陸成爲台灣的第四大出口市場和主要投資對像，大陸貿易成爲台灣外彙的主要來源；台灣成爲大陸的第二大進口夥伴和第三大外資來源。兩岸的經濟往來致使美籍台灣經濟學家呼籲兩岸政府"高瞻遠矚"，"放棄狹隘的主權觀念"，"尋求和平共榮的途徑，掌握這百年一現的機遇"，結合兩岸經濟力量和資源共建世界經濟的"第四極"。[32]

兩岸的經濟和文化交流促進了兩岸人民的瞭解，似乎更有助於中華民族認同感在台灣的建立，但就九十年代以來的發展趨勢來看，以台灣爲認同的台灣人有增無減，癥結在於兩岸政治關係的死結。李登輝執政後期的"彈性外交"曾激起中共極度不安，爲了防台獨，大陸先以優惠投資促進兩岸互依；到了一九九六年總統大選，鑒於李登輝的台獨傾向，中共又以飛彈演習來恫嚇，使兩岸關係一度僵持。一九九七年香港回歸中國，這對兩岸三方

的經濟融合帶來一線希望，另一方面，中共 "一國兩制" 模式和
台灣的 "對等談判" 的要求使兩岸統一又陷僵局。二〇〇〇年三月
台灣的總統大選前夕，中共發表了《一個中國的原則與台灣問
題》的白皮書，台灣當局對中共聲明的解釋是：要麼在二零零七
年 "嫁給" 我，要麼就被致於死地。中共的文字威脅伴隨著軍事
威脅，更使兩岸關係又陷入低谷。民進黨候選人的陳水扁當選前
曾大談台獨，當選後因大陸的武力威脅、海外華人和在大陸投資
的台商以及國民黨統派的壓力之下暫時收斂台獨言詞，在其總統
就職演說中不提台獨，不讓兩國論入憲，不舉行統獨公投，但回
避對一個中國的根本原則的表態。陳水扁的演說強調 "兩岸人民
源自相同的血緣、文化和歷史背景" 等於是推翻了 "台灣不是中
國人" 的論詞。[33]

　　在高壓下，台灣居民又是如何反省認同問題的呢？九十年代
兩岸關係的大起大落對台灣人和台灣移民認同的影響是眾多大陸
人民和官員所不能理解的，中共動則威脅用武，使一些台灣人有
意識地將文化與政治認同區分開來。他們說：台灣人文化上是中
國人，政治上是台灣人。[34] 近年來的民意測驗又顯示，大陸對台
態度越是強硬，認同中國人的台灣人 (包括在美國的移民) 就越
少，這是因為中國人這個概念被政治化了，似乎認同中國人就等
於認同中華人民共合國和承認台灣的附屬地位。台灣行政院大陸
委員會二〇〇〇年五月公佈的一份抽樣民意調查就顯示了台灣人的
民心反彈：一九九三年一月，兩岸政治關係比較穩定，受訪的一
千多台灣居民 (年齡在二十至六十九歲之間) 中有百分之四十八點

五的人認同自己是中國人，只有百分之十六點七的人認為自己是台灣人；到了二〇〇〇年二月大選迫近，在大陸文武攻勢下，認同是台灣人的升至百分之四十五，認同是中國人的只有百分之十三點九，百分之四十的人認為自己既是台灣人也是中國人，也就是說這組人會根據兩岸形勢發展而兩邊倒。與此同時，調查還顯示希望維持兩岸現狀以後再決定是否統一的人佔多數 (百分之三十五)，而希望盡快統一者比希望立即獨立者還少，只有百分之二點四；對大陸提出的 "一國兩制" 模式解決兩岸問題，絕大多數人 (百分之七十八點八) 持反對意見。另外一份蓋洛普公司一九九八年的調查顯示百分之六十八的台灣民眾接受 "新台灣人" 的概念。[35] 這些數據證明兩岸關係對台灣人自我認同的巨大影響力，但這並不等於說台灣的年青人也關心兩岸關係的發展，很多年輕人對大陸、中國、中國文化、共產主義、統一之類的問題甚感遙遠、混淆，他們更關心島內大事。一位黃小姐談起她一九九九年八月大陸觀光的感受時說： "大陸很髒，人人隨地吐痰。他們瞧不起我們，把我們當勢利鬼，我可不開心。" 一位二十八歲的企業經理說： "台灣是一個國家，我們和他們不同，他們要我們做什麼？" [36]

儘管我們沒有同樣的民意調查來反映台灣在美國移民的態度，我們可以通過各種媒介略見一斑。像廖述宗、施忠男那一代的曾為台灣民主自治奮鬥過的老台灣人，仍然堅持台灣人應有自主權，只不過他們從前的抨擊對像是國民黨政府，今天的對象是大陸。他們強調台灣人有擺脫大陸的自治權，這個權力受聯合國憲章的保護，他們指責大陸無權將其統一模式強加給台灣居民頭上。六十、七十年代外省背景的台灣移民的態度則變幻不定，他們大多希望隨著大陸實現民主化，兩岸關係自然會得到解決。現任《美中新聞》(發行於美國中西部的華語報紙) 社長、父母均從大陸隨軍來台的張政榮先生說："我們不在乎統一，關鍵是人民必須有和平自由的環境，有了這個前提，哪個政府掌權都無所謂，大陸如果實現自由民主，我們還巴不得統一呢。我們台灣移民因為台灣的法律地位沒解決，走到哪辦事都很難。" [37] 張先生的話反映了今天很多台灣移民的思想。

今天的台灣移民，特別是留學生和年輕的專業技術者，因為在台灣或美國長大，對大陸瞭解甚少，感情淡薄。大陸號召海外華人擁護統一，用 "落葉歸根" 來激起華僑愛國之情，在這些台灣移民當中沒有激起多大反響；相反，在美國多元政治、文化的社會空氣激發下，他們積極塑造台美人的新形像。他們在校園、華人社區、互聯網、報紙上大談台灣文化、台灣實體、台灣歷史經驗和台灣人民自治權，對大陸和平統一攻勢形成挑戰。但是，在不斷塑造台美人形像的過程中，他們也面臨著兩大挑戰：其一是如何說服曖昧的美國民眾 (包括各種背景的美國華人) 承認台美人這個新文化認同，其二是如何提高第二代台美人的自我意識和台灣傳統的概念。爲了克服以上阻力，台灣移民通過參加各種學術、商業聯誼組織以及弘揚台灣傳統的活動來表達他們對台灣文化的認同。

就台美人組織而言，以下非政治性組織比較有影響：全美台灣同鄉會和與其相競爭的全美台灣同鄉聯誼會、北美洲台灣人教授協會、北美台灣人醫師協會、美國台灣文化中心、台灣人公共事務委員會、全美台美學生會、台美人公民團和北美台灣婦女協會。爲慶祝二〇〇〇年亞裔文化週，傾向於台獨的全美台灣同鄉會聯合其他台美人社團在美國各地舉辦台美人傳統週(五月七日至十四日)以相呼應，他們的節目包括藝術品展覽、音樂會、食物烹飪與品嘗、台製商品展覽、台美人故事等活動，旨在提高美國民衆對台美人有別於其他亞裔族群的傳統的認識，增進台美人對台灣的認同。[38] 台美人的活動明顯地獨立於同時舉辦的中國文化週的活動。另外，台灣人公共事務委員會爲了"挽救"第二代台灣移民建立了"第二代台美人聯絡網"，以助隔代溝通，鼓勵那些正在美國化的年青人學台語，訪台灣，參加社團活動，增強他們對台灣傳統的認識和對台灣的認同。台美人學界也向美國傳統的台灣研究挑戰，出版了大批有關台灣歷史和文化的專著，最突出的例子是台美教授Keelung Hong與美同行Stephen O. Murray合著的《台灣文化與台灣社會：對有關台灣的社會學研究著作的評述》。洪教授以異常強烈的語言批評美國人類學家和大陸學者歷來輕視台灣文化的學術作風，指責這些人身在台灣實地考察，心裏想的不是台灣文化，而是"像長頸鹿似的隔著台灣海峽望大陸"，試圖"透過台灣看傳統的中國文化"。[39] 也有的台灣史學家致力於所謂新台灣史的研究，這些專著的共同特點是以台灣和台灣人爲出發點和重點。

　　以上活動都爲一個主要目的——建立台美人的獨立形象，這個過程與新台灣人的崛起並行發展。至於台灣移民和台灣人的新認同是否會被世人所共認，我們將拭目以待。

四　對未來的展望

　　台灣新移民文化認同的塑造是一個不斷進行的過程，它跟台灣未定的法律地位、台灣居民文化認同的塑造和演變緊密相連。七十年代以前，島內外台灣人的文化認同和自我意識是建立在代表外省人和“大中華文化沙文主義”的國民黨政府壓制佔島上居民百分之八十以上的本省人和他們的文化之背景下的。島內外省人以中國文化衛道士自居，強調中國文化在台灣的主導地位，原籍大陸的台灣移民也趨向於這個觀點。島內本省人在壓抑的氣氛中逐漸建立其自我意識，移民美國的本省人更是利用美國寬鬆的環境，大談民主自治，強調台灣本省人的文化如何區別於來自大陸的主流文化。

　　八十年代以來，國民黨政府在外交上連連失利，其獨裁統治的合法性受到懷疑，台灣的法律地位懸而未決，大批大陸移民湧入美國，帶來不同的信念、習俗、價值觀念。台灣人的 (包括移民) 文化認同和新的自我意識，建立在台灣民主化和現代化與大陸一黨專制、體制落後、民眾素質低下、道德觀念每況愈下所形成的鮮明對比之上，台灣懸而未決的法律地位和來自大陸的壓力影響到不同群族背景的所有台灣人。如今台灣文化已變成所有台灣居民的文化和台灣新移民文化認同的基礎，本省人的自我意識已經變爲全體台灣人的自我意識，自由的台灣已成爲台灣人的集體認同。隨著島上民族融合，外省人和本省人的區別正爲"我們" (即台灣人)相對於"他們" (即大陸等地的中國人)所代替。這些演變也反映了台灣移民在美國的文化認同，他們正試圖以台美人的獨立形象在亞裔人中爭一席之地。

台灣移民新認同的不斷塑造對其本身的地位和華人社區的凝聚性有深遠影響。亞裔在美國的成就是衆所週知的，亞裔不再受各種法令的歧視，在國會有政治代言人，在法律上受到保護，在文化上可以盡情發揮各族群的文化，亞裔從八十年代起被譽爲"模範少數民族"。儘管亞裔不再受公開的官方歧視，亞裔人的"成功經驗"並不能掩蓋他們所遭受的許多不平等待遇，比如，美國的高層管理行政階層很難看到亞洲人的面孔，各行各業似乎對亞裔晉升提職竪立了無形障礙。資本雄厚的新移民 (特別是台灣人) 在美國建商場、辦銀行、買房地産，時時引起當地居民的妒嫉和怨恨。美國大學校園不時發生針對亞裔學生的種族衝突事件，以至於M.I.T (麻省理工學院) 被白人學生外稱爲 "Made in Taiwan" (台灣製造)。[40] 亞裔人作爲一個整體所面臨的挑戰證明了亞裔各族群間 (華人爲最大族群之一) 有必要團結和協調行動，以共同克服社會、種族障礙。然而，大陸與台灣的實際分裂不可避免地反映到華人社區中台灣移民和大陸移民的關係上，他們之間的合作是有限的，他們在多種場合下的競爭和分裂是兩者關係的主要趨勢。只要台灣的法律地位得不到解決，只要大陸不放棄武力收回台灣的可能，台灣和大陸移民之間的互不信任將繼續下去。

　　台灣移民文化認同的不斷塑造還會受種族和族群融合的影響。美國二〇〇〇年的人口普查表一改歷來的種族分類，給跨種族結合者的後代選擇雙重種族背景的機會，許多第二代台灣移民借此機會表達他們的自我認同，即選擇 "亞裔" 一欄，也填寫 "其他" 一欄爲 "台美人" 等等。[41] 種族和族群融合正處上升趨勢，台灣移民也面臨同樣的問題，他們的後代將如何解決多重種族和族群背景問題，我們將拭目以待。

　　我們不能不忽視大陸的經濟改革和未來不可避免的政治變革對將來台灣群體認同的影響。台灣目前的群體認同主要是建立在與大陸政治、經濟和文化相對的基礎上，但是隨著兩岸經濟文化交流不斷增長，台灣人在大陸投資的劇增，大陸與台灣的相互依賴性(特別是後者對前者的依賴性)加大，台灣人能否繼續保持現在的群體和文化認同？如果大陸將來真的實現政治民主化和現代化，如果大陸和台灣真的實現和平統一，台灣的新認同會不會隨之而消失？台美人的新認同會不會隨之而改變？

作者簡介

　　張玲：原籍遼寧省大連市，上海外國語大學英語系學士，畢業後在大陸《中國建設》雜誌英文版作記者、翻譯，美國西伊利諾大學歷史系碩士，美國北伊利諾大學歷史學博士。現爲美國DePaul大學歷史系講師。主要研究和教授題目爲美國對外關係史(特別是美國及西方列強對清末民初的經濟、財政、政府機構改革的政策)、中美關係史、美國亞裔史。

注釋

1. Grace Lin與作者談話記錄，芝加哥，2000年4月4日。

2. 鍾孟學等著，《台灣的故事：社會篇》，第二版 (行政院新聞局，2000年)，頁2。

3. Hsang-shui Chen, *Chinatown No More: Taiwan Immigrants in Contemporary New York* (Ithaca: Cornell University Press, 1992), 頁 5.

4. Daivd M. Reimers, *Still the Golden Door: The Third World Comes to America*, 2nd ed. (New York: Columbia University Press, 1985), 頁 26.

5. Franklin Ng, *The Taiwanese Americans* (Westport, Connecticut: Greenwood Press, 1998), 16.

6. 廖述宗與作者談話記錄，芝加哥，2000年9月29日。

7. Ronald Takaki, *Strangers from a Different Shore: A History of Asian Americans*, revised ed. (Boston: Little, Brown, 1998), 頁 420.

8. 同上，頁 420 – 421; U.S. Census Bureau and U.S. Department of Commerce, *We the Americans: Asians* (Washington, DC: U.S. Government Printing Office, 1993), 頁 2.

9. Chen, *Chinatown No More*, 頁 63 – 64.

10. 同上。

11. 同上，頁65 – 66。

12. Ng, *The Taiwanese Americans*, 頁 62 – 65。

13. 施忠男與作者談話記錄，芝加哥，2000年10月4日。

14. Ng, *The Taiwanese Americans*, 頁 5, 67 – 68。

15. 廖述宗與作者談話記錄，芝加哥，2000年9月29日．

16. Ng, *The Taiwanese Americans*, 頁 20 – 22．

17. 廖述宗與作者談話記錄，芝加哥，2000年9月29日．

18. Stephen O. Murray and Keelung Hong, *Taiwanese Culture, Taiwanese Society: A Critical Review of Social Science Research Done on Taiwan* (Lanham, MD : University Press of America, 1994), 頁 1 – 2．

19. 同上，英文原文，頁1．

20. 陳水埤編譯，《台灣歷史》，第十章． Retrieved Oct. 15, 2000 from the World Wide Web: http://www.leksu.com/leksu-c.html.

21. Murray and Hong, *Taiwanese Culture, Taiwanese Society*, 頁 3．

22. Nancy Bernkopf Tucker, *Uncertain Friendship: Taiwan, Hong Kong, and the United States, 1945 – 1992* (NewYork: Twayne Publishers, 1994), 頁 77 – 78, 94 – 97．

23. Chen, *Chinatown No More*, 頁 130 – 134．

24. 同上，頁139 – 142．

25. 張亞中、李英明，《中國大陸與兩岸關係概論》(台北： 生智，2000)，頁184 – 186．

26. Ng, *The Taiwanese Americans*, 頁 17 – 18．

27. Formosan Association for Human Rights, Inc. homepage, http://www.fahr.org (May 9, 2000); Alan M. Wachman, *Taiwan: National Identity and Democratization* (Armonk, NY: M. E. Sharpe, 1994), 頁 135 – 139．

28. 鍾孟學等著，《台灣的故事：社會篇》，頁46．

29. 陳水埤編譯，《台灣歷史》，第十一章。

30. 鄭竹園，《大陸經濟改革與兩岸關係》(台北：聯經，2000)，
    頁39 – 43。

31. Ng, *The Taiwanese Americans*, 頁 111 – 113.

32. 同上，頁 22 – 24, 27 – 28。

33. "China's White Paper,"February 21, 2000; Chen Shui-bian's
    Inauguration Speech, May 20, 2000, Retrieved May 30, 2000 from the
    World Wide Web: http://www.fapa.org/update/chinawp/index.html;
    "暫無軍事緊張，續對台施壓"，《世界日報》，2000年5月
    21日，就職特刊。

34. 鍾孟學等著，《台灣的故事：社會篇》，頁10。

35. 同上；行政院大陸委員會，《中華民國台灣地區民衆對兩岸關
    係的看法一》，民國八十九年五月。

36. Isabella Ng, "Taiwan's Youth Talking' about Their Generation,"*Time
    Asia*, March 6, 2000, vol. 155, No.9. Online.

37. 張定民與作者談話記錄，芝加哥，2000年11月11日。

38. "2000 年台美人傳統週LOGO 甄選" Retrieved Aug. 30, 2000 from
    the World Wide Web: http://taa.formosa.org/heritagem.html.

39. Murray and Hong, *Taiwanese Culture, Taiwanese Society*, 頁 3 – 5.

40. Takaki, *Strangers from a Different Shore*, 頁 472 – 484.

41. U.S. Census Bureau, "Racial and Ethnic Classifications Used in Census
    2000 and Beyond."Retrieved Oct. 30, 2000 from the World Wide Web:
    http://www.census.gov/population/www/socdemo/racefactcb.html. Last
    revised April 12, 2000.

台灣

印象記

媽祖是中國人，台語是閩南話
——訪台日記

邵勤

7/25–26/00，肯尼迪機場——成田機場

在肯尼迪機場開始了這次台灣半月旅的第一步，心中好奇而茫然。行前寫信給上海的親友，說這次終於要去參觀這塊祖國的寶島了。但這塊寶島對我來說充其量只是一個抽象的概念，其間有些模糊的碎片，例如舞臺上的阿里山姑娘，三毛的如詩散文，但這些似乎也都變得遙遠而渺茫了。

印象較深的是八十年代讀到的、台灣出的一本湯因比史學著作中由一位台灣作者寫的前言，既有才氣，又有思想，令我對年輕一代的台灣史學家刮目相看。但那作者的名字，也早已離我而

去了。這幾年每次回國，總聽說這裏那裏有台灣人開的店，如永和豆漿店，爲我所喜歡，但嘗遍那裏的小吃並沒有增加我對台灣的感性瞭解。近年來台灣的政治變化，特別是今年的總統選舉，經常爲美國新聞界所報道，但我只是帶著學術興趣去關心而已。

幾週前告知史國良我來台的計劃。史是一位在台灣作研究的美國人類學家，對台灣情有獨鐘。因知我寫過中國的茶館，便說要陪我去陽明山喝茶，眺望台北的夜景，還要介紹我與幾位台灣的青年作家見面。我聽了既高興又恐慌，因我對台灣當代文學和大衆文化所知甚少，結論似乎很簡單：我差不多是一個台灣盲。

可是如果不是由於歷史的陰差陽錯，我很可能成爲千萬個生在台灣、長在台灣的大陸人。我父親是國民黨黨員，上海解放前買好了一家去香港的機票，當時的一家就我父母和我大姐。他們準備先去香港，再看情況去台灣，可共產黨的統戰把我父親留在了上海。五十年代中期他因歷史反革命罪判刑入獄，過早去世。在因黑幫家屬而遭罪的日子裏，母親總是埋怨父親的一念之差，說當時若去了香港或台灣就好了。當時香港和台灣都是忌諱的字眼。母親只是在家中悄悄地、憤憤地說，完了總關照我們不許到外面亂說闖禍。所以在我的心目中，台灣和香港是令人嚮往的禁地。

1997年夏香港回歸大陸。我首次去港，在香港中文大學當訪問學者三月，在港期間目睹回歸前後的香港，學到不少關於香港的知識，回美後開了一門以香港政治和文化爲課題的研究班。但作爲個人而言，我所得到的是一種感情的解脫。香港彈丸之地的擁擠和壓抑，殖民文化的充斥，港民的失落和彷徨感與西方人在

港的似乎與生俱來的自在和優越感的鮮明對比，都使我陷入對歷
史和現實的深思。顯然，無論父親當時的決定是留是走，他都會
因此而付出沉重的代價。

如今我將面對台灣。作為學者和個人，我將在這次台灣之行
中得到什麼呢？雖然我對台灣瞭解甚少，但希望我帶來的這張白
紙，回程時將是墨跡累累。我期待著與台灣的相見。

7/27/00，東京──台北

夜宿東京。今晨在成田機場飯店用了一頓豐盛的中國式早
餐，意識到確實已身在亞洲。上午坐日航亞細亞航班去台北，一
路上希望碰上代表團的其他成員，但直到上機都既沒看到熟人，
也沒看到可能是代表團團員的陌生人，所以上機後便坐下來看報。

今天報紙的頭版頭條為兩則分別發生在東西方的悲劇性事件
所佔領：協和機巴黎墜毀 113 人遭難；台灣八掌溪洪峰 4 人喪生。
前者是當日新聞，後者發生在 7 月 22 日，對此的報道已不是事件
的本身，而是該事件對社會和政治的影響。比較起來，巴黎的空
難無疑嚴重的多，其原因恐怕也有人為的因素，但法國對此事的
處理完全是按制度辦事，有關機構從事對事故原因的調查，並未
導致對任何個人和政府的壓力。而且該機的 109 位乘客大都是德
國人，如果德國政府一味指責法國，將會引起兩國的磨擦，但德
國方面表示出驚人的理解和控制力，他們派人協助法國共同調查
事故原因。

　　正如對協和機災難的處理反映了歐洲社會的制度化和穩定性，八掌溪事件引起的振盪説明了台灣社會和政治的若干值得關注的問題。當然，在電視直播中看到四人掙扎達四小時之久而在有關營救部門互相推諉和拖沓的情況下終於喪生，是觸目驚心的。政府有關部門自然在責難逃，但此事立即引起一系列政府高級官員的辭職，其中包括行政院副院長，行政院長唐飛也被迫提出辭呈，只因總統力挽才未下台。陳水扁本人在民意測驗中很快下跌了十個點。聯想到去年台灣大地震，輿論也有對政府救援不力的指責，但並未造成如此強烈反響，其中反映的問題是值得深思的。

　　地理政治是一方面的原因。台灣之小使得這類事件對每人似乎都有直接的影響，而美國、中國大陸和澳洲等國浩大的疆域則會緩衝這種影響，但陳水扁新政府的脆弱則恐怕是更重要的原因。很多對此事件的報道都是以此事爲由而引伸出對陳政府的不滿，從大學教授到家庭主婦，或者是指責民進黨和陳的無能，或者是批評新政府忙於就職時 "作秀"，不顧人命，或者是揭露救護用的直升機被高級官員挪用而造成救護力量不足。即使是對高級官員的辭職，輿論也認爲只是 "棄車保帥" 而表示憤慨。這些指責，有反映官僚政治通病的一面，但更多的是反映了對陳政府的懷疑和失望。其中政黨政治無疑起了推波助瀾的作用，國民黨和其他反對派勢力乘此機會打擊民進黨和陳的威信似乎是勢所必然。顯然，民進黨和陳水扁面臨著在多黨政治的社會中競爭和在多元化的民眾群體中建立威望的強力挑戰，這是中國歷史上以前的政黨所沒有經歷過的新課題。國民黨對此有過短暫的嘗試，但是經驗的積累和制度的完善需要時間以至幾代人的努力。由此看來台灣政治目前的不穩定，無論有無悲劇性事件的觸發，似乎是社會經歷重大轉折時的必然。

帶著對台灣政治不穩定的感覺進入桃園機場，坐上大同盟派來的徐先生的車駛向富都飯店。一路上與徐先生聊天，發現他熱情而平和，好客而得體。他回答了我的很多問題，告訴我台灣人生活得很好，他的一家和他的岳父母一家都有汽車，多數台北人都有車。接著他建議我應去逛逛台北頗有特色的夜市，並給我介紹了幾處，可因我剛下飛機，沒有方向感，對他所說的夜市一無所知。他大概看出來了，特意彎了一點路帶我去看離富都飯店不遠的晴光夜市。我覺得他這樣做完全是出於對客人的熱情和對台北的熱愛。途中我回憶起以前曾讀過的一篇題為《台北太沉重了》的報道，是關於台北交通擁擠的情況，便隨口問到："台北交通是否很壞？"話一出口我就後悔用了"很壞"這個帶有價值評論意味的詞。果然，徐先生遲疑了一下，然後很得體地解釋：台北交通不是不好，只是上下班時有點擠。當然，世界上哪有上下班時交通不擠的大城市呢？我一下覺得台灣似乎不再那麼陌生了。

由對台灣政治穩定的懷疑到感受到我在台灣所碰到的第一位台北人的自豪和平靜，我對台灣的初感是矛盾和立體的。

7/28/00，台北——高雄

今天的節目安排的很緊湊。上午首先去行政署新聞局，中午到大同盟座談，下午去國際土地政策研究訓練中心，然後坐車南下，夜宿高雄。

由於今天所到的機構有的屬於官方，有的屬於民間，所以每到一處都有不同的感覺。新聞局作爲政府對外宣傳的喉舌，首先給我們看"台灣經驗和國家發展"的電視片，顯然是官方宣傳台灣的例行一套。該片的開場白是："台灣是中華民國的一個省。"聯想到台北的汽車牌照上都寫着台灣省，我不禁暗忖：那中華民國的其他各省在什麼地方呢？統治僅僅台灣一省的政府能稱爲中華民國的政府嗎？我由此想到國民黨多年來是如何不惜一切代價，苦心經營，創造出這個政治神話，並將這個神話轉變成政治現實：即統治台灣一省的國民黨代表著那個由早期國民黨人創造出來的但早以不復存在的中華民國。但台灣人民是怎麼對待這個神話的呢？他們是否想到中華民國除台灣之外別無他省？作爲似乎是碩果僅存的中華民國的一省之民，他們有何感想？多年來台灣當局把"台灣是中華民國的一個省"作爲一個既成事實介紹給海內外聽衆，以至如今很少有人提出疑問，可見政治權力對政治文化和大衆意識的影響。神話和現實之間並無不可逾越的鴻溝。

如果那部電視片是針對所有的來訪者的，新聞局負責人接下來的介紹似乎是主要針對我們這些根在大陸的學者，因他處處強調台灣與大陸的不同。首先是政治的民主。他談到在台灣只要有

30萬台幣便可注冊一份報紙，台灣現在有很多觀點對立的報紙，如傾向統一的中國時報和鼓吹獨立的民衆日報；並有80多家電視台，電視有85%的滲透力，台灣90多個不同政黨都可以在電視上辯論他們的觀點，民衆可以隨意批評政黨。他認爲開報禁和言論自由是開黨禁後的一個必然結果。聽著他的介紹，我不斷地想到台灣近20年來走向民主化的艱難歷程。

他強調的第二點是台灣的男女平等。他説目前台灣婦女比男性更有地位，比如新聞局的三位長官都是女性。爲了突出台灣的優越性，他指出台灣回大陸的1,300萬 (人次) 老兵最後都決定在台灣定居。當然，他有時對海峽兩岸的比較作過了頭。比如他説台灣現代化使得生活節奏加快，所以他説話很快，而他發現大陸人説話很慢。言下之意，台灣比大陸現代化程度高。這很可能是事實，但説話的節奏又是一個帶有明顯個人特徵的差異，並不能以此擴大到對兩岸政治和社會差異的一概而論。他當然還強調了台灣科技的發展，比如大哥大的普及。似乎是爲了證明這點，在他説話間他的一位部下的大哥大響起了鈴聲，那位部下在會場裏大聲地回話，令人啼笑皆非。

從新聞局出來，我對台灣民主化的程度有了更具體的認識，但同時也感到在台灣存在一種對於自身文化認同的焦慮感。

中午在大同盟與其理事長、90高齡的馬樹禮先生和其年輕有爲的秘書長曾復生先生的座談，則是在一種不同的氣氛中進行的，總的感覺是他們坦誠相見。尤其是馬先生，對近幾年台獨的上升和民進黨執政對海峽兩岸的統一的影響深爲憂慮。據説民進黨希望建立台灣共和國，不承認中華民國。在台獨的壓力下，祖籍江蘇太倉的行政院長不敢說自己是中國人。目前台灣講歷史，只講近400年來的歷史，元明兩朝都被割斷了。馬先生認爲這是爲台獨作輿論。據說民進黨對教育和國史館很重視，教育實行雙語制以示對台語的重視，國史館已任命了一位台灣本省人爲館長——國史意味著台灣史。馬先生特別憤慨地提到呂秀蓮帶隊去日本參加馬關條約一百週年紀念活動以感謝日本對台灣的佔領，他將國民黨的失勢歸罪於李登輝，指出李實際上是台獨，用騙術混淆視聽，打連戰和宋楚瑜的牌，最後把陳水扁送上總統寶座。他認爲目前民進黨是用拖的辦法來爲台獨的成功爭取時間，但他也頗有見識地指出如果陳水扁希望統一，他有可能作出積極貢獻，因他是台灣人。

從大同盟出來，我們便去國際土地政策研究訓練中心。該機構的工作無疑是極其重要的，台灣經濟的成功，在很大程度上是對土地利用的成功。該中心關於農業和土地不僅是關於養活人的問題，而且是關於生態和經濟整體發展的問題反映了現代化宏觀思維的特點，但該中心對其工作的介紹，完全是典型的中國式的官僚和教條的一套。安排我們看的投影介紹盡是干巴巴的條條框框，而那些條條框框又都在發給我們的那本小冊子上。該中心似乎應在如何更好地利用參觀者和他們自己的時間，更有效地介紹他們的工作成果上受些訓練。而且，該中心在其介紹中從未提及外來援助對台灣經濟發展的影響。代表團的中美問題專家翟強因此指出美國農業復興委員會對台灣農業發展的支助。這是他今天第二次提出外來因素對台灣的影響，第一次是在新聞局，事實上承認外來援助對台灣經濟起飛所起的作用並不掩蓋台灣政府和人民自身的努力和創造性。

坐上南下高雄的豪華客車，腦子裏塞滿了今天一天的印象。從"台灣是中華民國的一個省"的神話和現實的互相創造到充滿了象徵意義的事件，比如台灣人任國史館館長，行政院長不敢承認是中國人，呂秀蓮對馬關條約的態度和馬樹里先生對此的憤慨，我感受到台灣政治文化中歷史和現實的不確定性，以及台灣對自身政治和文化認同的焦慮感。在台灣今天對其現實的再創造中，對其歷史和文化的重新定義似乎是勢在必然。但士別三日，台灣已今非昔比，在今天這個多黨派和多元化的社會中，無論是對歷史的重新解釋還是對現實的重新定義都不會再是一言堂，一個神話的出現將會遭到另一個對立的神話的挑戰。從這個角度來說，尤其是對學術研究而言，今天的台灣是社會學家、政治學家和文化史學家理想的研究基地。

代表團在長達五小時的旅途中卡拉OK了一番，從60年代大陸的"中國少年先鋒隊隊員之歌"到80年代流行的台灣校園歌曲"外婆的澎湖灣"，這些歌曲和今天的所見所聞混在一起，恍若隔世。

7/29 – 30/00, 澎湖

昨晚恍若隔世之感差點成爲現實——高雄昨晚經歷了一場輕微地震。我半夜被動感驚醒，以爲是惡夢，及至開燈看到床邊搖晃的立地燈，才知是地震。但不僅賓館內聲息全無，窗外也是一片寂靜，便自我安慰了一番，壯著膽子回去睡覺。因時差早上很早起來，出去與飯店前公園裏晨鍛的高雄人聊天，知如此小震是家常便飯，已習慣了。看來要在一個自然與政治環境均不穩定的條件下生存，人們必須學會把不穩定當作正常生活的一部分。

上午車船兼程去澎湖。澎湖被譽爲台灣的夏威夷，又有"離島中的離島"之稱，因其有64座獨立小島組成，我們主要參觀了澎湖本島。雖然旅遊介紹中提到澎湖有"國際性十足"的水上摩托車等器材，但澎湖的旅遊設施是原始的。當然不是周口店北京人的原始，而是非台北、非現代化的原始，這從新建築的無規則性，旅遊和休閑設施的不配套，土地使用的傳統性上可以看出來。可是讓我在富麗堂皇，充滿傳統意味的墓地以及精緻的廟宇和現代化的高爾夫球場和林立的度假別墅之間選擇，我會傾向於前者。但由於澎湖經濟結構中工、商、服務和製造業的缺乏，澎湖地區在很長時期內依賴於傳統的農、漁、礦等產業爲生，生活艱苦，收入低下，大批人口外流。確實，如何在提高人民物質和文化生活的同時保留寶貴的傳統文化是世界各地現代化過程中的一個難題。當然，澎湖也有自然環境方面的限制，每年自十月開始的東北季風一吹就是半年，使得旅遊業難以展開。近年來在台灣本土旅遊資源逐漸窮盡的情況下，行政院已將發展澎湖國家風景區列爲其12項建設項目之一。不久的將來人們將會看到一個繁榮、興旺、方便和擁擠的澎湖，但他們是否還會看到澎湖傳統和純樸的美則是一個問題。

澎湖充斥著小島文化的傳統特點，即對天公和鬼神的崇拜，各方神靈均被請來保護在與自然搏鬥中的人們。住家門上到處是"風調雨順"、"媽祖保祐"、"基督傳家"的對聯和橫批，加之頗多的寺廟和闊氣而精緻的墓群，都顯示了這一特點。當然，在所有的廟宇中，媽祖宮，即澎湖的天后宮，是最重要的。據說該廟可追溯到明代末年，是福建蒲田地區媽祖文化的延伸。媽祖宮目睹了荷蘭人的入侵，原鄭成功部將施琅代表清朝對台灣的收復，以及日後清代和日本對台灣的管轄。在這個過程中，媽祖宮本身也經歷了眾多的變化，由該廟為中心發展出今天的媽宮老街。事實上，由於澎湖與福建鄰近，唐宋之際便有漢人來此定居，因此澎湖比台灣本土早開發四百多年，珍藏著兩岸歷史交往的許多實物，其中有明代的"沈有容諭退紅毛番排"，乾隆年間築的西嶼燈塔，以及佔地八公頃的光緒年間中法戰爭後建的西台古堡。

如果說對作為歷史見證人的媽祖宮和西台古堡來說，海岸兩地的淵源關係是毋庸置疑的話，現實中這個問題是複雜而微妙的。在距離澎湖風櫃洞不遠的海面上有一只晾著衣服的中型船只，經代表團中天生的社會調查家陳勇瞭解，該船只上住著台灣漁民僱來做工的大陸人，但他們不准離船上岸賃屋居住，只好成天困在彈丸之地的船上生活。他們與岸上只有一箭之遙，但與岸上的社會卻有天涯之隔。那些在海風中抖動的衣服，訴說的是悲哀？是

憤怒？抑或是希望？媽祖若有靈，看到這些很可能是從她故鄉來
的大陸人，將作何感想？

7/31/00，高雄——台北

今天上午由高雄北上，途中在雨中觀看了鹿港的天后宮，然
後在靜宜大學開座談會，傍晚回到台北。

鹿港的天后宮代表著早期由福建眉洲移民帶來的大陸文化和
歷史。鹿港原爲天然良港，與眉洲僅一水之隔，是昔日台灣和大
陸間商業和文化來往的焦點。據說眉洲天后宮始於明永歷年間。
其中的眉洲媽祖聖母像於康熙年間爲保護清軍平定台灣而來，後
留在鹿港，迄今已有三百多年的歷史。因該像可謂福建媽祖的“嫡
系”，所以彌足珍貴。該廟設有媽祖文物館，收集媽祖文物和宗
教民俗史料。幾百年來鹿港天后宮經歷了多次修理和擴建，富麗
堂皇，香火旺盛，並於1997年建成一座眉洲天上聖母香客大樓。

鹿港天后宮的成功不僅象徵著海岸之間剪不斷理還亂的歷史
淵源和現實聯繫，而且反映了台灣宗教文化多元化的特點。如果
說中國文化是以實用主義和兼容包蓄的精神來對待宗教的，鹿港
天后宮是這方面的傑出代表。該宮內既存佛家的衣冠，又見道教
的杖履，天上聖母，玉皇大帝和鬥姥元君均濟濟一堂，相安無
事。更有基督徒李登輝書的“靜海安瀾”高懸於二樓層頂。確
實，以台灣之小，如果宗教上互相排斥，無疑是自取滅亡，如果
把這種包容的精神推廣到對外關係方面，將會對兩岸關係産生什
麼影響？

下午參觀台中的靜宜大學。這是一所重視公識培養、人文素質和英文教育的天主教大學，有學生一萬多。和台灣的許多其他大學一樣，該校教員中有較多洋博士，大約超過一半。校園作爲社會的一角，充分反映了台灣的民主化進程。雖然台灣校園裏不允許政黨活動，但靜宜是一個政黨活躍的學校，其校長是國民黨黨員，並有建國黨主席，有位教授是新黨的國大代表。教育和學術方面相當自由，校方不干涉教學，教授可以講政黨觀念，甚至可以用毛澤東的書當教材。

下午四時在靜宜大學開了一個題爲"中山思想與台灣發展"的座談會，參加者除我們代表團外，還有靜宜企管學院的鐘從定主任，東海大學研究東南亞史的古鴻廷教授和中興大學的袁鶴齡教授。古教授坐我旁邊，一直在琢磨代表團各人爲這次台灣之行擬定的研究項目，並在我的題目"從台語的發展看台灣民族主義的上升"旁打上記號。這是我在開始申請訪台時匆匆擬就而現已放棄的題目。果然，古先生一下就看出了問題，"台語是閩南話，這與台灣民族主義有什麼關係？"當然，我所指的是台語與普通話的對立，前者雖也是中文，但並非像後者那樣爲官方所提倡和強制教育，所以其流行被看作是台灣文化本土化的表現之一。古教授對此的敏感本身說明該課題的可研究性。

這次南下對我來說最大的收獲不僅是具體地認識到媽祖是中國人，台語是閩南話，而且使我感受到現實中人們對這些似乎是簡單的事實的複雜反映。

8/1/00, 台北

今天的早新聞豐富多彩: 台灣政府與美國聯邦調查局聯手查出數百萬台灣設在海外的非法色情網站; 教育部曾部長持雙重護照被彈劾, 陳的新内閣再一次失去面子; 龜山島, 台灣的最後一塊淨土開放, 但限制遊客; 台灣汽車聯合公司虧本, 民眾抗議要求關閉, 交通部長表示政府將不再資助台汽; 台灣一漁船走私大批大陸火腿和豬腸被扣, 貨物被毀; 台灣財政局批準26件投資大陸案。這些新聞中有對政府和社會陰暗面的揭露, 有關於環保和經濟方面的問題, 也有關於兩岸關係的。在對台汽的報道中, 鏡頭顯示了示威抗議的群眾場面。我希望有朝一日, 大陸的新聞界也能如此自由地報道政治和社會的陰暗面。

上午去台灣大陸委員會訪問。大陸委員會屬行政院, 爲總統的大陸政策當顧問, 發揮協調功能。陸委會的鄧副主任給我們作介紹, 他通過一系列數字來説明兩岸聯繫的發展, 如自80年代以來已有四十七萬大陸人次來台訪問, 而台灣去大陸的人次則達一千七百五十多萬, 總得趨勢是走向寬鬆。他提到台灣將逐漸對大陸觀光客開放, 經貿方面的交流更是密切, 台灣在大陸有4-5萬家公司, 投資在300萬美金以上。

確實, 兩岸經貿近二十年來以平均每年36%的速度增長, 其發展是驚人的, 而其影響是相互的。據Philadelphia Inquirer報道, 台灣目前在所有大陸的外來投資中佔第二位, 僅次於香港。台灣對大陸的投資佔其所有對外投資的五分之二。台灣需要大陸的勞工、自然資源和市場，而大陸需要台灣的資金、技術和管理能力，這使得兩岸互相依賴。目前台灣廠商的貢獻佔廈門稅收的四分之一，台灣人的經濟活動是廈門經濟發展的關鍵一環。

但目前兩岸的貿易並非平等。儘管大陸在對世界多數國家和地區的貿易中佔有優勢，但在對台貿易中則有150億美金的逆差，原因之一是台灣不允許大陸在台灣投資。如果台灣將來加入世界貿易組織的話，這類限制將必須放鬆。

由兩岸經貿的關係，鄧副主任談到台灣產業和商界對三通的支持，這自然是毫無疑問的。但兩岸間貿易和文化交流的最可靠的保障是兩岸關係長期的和平和穩定，這點目前似乎並無希望。近年來台獨的發展，特別是李登輝今年年初關於海岸關係是國與國關係的評論，以及大陸幾次試圖對台灣進行徒勞的武力威脅，都使得兩岸關係目前處於緊張狀態。陸委會似乎認為兩岸的統一將取決於未來大陸發展的速度，即"如果二十年後大陸趕上台灣，統一將不成問題；如果交流溝通兩邊都進步，統一將不成問題"。這是否說明台灣當局目前將不會積極尋求與大陸對話的途徑，而採取等待的態度呢？這種等待的態度是否反映了台灣執政黨對統一缺乏誠意，而只是希望爭取時間來為台獨的發展作準備？

帶著這些問號下午走進台灣故宮博物館，一時有置身於北京故宮博物館之感，同樣的炎黃古跡，同樣的漢唐盛世，同樣的明清瑰寶，同樣的中華血脈。參觀者中包括整隊而來的幼兒園暑期"安親班"的孩子們，由老師帶着，給他們講解館內的陳列。聽說故宮博物館新換了一位台灣人當博物館長，敏感者認為這是台灣本土勢力上升的又一表現。但如果當政者真要台灣獨立，任命一位台灣人當博物館館長或其他職務是完全不夠的。他們首先應該關閉這所博物館，把所有的收藏都送歸大陸，然後他們應給全體台灣人洗腦，或者說這個博物館從未存在過，或者說館內陳列的一切均與他們的文化淵源毫無關係。顯然，主張台獨者必須是比蔣家王朝和國民黨更有法道的神話的製造者，而且必須有比蔣家王朝和國民黨統治台灣更長的政治生命。即使如此，他們恐怕也難以磨滅那些安親班孩子們在參觀故宮博物館時留下的對中華民族博大精深文化的自豪和認同感。

8/2/00，台北

上午參觀立法院。身爲國民黨黨員的立法院羅副秘書長是我見到的台灣長官中說話最無顧忌的人，他滔滔不絕地向我們介紹立法院和台灣政府方面運作的情況，對我們提的所有問題都胸有成竹地給予回答，顯然他對他的工作駕輕就熟。

他講話中有幾點對我印象較深。一是他對近代化和西方化一致性的認同，認爲若要近代化則不能不西方化，對此中國沒有理由拒絕，即使在西方化和民主化的轉型過程中產生許多問題也不能因此而放棄對民主化的追求。他舉例說過去台灣立法院開會時打架，但這是民主化過程中的一部分，因當時反對黨處於少數，沒法鬥爭，所以打架發洩，並製造混亂。當時他們沒有執政的可能。以後反對黨不斷發展，增強力量，有希望執政，要顧到形象，所以不打了，也不必打了，因現在有正常渠道發洩。我認爲羅的看法是中肯而明智的。

羅同時表示對與目前中共領導人對話沒有信心，其主要原因是因爲他們沒有受過西式教育，腦子僵化。他因此而極力鼓勵大陸留美學人回國服務，希望在這些受過西方教育的知識分子中湧現出大陸第四代領導人。這樣他認爲台灣才有可能和大陸對話。

這位對西方化和現代化十分推崇的羅先生在談到婦女問題時卻有所不同。他認爲台灣目前有一種男性危機感。羅首先指出從小學開始，由於女生考試比男生好，所以台灣女性目前受教育的程度大大提高，甚至超過男性。加上制度上對女性從政的保障，目前台灣女性立法委員，女性在各部門當長官的，爲數不少。爲此羅先生提議要保護男性，而女性則應自覺放棄現在所受到的保護。根據羅先生的看法，有些職業就是不適合女性，比如外交官，一是女外交官沒法交男朋友，而結了婚的帶著配偶當外交官丈夫也不行，因一向只有外交官夫人，如果懷孕了，挺著肚子接見外國首腦怎麼辦？再比如女司法官，碰到一幫臭男人在法庭上吵架怎麼辦？羅先生真誠地爲這些現象苦惱。但他馬上說，這些都不能在外公開提，因社會反對，要男女平等。他說如果學校提出改革考試制度，保護男生，會成爲笑話。我雖然對羅先生這些言論不以爲然，但還是對他能直抒己見的勇氣表示欣賞。身在官位，他並沒有僅僅成爲官方的喉舌，我同時也對能允許官員陳述個人意見的民主制度表示欣賞。

　　台灣的政治民主還表現在立法院的空間佈局上。民進黨與國民黨的辦公室在同一條走廊上，同走廊上有"請願接待室"。目前台灣對群眾請願實行了一套制度，政府公開承認民眾請願是最直接的表現民主的方法。凡是屬於政策而非法律方面的問題，立法院都接受群眾請願，集體請願團一般可派十個代表與立法委員會對話。由於委員們由國民選出，尤其是1992新法院成立後，委員們與民眾關係密切，有時他們幫助請願者向政府施加壓力，達到目的。據説因此而目前請願者較少。但1992年前，立法院每天都有請願者，他們經常把立法院包圍，諸委員們成爲久經沙場的戰士。目前的轉變，顯然是台灣政治民主制度化的表現之一。

　　在立法院用了一頓上海風味十足的午餐，下午去中央研究院與歷史語言所和近代史所的學者們見面。以爲可以暫時把政治置於一邊，但政治與學術總是形影不離。在近代史所瞭解到因民進黨上台和本土意識的上升，目前台灣史學界對辛亥革命、北伐戰爭、孫中山和蔣介石等課題的研究興趣大降。很多大學和學術機構的三民主義研究所現已改爲國家發展研究所，這種現象與迅速上升的對台灣史的研究形成鮮明對比。因台灣史的項目容易得到資助，材料又便於收集，政治上更是順其潮流，這一切自然鼓勵了對台灣史的興趣。如果説政治和社會的變化對目前台灣史研究的推動作用是顯而易見的話，台灣史的研究對政治和社會的反作用則恐怕要若干年後才能看出來。有識之士當密切注意這方面的動向。

會後承近代史所四位同事盛情，邀請沈于、卿斯美和我一起上處於南港半山腰的天然茶莊吃晚飯。是夜一輪彎月懸於山腰，品著香茶和山珍，與健談而隨意的台灣朋友們聊天，從學術到人生，無拘無束。炎黃子孫，血濃於水，相逢即相識。

8/3/00，台北

上午參觀蔣介石陽明山故居。其建築外表似兵營一般，與其中國園林特色的內部結構配在一起，有點不倫不類。在通往故居的大道上，政治的象徵主義就有所展現。路旁修剪成五顆星的杜鵑花樹據說是爲了紀念蔣介石的五星上將頭銜，故居內的陳列處處體現了蔣氏的權勢和影響。導遊林先生曾在蔣夫人辦的華興中學任職，對蔣公，尤其是對他稱爲"我們的夫人"的宋美齡，有特殊的感情。他如數家珍地向我們代表團一行及二十多位其他遊客介紹故居的陳設。他對宋家三姐妹的評價是："大姐愛財、二姐愛權、三姐愛國"。很多關於蔣家生活中的瑣事，他都講得繪聲繪色。事後我問他怎麼知道的，他說是聽同事們傳說的。口頭文學在流傳過程中必不可免的再創造，恐怕爲這些故事增添了許多動人的細節，可林先生將這些都作爲真實的材料介紹給我們。在講到蔣自信自重的美德時卻沒有提到他膨脹的野心，在宣揚他遵循中國倫理、一家充滿天倫之樂時，卻不提他拋棄自己的妻子、與宋家爲政治而聯姻的事實。

　　林先生每次這樣介紹該故居時，事實上是在延續和強化蔣家的神話和影響。而且此類參觀活動不僅使導遊對參觀者有影響，觀眾之間也互相影響，從而強化導遊的介紹。當林先生講到蔣夫人向黃君璧學畫，黃稱讚蔣夫人非常聰明，一學就會時，站在前排的倪亭和令狐萍一個勁地點頭。我站在一旁，保持著旁觀者的清醒，在心裏善意地解嘲道，"倪亭和令狐萍真是好孩子，林先生說什麼她倆都信了。"由於她倆專注而認真地點著頭，週圍有人看著她們也點起頭來。轉到另一個廳，輪到我站在林先生的前面，他說的什麼我已不記得了，但我發現自己也在身不由己地不斷地點頭。於是便自我嘲笑了一番。原來點頭有時只是表示對他人勞動的尊重，並非是同意的意思。可見在公共場合下我們的行爲爲週圍條件所控制而會傳出虛假的信號。

　　下午在富都飯店參加由大同盟曾博士主持的"兩岸互動的現狀與展望"的研討會，曾邀請的與會者包括國民黨副秘書長邵玉銘，國民黨中央政策執行秘書汪誕平，民進黨中國事務部主任顏建發，台灣國際關係研究所蔡瑋和其他有關人員。我對討論會的形式，即各黨派坐在一起平等地討論問題，很感興趣。他們各自陳述自己的見解，有爭論，但沒有以勢壓人。當汪強調台灣歷來民意調查都指出台灣大多數人要求維持現狀時，我不禁指出這類調查反映的是民衆在對改變現狀無能爲力時產生的一種鴕鳥心理。事實是台灣目前並沒有一個可以維護的穩定的現狀。所謂的現狀是一個流動的靶，一個正在進行和不斷發展的過程。其中新的挑戰和波浪接踵而來，不斷地破壞暫時的穩定，而帶來新的似乎是潛在的、永久的不穩定。所以台灣目前没有可以維持的現狀，籠統地説維持現狀是消極的，也是不現實的。如果國民黨希望防止台獨的發展和促進統一的進步，該黨應該積極地利用現實中對統一有利的因素，推動現實向統一方向的發展，而不是單純地希望保存現狀。因維持現狀意味著等待，而等待很可能使統一失去寶貴的時間。有意思的是，民進黨的顏建發對我的觀點似乎頗爲贊成。

8/4/00，台北

今天拜會設在國家圖書館的漢學研究中心，然後前往國史館參觀。漢學研究中心建於1981，由國家撥款和民間團體共同資助。但隨著本土意識的上升，對漢學的重視受到嚴重影響，在最近的十年内，其經費下降了三分之一。據説台灣大學歷史系目前活躍的大多數是台灣本地學者，那裏中國史作爲外國史來教。在這種情況下，漢學的研究變得可有可無。對此，漢學中心的負責人覺得氣餒而無力回天。

在國史館這種情況同樣可見。國史館新任主任爲台灣人，到任後對國史館的服務方向作了調整。以前是重中央，重大陸，目前的重點則轉到1949年後台灣的歷史，以搜集與台灣歷史有關的資料爲主，比如台灣的土地改革史，已出了一千多册有關材料供史學家和各方有興趣者研究。

在國家圖書館有幸看到大量善本書。據說國民黨遷台時不僅把故宮最好的收藏帶了出來，而且把南京中央圖書館中所有的善本書，共十二萬五千多卷，也都帶了出來。這些古籍無疑為蔣介石在台灣建立政治的正統性和合法性起過作用，但隨著台灣本土意識的發展，這些珍貴書籍的讀者恐怕將更多地是來自台灣之外而非台灣本土了。從另一角度來看，我不得不慶幸這些書籍目前完好地保存在具有空調、吸塵、防火和防盜功能等一流設備的台灣國家圖書館中，不然大陸十年浩劫，不知這些書籍的命運會是如何。

國家圖書館和國史館對讀者的服務和工作人員的敬業精神也是一流的。國史館的一萬多件檔案材料，全部對外開放，該處的工作人員設身處地為讀者著想，投入大量人力和財力收集和保存材料。所有材料在進館後三到六個月內便要整理出來供讀者使用，包括修補、整理、製成微卷、儲進計算機和編目。有的早上八點上班，站著拍微卷，一站就是幾小時。該館的工作效果和服務態度與美國的同類機構相似，使我深為欽佩。過去我對西方學者來台灣從事對大陸歷史的研究不解，可通過這次訪問，我發現自己也開始考慮將來來台灣從事研究的計劃。

8/5/00，台北

代表團正式的訪問接近尾聲。今天大同盟的現任秘書長高敏輝先生來富都飯店和我們開綜合研討會。

　　高先生的介紹使我對大同盟的運作有了進一步的瞭解。據說大同盟在八十年代便開始探索與大陸直接聯繫的途徑，支持大陸民運。但由大陸直接接受台灣資助不現實，大同盟便設立民運基金會，把錢撥到海外去支持和幫助民運人士。此事由於民運本身的問題而中止。1990年第一次邀請大陸人士來台，很轟動。隨著兩岸關係的變化，大同盟通過開討論會和其他活動邀請大陸教育等團體來台，進行直接對話和實地瞭解，有過一些成功，但終因兩岸關係的不穩定，政治風波迭出而不能盡如人意。最後大同盟決定邀請大陸留美學者來訪問，先後已有幾批來台。近來大同盟開始直接在大陸設立獎學金，資助大陸的教育事業。這些活動不僅擴大了大同盟的影響，而且促進了兩岸的瞭解。雖然來訪的大陸人士並不都同意大同盟的觀點，但不打不相識，對話使得心理距離縮短。大同盟多年如一日，在艱難挫折中始終追隨其建立一個自由、民主、進步和統一的中國的理念，誠為可貴。

　　但大同盟的工作並不局限於兩岸關係。建立一個自由民主的中國首先意味著台灣的進步，大同盟在這方面也做了很多工作，比如促進台灣的教育和科技的發展。在這方面特別有意義的是大同盟幫助遊說台灣在海外的留學生回台服務，並為他們的工作創造條件，使得人才外流成為一個對台灣經濟有利的因素——受過西方教育的學子成為台灣經濟起飛的中堅力量。在經濟方面大同盟召開過土地改革研討會，並幫助促進中小企業的發展，創造更多的就業機會，其指導思想是均富。據高先生說，如果收入最高的20%和收入最低的20%之間的距離超過四倍以上，政府便要檢討，因這將造成社會不安。他特別指出因台灣很小，需要每個人的支持，所以政府不能放棄窮人。從這裏可以理解爲什麼孫中山先生的均富思想在台灣有深刻的影響，地理政治是一個不容忽視的因素。

雖然我意識到我對大同盟的瞭解是不完全的，大同盟的自我介紹也很可能有片面之處，但我不能不支持他們 "政治民主化、經濟自由化、社會多元化、文化中國化" 的理念，這無疑是符合時代潮流的。高先生的介紹還使我看到台灣的發展和大同盟的工作中，有很多可爲大陸政府和民間團體借鑒的地方，比如如何更好的利用留學生回國服務。兩岸更多的交往和理解實在是有萬利而無一弊。

8/6 – 7/00，台北

代表團的最後一項集體活動是昨天參觀淡水紅毛城。今天大多數團員離台，我搬去南港的中央研究院，想瞭解一下在台灣的有關二十年代南通和民國史方面的資料，也希望能更隨意地看看台灣。

8/8/00，台北

昨晚和今天的經歷與代表團的活動完全不同。從會見政界名流轉到結交三教九流，從享受海鮮大席轉到品嘗街頭小吃和嚼檳榔，從乘坐豪華客車轉到騎在摩托車後座，我看到了一個多面的台北。而這都要歸功於史國良。當我結束白天在近代史所的工作後，史帶我去看台北。昨晚我們先去一家離中研院不遠的小店吃晚飯，該店的女老板大約五十多歲，一貫道成員，是史的研究對象之一。我們邊吃邊聊。有趣的是，身為美國人的史為我與該女老板的交流當翻譯，因他懂她的方言而我對此卻完全無知。聽說我是從美國來的大陸人，她對我非常客氣，免費讓我品嘗她店裏富有特色的糯米飯。看得出史國良與她的關係融洽，史來吃飯該老板經常不肯收他的錢。

飯後我們本來打算去一個在台北縣的教堂，史國良每週一次在那裏教原住民英文，我希望借此機會瞭解台灣原住民的生活和文化，但我們在教堂外等了半小時沒人來。史對此似乎習以為常，對時間觀念的淡薄是原住民文化的一部分。我們的計劃也隨之改變。最後我們決定去台大附近的一家專為同性戀者服務的書店和一家女同性戀的酒吧。一路上我坐在他的摩托車後座上穿過台北市，發現騎摩托車看台北別有味道，台北一下變得完全敞開。那家書店表面上與一般的書店無所區別，只是很小，兩層樓房，裏面堆滿了各種有關的書籍和雜誌，全部開架。我們在時，有兩位男青年也在瀏覽書籍。與該店工作人員聊天，知該店開張以來，業務很好，來店的各個年齡層次的都有，沒有受到什麼干擾。我感到台灣社會的容忍和開放。

但如果認為同性戀已完全為社會所接受則是一種錯覺。在那個被稱為T-Bar (Tomboy酒吧) 的店裏，有三位女青年正在喝飲料和輕聲聊天。該店的大牆文化很說明問題。顧客們在店裏的牆上留下她們簡短的言語，中英文相夾，反映了同性戀者對自身性別認

同的掙扎和對社會和家庭理解的渴望。 "太殘忍了……， 没法改，
没辦法弄掉，" 是其中的一則留言。 另一人寫道， "Home好不講
理" 。 還有對戀人的思念和對孤獨的表白， "小葉子離開三十三
個小時， 很depressed" 。 當然還有對男性的仇視，"Sausage sucks!"
據史講， 傳統的男女不平等也表現在對男女同性戀的區別對待上。
有一對父母爲他們同性戀的兒子在泰國買了一套房子， 因他喜歡
到那玩； 而對其同性戀的女兒要在高雄買一間公寓， 則分文不
給， 因他們認爲女兒必須嫁出去， 不然死後牌位無人供。 據説這
是一種較普遍的看法。 所以目前台灣的女同志們——即女同性戀者
——聯合起來， 將來可以有朋友給她們供牌位。 這是用傳統來對付
傳統， 達到同性戀者爲自身爭取性自由這一非常現代的目的。 新
和舊， 過去和將來， 似乎和諧地處在一起。

今晚和史以及四位他的朋友一起出去吃晚飯。 其中阮先生是
建築師和作家， 賓州大學畢業生， 他最近剛有一篇小説獲獎。 七
先生是台灣知名作家， 已故的三毛的朋友， 他的年輕的女朋友是
唱地方戲的演員。 李先生與阮先生一起開一家建築公司， 辦了一
份很新潮的建築雜誌， 他當主編。 飯間海闊天空地聊天， 飯後我
們六人擠進李先生的BMW上陽明山喝茶。 一路上李先生興致勃勃
地向我們介紹沿途景色， 特別帶我們去幾處最佳景點看台北的夜
景。 一路上山， 一路停留， 等我們最後想去茶莊時， 已將近午
夜， 大家因此決定回程。 雖然没喝成茶， 我對李先生和他的朋友
們對台北的熱愛留下了深刻的印象。 他們是快樂、 自信和滿足的
台北人。

8/9/00，台北

今天我去農禪寺拜會聖嚴法師。聖嚴法師早年從南通狼山出家，我希望採訪他對南通當年的印象。法師是佛界名人，擁有博士學位，曾被選爲台灣啓蒙運動的代表人之一，已出版了十多本書。我們在台期間，他的一木傳記剛出版。他在台灣和紐約都有大量信徒，每年分別在台北和紐約兩處講經，參加各種社會活動，日程排得很滿。他的秘書安排我與他見面一小時，臨告辭前他將幾本自己的著作送我，並說因我是從他家鄉來的，他要爲那些書題字。看來他的佛教生涯並没有將他與世俗人情隔絕。

從會客室出來，一位法師帶我參觀農禪寺。該寺有電腦中心，幾十架電腦在工作。那裏大家互稱菩薩，我被稱作邵菩薩，孩子們被稱爲小菩薩。當時他們正爲一年一度的法會作準備，很多義務工在幫忙。我因從未這麽近地觀察過寺廟生活，便決定應邀留下用午飯，以爲吃飯時可以和義工和其他法師聊天。誰知午飯時不許説話，只有碗筷聲。僧人的長飯桌設在靠裏的一頭，男女僧分桌，相對而食。他們進出飯廳時都有起立、音樂等儀式。我們則在飯廳另一頭的圓桌上用飯，可謂男女有別，僧俗有別。寺廟的生活自然是高度儀式化的，但身臨其境，還是令我這個凡夫俗子感到新奇。農禪寺給我總的感覺是它自成一體，是自由信教的理想之處。

8/10/00, 台北——美國

半月的訪問即將結束。上午在凱悅飯店登上去桃園機場的大巴士，離台返美。看著從車窗外急速退去的圓山飯店建築群，我向台灣告別。比較來時的心情，我不再那麼茫然，台灣對我成為一個具體的存在。作為個人，我覺得在台灣長大是比在香港長大更好的選擇；作為學者，我以後將有更豐富的有關台灣的材料向我的學生介紹。雖然兩岸關係山重水復，我對其前景頗為樂觀，同時也意識到我們每個人都可以在促進兩岸關係正常化方面作出積極貢獻。我期待著再訪台灣。

作者簡介

邵勤，1983年獲得上海華東師範大學歷史系碩士學位，留校任教，從事於中國古代史、重點是先秦史的研究和教育。曾在《歷史研究》，《光明日報》，《華東師範大學學報》等其他報刊雜誌上發表學術論文十多篇。1987年赴美國深造，攻讀中國近代史。1994年獲得密西根州立大學歷史博士學位，同年開始在新澤西州立學院任教，現為該校歷史系副教授。曾在美國的《近代中國》，《亞洲研究季刊》和其它雜誌上發表學術論文數篇。目前她正在完成一本關於二十世紀早期江蘇南通縣歷史的專著。

"變天"後的台灣，變化中的台灣：文化認同，食品文化

陳勇

(一)

作者的 "自我解剖"

2000年七月下旬，借着隨中國旅美史學會代表團訪問台灣之機，我來到中和市看望久病的岳父。我大聲告訴他，"我這次是應三民主義大同盟之邀來台訪問。然後，我會寫一篇文章，題目是台灣社會的飲食和文化認同。" 岳父病前也對這兩者都頗有興趣。他喜好美食，尤其喜好台灣路邊小攤上的食物，像水煎包、燒餅油條，但最令他難以忘懷的還要數湖南家鄉的翠芽豆腐。他爲人慷慨，凡有美食，定要與朋友分享，剩下的金錢，就都寄回

了湖南鄉下的親友。與他一道吃過飯，與他交談過的人，都不難看出這位老兵從未忘記自己是中國人，是湖南人。他自己的文化認同，十分明瞭，堅定。

但我的一番話顯然絲毫沒能引起岳父的注意。未待我説完，他已合上雙眼。或許過去曾是對他非常重要的事物，現在已微不足道了。站在他的病榻前，目視着面目老衰的岳父，我忽然領悟到生命的寶貴。

我也更加感到有責任把我的文章寫出來。

岳父雖然一息尚存，我卻感到他已經在邁步走出我們的世界了：他已不能享受美食，每天只能靠流質食物維持生命；他也不能與我們討論文化認同等他所關心的問題。對於他這一代老兵來説，台灣社會正在變成一個日益陌生的世界。五月，民進黨的陳水扁就任總統，結束了國民黨在台灣半個世紀的統治。很多人大呼，"台灣變天了。"我深感有責任用筆把我所感受到的變化中的台灣社會記錄下來。

在變化中的台灣社會，文化認同已成爲衆所關心的問題。一場大選，把"台灣人是不是中國人？"的辯論推到了一個新的高潮。而食品有是文化的最基本的組成部分。俗話説，民以食爲天。加之台灣美食，有口皆碑，到了台灣，不能不吃之，不能不談之。所以，從飲食的角度來談台灣社會的文化認同這一問題，是最爲自然不過了。

用文字描述台灣，就像在畫一幅寫生畫：必須盡量忠於真實，同時也必須選擇在什麼地方着墨濃些或淡些。我們知道，任何一幅畫都取決於畫家所採的角度以及其創作意圖。同樣，若欲理解一部社會科學的文字作品，我們首先也必須"剖析"其作者。也就是說，我們需要瞭解作者的出發點，目的，以及背景。所以，在本文的開頭，我要作一點"自我解剖"。我要告訴讀者，這不是一篇正統的學術論文，因爲本人不是研究台灣的專家。另外，雖然文化認同在台灣已成爲一個政治敏感度極高的題目，我要寫的也不是一篇政治性的文章，我只是想讓讀者分享我對於台灣社會的感受、觀察。

以我這樣一個對於台灣瞭解不深的人來寫這種觀感，其最大的危險是犯"瞎子摸象"的錯誤。爲了盡量避免作太多武斷、膚淺的論斷，我實實在在地利用每一分鐘來做社會研究。在從七月二十七日到八月七日的短短十多天裏，我馬不停蹄，南至澎湖、高雄，北達基隆，拜會採訪了數十位各界人士，也收集了許多文獻材料，並作了大量筆記和採訪錄音。

我希望即使是在台灣生活，對台灣瞭解深刻的人，借此也可以進一步看到一個局外人如何觀察台灣。這就好像是置身於廬山之外的人，反而會對其真面目別有一番心得。當然，我並不是一個完全超然的局外人，我是個出生在大陸、工作在美國的台灣女婿。在美國求學、教書的十數年裏，我一直關注台灣的情況。我時常與諸多的台灣朋友就台灣社會，政治進行交談，辯論。從我的背景來判斷，讀者們可以想像我與傾向台獨的朋友們的辯論是何等激烈。同樣，邀請我等訪台的是三民主義大同盟而不是民進黨，也就不足爲奇了。

(二)

"我是誰?": 在世界範圍內的文化認同問題

文化認同和由此而滋生的矛盾不僅僅只局限於台灣, 也是一個世界性的現象。在此, 有必要先解釋一下其廣泛性和複雜性。

簡而言之, 文化認同的核心就是如何回答 "我是誰?" 這一個基本問題。這一問題涉及人們在有關民族認同上, 甚至在國家認同上所做的選擇。在民族意識和族群意識高漲的今天, 它在我們生活和意識中的重要性也日益彰明。對於生活在同一社會的人們來說, 文化認同反映了個人和族群之間的關係及矛盾, 它也成爲越來越頻繁和密切的國際交往中一個焦點。

在當今西方思想界, 文化認同是一個極爲廣受注目的課題。其中一個重要原因乃是在西方社會內, 文化和民族多元性正在蓬勃發展, 並由此而引發了在社會政策上, 在政治理念上的尖銳矛盾和鬥爭。

縱觀世界, 文化和民族的多元和複雜莫過於美國了。在今天的南加州有的學區裏, 你可以聽到80種以上的不同語言, 因爲這裏的學生很多是來自世界各個不同地方的移民。走在紐約市的街頭, 你可以看到白、黑、黃等種種不同的膚色, 也可以看到各種希奇古怪的服飾和髮式。

文化和民族的交融和衝突可以說貫穿了全部的美國歷史。這裏的最核心問題就是: "誰是美國人?" 從美國歷史的開始到二十世紀中葉, 我們看到的是以英國傳統爲主導的歐洲文化確立並不停努力維護自己的統治地位。"美國人"這一概念僅僅包括了白人，歐洲人的後裔。1790年美國第一部國籍和歸化法就明確規定，只有男性白種人才能歸化成爲美國公民。在這一段時期內，非主流族群面對巨大壓力，要他們在文化上認同以英國傳統爲主導的主流文化，放棄自己的語言和宗教傳統，改變自己的飲食等生活習俗。而非白人的少數民族更是被剝奪種種政治經濟權益。以華人爲例，長久以來，中華文化被人歧視，華人移民不能入籍，在美國的南部和西部，他們甚至不能與白人通婚，不能置産。

從六十年代開始，以黑人爲主導的民權運動興起，動搖了歐洲文化的專制。少數民族紛紛提出在政治、經濟等多方面的訴求，與此同時，非主流族群的民族意識不斷高漲，他們公開地要求維護自己文化傳統的尊嚴和自主性。在回答"我是誰？"這個文化認同的問題時，越來越多的人不再去設法給自己戴上白人的面具，不再去竭力認同英國文化，而是公開、自豪地宣稱自己是"墨西哥裔"，"華裔"……

隨着多元文化在社會上的重要性日益增加，它也成爲學術界的一個重要研究課題。在移民史研究裏，如果説過去人們的重點是探討移民到美國的人如何擁抱英國文化，現在的重心則轉移到移民如何保持了他們母國的傳統，並如何由此得以改變美國社會。

總之，無論是在美國社會上或學術界，對文化認同的討論和研究十分深入，複雜，在此難以詳述。有兩點值得一提。第一，在提倡多元文化時，很少人主張從美國社會中分離出去，人們所追求的是一個更有包容性的民族。第二，在美國歷史上，提倡民族文化自主的思潮，打破了歐洲文化唯我獨尊，無疑代表了正義。但是在這一思潮世界範圍內所產生的影響，就遠不是如此簡單了。

隨着全球化進程的加深，國家之間文化的交流和衝突已經成為當今國際關係中佔主導地位的一個焦點。在法國，美國文化的入侵喚起了強烈危機感，以至於政府都要扮演起法國文化純潔衛士的角色。在國際舞臺上，圍繞文化認同形成的意識形態都代表了某種民族主義思潮，所以文化認同常常演變為國家認同的問題。

民族主義思潮可以導致分裂民族重新聯合，德國是最有名的由分而合的例子。種種跡象也表明，韓國和北朝鮮也正在走向"合"。毋庸置疑，影響上述兩個民族走向統一之路的有種種複雜的政治和經濟因素，但是，我們必須看到其中一個決定性的因素，那就是，東西德國和南北朝鮮雖然在政治上分裂多年，但是分裂的雙方仍然保持了共同的文化認同。這一共同的文化認同，乃是基於長久共同歷史經驗和共同的語言之上，不是幾十年的政治分裂就可以消滅的。

當今的民族主義運動也曾導致原有的國家的分裂，蘇聯瓦解了，過去的南斯拉夫也幾乎蕩然無存。原蘇俄走了與德國和朝鮮相反的路，很大一個原因乃在於其各個加盟共和國之間缺乏共同的文化認同；同樣，原南斯拉夫也沒有共同文化的維繫。但是，在巴爾干半島，圍繞宗教信仰的民族認同矛盾在短時間內急劇惡化，在很大程度上是因為不同民族的政客煽風點火而造成。從塞爾維亞族的社會黨領袖人物的政治發跡過程中，我們可以清楚地看到，這些政客利用極端、狂熱的民族主義，來達到謀取個人權力的目的。他們爲了激化民族衝突，不惜任何代價。一個曾是經濟上充滿活力的地區，現在成了戰爭的廢墟，尸骨遍野，無數的人流離失所。以建立"大塞爾維亞"爲目的的民族主義運動也證明，憑空締造一個新國家的企圖是十分危險的，它也提醒我們要警惕政客把文化認同這一複雜的問題當作滿足個人私欲的工具。

在台灣社會内部，圍繞文化認同的爭論早已成一個尖鋭的政治和社會問題。而且，因爲台獨主張的興起，台灣的文化認同遂直接關係到國家認同，從而也就成爲未來國際糾紛的一潛在根源。但與此同時，兩岸統一的呼聲，則爲雙方由分到合埋下了伏筆。在巴爾干等地所發生的事件，給關心台獨這一題目的人士提出了許多令人深省的問題：

台灣的政治人物在大力鼓吹"台灣人不是中國人"時，他們到底是以台灣百姓的利益爲重，還是爲了達到個人的目的？台灣百姓到底又有多少人真正認爲自己的文化與中華歷史、中華文化毫無關聯？主張台獨的政治人物是否準備讓台灣陷入戰火的深淵？

我已經説過，這不是一篇政治性的文章。所以，這類問題我只能留給台灣的百姓，留給歷史來作結論。

本人的研究領域是美國歷史和社會，文化認同是我在學術研究中所關注的一個重要問題。此次台灣行，我無意加入到有關台獨的政治論戰中去。我只是想借此機會在一個不同於美國的社會來考察文化認同這個在世界範圍内日益重要的課題。我考察的角度是人們生活的層面。我選擇食品文化作爲一個重點，不光是因爲我素來好吃，更重要的是，飲食習俗是人類文化一個極其根本的部分。歐洲有句古語説，"人乃其所食者"。也就説，"我是誰？"這個有關人們的文化認同或歸屬的根本問題，乃是由我們吃喝的東西所決定的。這句看起來十分簡單的話實際上包含了一個很深刻的哲理，也就是説，決定人們的族群認同或民族歸屬的是長久形成的文化和生活方式，而不是政治口號。文化和生活方式的最基本的成分當然就是飲食了。

(三)

似曾相識，又不識

我要寫台灣，因爲它是一個讓我感到親切又熟悉的地方。

我第一次來台灣是1997年，那是我旅美十三年頭一回離開美國。一到台北，頓時感到像是回到了故鄉。四週的人，都是黑眼睛、黃面孔，街道上，白晝不散的人群和車群交織成一幅熱鬧、繁忙的景象。衆多朋友和太太的親戚對我的熱情款待，更是讓我感到賓至如歸。尤其讓我難忘的是那街頭小吃攤販的叫賣聲，空氣中的滷味和小炒的香味。早上起床，走到樓下市場叫上一份燒餅油條、一碗甜豆漿，就開始了新的一天。又重溫幼年的生活舊夢。

三年後再回來，台灣還是那麼的親切，那麼的熟悉。這種親切和熟悉的感受，也有着深厚的文化和歷史淵源。

托大同盟精心安排之福，我這次來台灣得以參觀了澎湖等過去從未涉足的地方，但這些地方對我來説早就已是"未曾相逢，已相識"了。多年前在北大上學時，我在宿舍裏，在晚會上，曾經一次次唱起"外婆的澎湖灣"，"陽光、沙灘、海浪、仙人掌……"在我的腦子裏織成一幅浪漫的圖畫。八十年代，台灣的流行歌曲、校園歌曲風靡中國大陸，也把澎湖、阿里山和台北介紹給了我們這一代在大陸生長的人。我在心中把台灣人當作同胞，不是因爲政治口號的影響，而是因爲這些從海峽對岸傳來的歌曲在我心中激起過深深的共鳴。

在旅居美國的十數年裏，我有幸結識了諸多台灣朋友，從而進一步加深了對於台灣的瞭解。在與他們交往中，我發現甚至那些學理工出身的人也都對於諸如四書五經等古籍，對於傳統文化有着深厚的知識。這一點時常令我嘆服不已，也讓我汗顏。我這一代的大陸人，"生在新中國，長在紅旗下"，歷經革命風暴的洗禮，很少有機會學習祖宗的傳統。儘管如此，我還是個地道的中國人，至少我自己是這麼認爲，在美國混了十幾年，至少還是拿中國護照，還是吃中國菜最可口。

海峽兩岸的人在文化認同上有一種自然相通的感覺。這一點，在異國他鄉，就變得格外清楚。到了美國華人多的地區，從紐約的法拉盛到洛山磯的蒙特利公園市，你都會發現來自台灣和大陸的移民會自然而然地聚居在一起，建立起華人共同的社區。

所以，我在台灣，即使是陌生的地方，即使在街頭巷尾遇上的素不相識的人，都從未讓我有過在文化認同上的陌生感，就連有時碰到的官僚作風，也讓人感到似曾相識。

可是每當接觸到政府政策時，我就清楚意識到自己只不過是一個外來過客。在台灣政治中，大陸政策佔有很大比重，而其大

陸政策明顯是以 "防範" 爲核心的。我仍然保持大陸護照，自然也就成爲了 "防範" 的對象，每次到台灣都要提前數月申請入境，還要準備一大堆什麼擔保書，户籍謄本之類的文件。1997年探親來台，護照還得被扣壓在機場，我想這是爲了防範我們這些持有大陸護照的人有滯留台灣的企圖。在機場入海關處，大陸人民得經由專門的檢查入境，從海關開始，我們就被劃歸進了一個特殊的社會等級之中了。

在台灣旅行時，我倒是從未遇到任何歧視和限制，反倒常常受到在美國享受不到的禮遇，在我有問題或碰到困難時，就連陌生人也會熱情相助。2000年7月抵台後第二天就南下前往澎湖，澎湖人的熱情，更是可以把人給溶化掉。

澎湖列島，位居台灣海峽之中，距大陸只百餘公里，所以長年是 "前線" 軍事要地，閑人不得入，直到近年才開放觀光。澎湖風景如畫，這我早有所聞，到了這裏，才發現它比想像中的還要可愛。澎湖的美是自然美，没有太多人工雕塑的痕跡，其民風極爲純樸，無論走到那裏，人們總是有問必答，且不厭其繁。尤其讓我興奮的是，這兒海產豐富，化上幾百元台幣，就可以飽餐一頓豐富的海鮮。當地的餐廳，功夫都不下在烹調上，各式蟹、蚌、還有蝦類，煮熟就上桌，保持了其鮮美之原味。原來連澎湖的海味都是這樣樸實。

一天，我們去了馬公市旁的一個海灘。平靜、蔚藍的大海一望無際，離岸不遠，停泊着兩艘大小不一的漁船，遥見船上掛有五顏六色的衣物，迎着微風輕輕飄揚。我被這浪漫的景象迷住了，一口氣拍了好幾張照片。在好奇心逐使下，我問路旁的小販："那些船是幹什麼的呀？" "那是從大陸來打工的人住的船。" 小販答道。頓時，那高掛的衣物再也不顯得浪漫了，它們是大陸船工艱難處境的真實寫照：台灣政府的政策規定他們不能登岸，其吃喝拉撒都只能在船上那狹小的空間。我想起了不久前的一篇新聞報道，說是當有一次台風來時，有大陸船工因不能登岸而喪失生命 (見圖十)。

當晚，我們在一家當地著名海鮮館就餐。我想到了我來台灣的研究題目，我也想到了那些生活在船上的大陸漁工。我想知道他們吃些什麼，怎樣做飯，我更想知道他們對來到澎湖有什麼樣的感受。

台灣類似這樣限制大陸人民權益的政策還有很多。比如，被此地媒體稱爲 "大陸新娘" 的婦女雖然嫁到了台灣，卻不能享受均等的就業權益。台灣立法院也曾立法，限制大陸人民繼承其在台親屬的遺產的權力。我在台有幸拜會了一些有官方色彩的機構，如陸委會、立法院、新聞局，從中我聽到很多人批評中國對

← 圖十：從澎湖海灘可遙望大陸船工居住的漁船。

台政策不理性，不近人情，批評中國在國際場所不斷打壓台灣。但令我失望的是，在這些拜會活動中，我從未聽到有人檢討台灣諸多限制、打壓大陸人民權利的政策。當我提到諸如禁止大陸漁工上岸等政策時，我得到的是 "維持台灣安全考量" 之類的解釋。這些解釋其實都是推辭，是缺乏自我反省精神的表現。很難想像，讓爲數不多而又已經成爲台灣媳婦的婦女享有正常就業的權益，能對台灣安全產生什麼威脅。

毫無疑問，台灣政府在不斷調整具體的大陸政策。有些過去的限制，現在逐步放寬，但這些調整幾乎全是在外界壓力下勉強作出的。台灣政府的防範、歧視大陸人民的基本態度尚未改變。每當我想到這一態度，台灣就好像是一個我從不相識的陌生地方。

(四)

幾幅素描

在正式拜會的時間外，我每天都盡量抓住一切機會與當地人交談，這樣的談話是社會科學者進行田野調查所依賴的重要工具，就像攝影師之離不開照相機，畫家離不開顏料一樣。與我交談的有很多是陌生人，他們是社會中最爲普通的分子：有吃齋修行的女居士、大學生、計程車司機、餐廳侍者、街頭小販，有本省人和外省人，也有民進黨和國民黨。爲了能夠直接把握住台灣社會的脈搏，我寧願去多化時間與這些人聊天，而不願意依靠媒體的報道或政治家的說辭。

　　從採訪中，我看到了一個在媒體上所看不到的台灣。雖然民族認同這一問題已經在政治成爲極其尖銳的矛盾，但在我接觸的人中，很少有人表現出極端的意識形態或政治主張，沒有一個人因爲我的大陸人背景而對我有任何不友善。他們在談到兩岸關係時，在談到他們自己民族認同時，持有十分冷靜和務實的態度。我暗自問道，平時在電視上看到的，在報紙上讀到的極端人士都到哪裏去了？要麼，我的調查研究未能反映台灣社會的真實面貌，要麼，媒體上所展現的極端主義，只是政客們製造出的政治神話。

　　我在台灣作研究時，未刻意採用社會學中系統抽樣等"科學"的方法，而是用更接近人類學的田野考察。我的目的不是要從宏觀的角度來對台灣概括性的分析，而是要把我在採訪、參觀中所觀察到的人物或場景真實地勾畫出來。這裏，我要拿出幾幅用文字勾畫出的素描，呈給讀者。

　　時間：七月二十九號下午。

　　地點：澎湖的一個海水浴場。

　　是日，驕陽當頂，讓我們這些外來的遊人汗流不止。樹蔭下，幾個小攤販在叫賣冷飲和小吃 (見圖十一)。圍着沙灘的邊沿的桌子坐着的，有一對中年夫婦，正在與幾位位朋友聊天。我走過去，與他們攀談起來。原來他們都是當地人，女的是家庭主婦，男的當過漁夫，後來改行作建築工程。兩人都約在五十上下。他們見我不懂閩南話，才知道我不是高雄來的。經過一番的寒暄

後，我説明了我
的來意，便打開
錄音機，開始採
訪。陳水扁剛剛
宣誓就職不久，
澎湖又素來以有
着衆多民進黨的
支持者而著稱。

↑　圖十一：海邊流動小吃攤，澎湖。

所以，我便單刀直入地問：“阿扁當選你們高興嗎？”

　　這個問題顯然沒有引起他們的興趣，過了好一陣，男的才反
問：“什麼叫高興？”

　　我只好換了一個方式來問：“喜歡阿扁嗎？”

　　婦人：“喜歡。”

　　“宋楚瑜好不好？”

　　她男人也插進來：“好，好。”

　　“連戰好不好？江澤民好不好？”我趁勢追問下去。

　　“好，好，大家都好。”這對夫妻夫唱夫隨，他們的朋友也
連聲附和。

　　見他們對政治問題沒什麼大興趣，我把話題轉到與日常生活
有關的事，談話也頓時活躍起來。從這對夫婦的口中，我得知他
們的小孩和當地的多數青年人一樣，都到台灣上學了，一個上高
中，一個已進了大學。

　　"很多年青人覺得澎湖太落後。"他們感慨道。"你們喜不喜歡吃美國東西，像是麥當勞？"我問起麥當勞，因爲不久前路過一個別緻的小橋，橋孔是非常明顯而獨特的麥當勞的"M"拱形。但是，我們所到之處，又不曾見在台灣本島上無處不見的麥當勞餐館。

　　"麥當勞？"婦人一聽笑了。"我們才不吃呢，我的孩子吃，那是他們在台灣學的。"這婦人接着說道"我們最愛吃的是地瓜稀飯，每天都吃。"我又問："澎湖人都愛吃地瓜稀飯嗎？""愛吃，我們澎湖人都愛吃。"她的朋友們開口替她回答。臨別時，這對夫婦還盛情地請我上她家吃晚飯。

　　在交談中，他們一再使用"他們台灣人"和"我們澎湖人"這樣的字眼，不難看出這對夫婦和他們的朋友有着濃厚的"我們是澎湖人"的意識。從他們的口氣，也不難聽出他們爲自己是澎湖人感到自豪、滿足，這種自豪和滿足感，在澎湖時時處處都可以感受到。如果我們把這種鄉土情結當作民族意識，那以後澎湖人也可以開展"澎獨"運動了。

　　在澎湖逗留了兩天後，我們一行經高雄、台中返回到台北。一天下午，我離隊獨自去了由三商行老板創建的中國飲食文化基金會。我本想拜訪這位傳奇性的人物，瞭解一下這位本省人如何從軍人成爲成功的大商人，進而又辦起了這個基金會，推動中國飲食文化。但因未預約，希望落空。接待小姐告訴我，基金會的主管正在召開一個記者會，然後就會趕回來接待我。在基金會辦的圖書館裏徘徊的還有另一位訪客：一位年紀約在四十上下女士，身材瘦小但顯得十分健康，臉上嚴肅的表情與她清素的衣着恰恰相宜。一聊起來，方知她是食素的居士，台灣本省人，過去在大公司任職，後來辭職到了陳履安先生的慈善基金會工作，馬上要到澳門開展厨藝訓練班，幫助窮人。她來這裏是爲了收集一些資料帶去澳門。

主管一直未現身，我便與這位女居士一直聊了下去，一聊就是兩個小時。原來這是一位十分健談的小姐，她從人爲什麼應該食素一直談到因果輪回。她告訴我，她因爲食素修煉，已經知道自己的前世。她説，她曾經生活在唐朝，是個出家人。我本想打趣問她是不是西遊記裏唐僧一行中的某一位，但一看到她虔誠、認真的樣子，便把差點衝出口的話又吞了回去。不信佛教的人，會認爲這是她的幻覺，但學歷史的人，卻能從中找到歷史的基礎。我們現在所稱的台灣本省人，是大唐中國人的後裔，他們所説的閩南話，保存了唐代古語的發音。很多台灣人族譜，都記錄了其祖先在中原的發源地。

在本省人生活各個層面，從語言到飲食習慣到宗教信仰，都保留了其祖先從大陸帶來的豐富文化傳統。在台灣，佛教和其它地方宗教的影響極大，廟宇比比皆是，在大街小巷行走時可以看到，就連人們的家中，也擺設了許多的香爐和供物。對這些宗教稍有瞭解的人都知道，台灣人民所供奉的衆神，都源於大陸，有的甚至原是中國歷史上的人物。天后 (也稱媽祖) 崇拜，是台灣最有影響的地方宗教之一。在彰化縣鹿港鎮，我們參觀了著名的鹿港天后宮。天后宮管理委員會編制的説明書開宗明義道："本尊聖母像原奉祀於福建省莆田縣湄洲祖廟正殿。" 天后宮創建三百多年來，各地已有許多的天后廟宇，但讓鹿港天后宮驕傲的是 "本宮……係台灣唯一奉祀湄洲祖廟開 [基] 聖母神像的廟宇。" 文化源遠流長。無論是政治動盪，還是政客的聳人聽聞的厥辭都不可能割斷台灣和中國歷史、文化的聯繫。

這種要割斷台灣和中國歷史、文化的企圖，在台灣的政界最明顯不過了。我們一行人在台灣參觀的第一站是行政院新聞局。如同在其他官方機構一樣，在新聞局我們受到了殷勤的款待，儘管如此，我仍然感受不到在與百姓接觸時的那種親切感。新聞局的官員給我們看了一部介紹台灣社會，歷史的影片，這是專門給從國外來賓看的影片，其内容馬上讓人想起我們在文革時期常常看的宣傳祖國形勢一派大好的新聞記錄片。最讓我失望的是，這部影片對台灣的歷史和文化的淵源，只字不提。不難想像，不瞭解台灣真實歷史的外國人，看了這部影片會以爲台灣是在歷史的真空裏產生的。

這種行爲並不是台灣官方的首創。研究民族和文化認同形成過程的西方學者稱之爲 "製造歷史的神話"。西方學者經常談到文化和民族認同有兩種不同的產生方式，一種是由社會精英分子，比如政治領袖和知識分子，推動和製造出來的，爲的是達到某種政治目的；這一種所謂的文化認同有很大的伸縮性，會隨着政治環境的變遷而改變。而另一種則是基於長久歷史演變而自然形成的。前者在很大程度上取決於特定的社會環境和權力結構，常常也成爲政治鬥爭的工具，其生命力很脆弱；而後者則以共同的歷史和文化淵源爲基礎，根植於人們的生活和信仰之中。

　　台獨運動的致命弱點乃在於它基本上只是一種政治思潮，甚至可以說是一種政治工具，它的成長的動力來自於反抗國民黨的專制。隨着其領袖人物掌握了政治權力，他們進而要竭力製造出一個"台灣文化"或台灣"生命共同體"，以達到維護其利益的目的。這也就是爲什麼台灣的大陸政策的核心就是要在文化和經濟等各方面阻止與大陸關係的發展，所以從漢語拼音的推行到廠商赴大陸投資都一再受到打壓。這些領袖人物公開表明不願意承認自己是中國人，以達到做政治秀的目的。但這種製造一個新的文化認同觀念的企圖，僅僅製造出了嘩衆取寵的政治口號，因爲它缺乏真實的歷史和文化基礎。

　　主張台獨的人士在憑借政治手段推行台獨路線時所碰到的一個勁敵，乃是台灣百姓根深蒂固的對於歷史的記憶，所以，台灣當權者化了很大精力來重寫歷史，以期淡化人們對中華文化的認同。近來台灣推行的政策着重點都在提高本土歷史比重，打壓中國歷史的研究和教育，我在台灣所見到的中國歷史學者都説感受到了研究經費銳減的衝擊。

　　我們在台灣可以看到一個很有趣的現象：一方面，政府不遺餘力地以政治權力要製造出一個有別於中國的文化認同觀念，一個歷史的神話；而另一方面，在民間百姓的生活和信仰等諸多方面，源自大陸的文化傳統卻又展現出強大的生命力。台灣與大陸的深厚的聯繫，欲割而又不能。我們在台灣看到的圍繞文化認同和民族認同的激烈爭論，正是一場政治意志與歷史的搏鬥。在不久前政府和媽祖信徒之間在圍繞往湄洲進香一事產生了一系列紛爭，充分體現了這場政治意志與歷史搏鬥的劇烈性。

(五)

時間，空間

當然，説台灣與中國文化的聯繫根深蒂固，並非要否認台灣社會在文化上與大陸之間的差異，我們更不能把這種差異全部歸結爲政客的陰謀。

兩岸之間的差異，也是因時間和空間的距離而生。

隔在大陸和台灣島中間的，不只是一個海峽。從甲午戰爭後，台灣成爲日本人的殖民地，後來在國民黨統治時期又長期由美軍駐紮。日本和美國對台灣文化有着巨大的影響，相比之下，日本文化的影響又更爲深遠。

在長達半個世紀的日據時期，日本人在台灣推行日式教育，其影響的層面甚廣。美國人從未真正統治過台灣，只是在台駐紮過軍隊。美軍從朝鮮戰爭開始後進入台灣，到七十年代中美修好便撤離了。如果説美國的影響主要體現在城市，在青年人和社會精英中間，日本人影響則波及到了農村和老一代。

從台灣的食品文化上我們就可以看出日本和美國影響程度的不同。雖然如今台灣街頭到處都有麥當勞和肯德基等美國快餐店，第一家麥當勞(也是第一家美國快餐店)遲至1984年才在台北開張，而且，美國食品僅限於快餐。一般而論，它只是餐廳食物，並未成爲人們在自家厨房調制的美味，也就是説，它還未真正進入家庭生活中最核心、最爲人們珍重的層面(見圖十二)。

到過台灣又好吃的人都知道，台灣的日本菜不僅十分流行而且非常可口。在街頭巷尾的小店裏，到處都可以買到便宜、便利的日式快餐，也有昂貴、講究的餐廳提供精美日本佳肴，甚至很多中餐館也備有有生魚片和壽司。日本料理不光走進了傳統的中餐館，並且也成爲很多家庭烹調的一個重要部分。我在台灣時，就有朋友請我到家中作客，用親手燒出的日本菜款待我。

↑ 圖十二：本土化的台灣西式快餐.

　台灣有很多六十歲以上的老人，不僅愛吃日本菜，還能講一些日文，因爲他們在日據時代受過日式教育。日據時代的既得利益者甚至還有懷舊的情結。日本殖民文化的影響是使一些台灣人與大陸之間在感情上隔閡的一個十分重要的原因。不少有台獨傾向的人同時也有強烈的親日情結。李登輝對日本的推崇，衆所皆知。台獨運動，既無宗教的基礎也没有語言的基礎——所謂的台語實爲閩南話，它更沒有歷史的基礎。國際社會公認，台灣是中國歷史發展的一部分。日據時期是台灣與中國大陸之間距離最遠的一段時間，這大概也就是台獨傾向和親日情結的聯繫匪淺的一個重要原因了。

　　值得一提的是，台灣人中的民族主義者則常常以反對日本殖民主義爲旗幟，當年的"保釣運動"就是一個很好的例子。

　　在這篇文章裏，我用了諸如"台灣人"這樣的大概念。但我們必須記住，在分析台灣社會時，切不可忽略其多元性。我們不能把台灣人甚至是本省人都一概而論，僅本省人之間，就因爲年歲、地域、教育、收入等種種因素而有很大差距。日本文化的直接影響在老年一代中間和南部較大，南部有不少老人日文比國語講得好。而青年一代，尤其是台北的青年人，國語都講得很標準，少有人們所稱的"省籍情結"。在北部，本省和外省人通婚越來越多，這就是爲什麼陳水扁台灣大選時，在南部大勝，而在北部卻慘敗。如果有人以台灣和大陸在文化上的差異作爲台獨的理由，台灣的南北二部大概也因當各自宣佈獨立了。

　　台灣社會與大陸之間的距離不是光從台灣海峽的寬度上就能瞭解的，這距離也表現在兩岸人民之間互相都還缺乏深入的瞭解。

　　我借着來台灣的機會看望了許多老朋友。其中有一位是我和太太在美國念書時結識的好友，我們約在一家意大利餐廳吃午飯。見面時我發現，雖然我們已有近十年未曾謀面了，雖然她已是卓有成績的律師，但仍未完全脫掉當年的青春稚氣。我半開玩笑道，"你一定是台北最年青漂亮的大律師。"她沒回答，卻頗爲嚴肅地說，"你是我所認識的大陸人中最優秀的。"看她一本正經的樣子，似乎並無要取笑"回敬"我的意思，我反倒急了。再早十幾年的話，當我還是個不知天高地厚的"井底之蛙"的時候，這話或許會讓我感到非常受用，但現在，我總算多了點自知之明和憂國之心。如果我這號人物都躋身於大陸優秀人士之中，那中國還有什麼前途可言？我趕緊問：「你到底認識多少大陸人？」她還是那副很認真的樣子，「也有三五個吧。」這回答讓我鬆了一口氣。等她日後再多認識幾個大陸人時，還是有機會看到真正優秀的大陸人是何等的出色。從老友的身上，我深深感到台灣對大陸瞭解的缺乏。

自八十年代末期台灣開放人民赴大陸，已有幾百萬人去過大陸探親、觀光或投資，但是很多民衆，尤其是本省人，對於大陸的認識還是十分膚淺。從採訪中我發現，不少人對大陸的和印象來自媒體。他們心目中的大陸人是既貧窮又土氣。這使我想到小時候，我瞭解的台灣也都是從大陸報紙上得來的。我一直都以爲台灣人民生活在水深火熱之中，隨時等待我們的拯救。

在採訪中，我特別喜歡找計程車司機聊天。他們無處不在，可以説是社會大衆心理的鏡子。雖然計程車司機在台灣的形象不佳，可我所遇上的計程車司機卻都十分友善、健談。有兩三位在聽説我是大陸人後，便恭維道，「你一點也不像大陸人。」令我啼笑皆非。有一次，我忍不住問一位從未到過大陸的年青司機：「你怎麼知道大陸人是什麼樣子？」「從報紙上看來的。」

我在這裏必須加上一句題外話，那就是大陸人民對台灣同樣缺乏瞭解。由於台灣政策的限制，大陸人民只有非常少的人能有機會來台灣。我回到大陸時，常常與朋友們談起台灣，我發現，許多人對於台灣的知識是間接的，也是有限的。他們頭腦中的台灣同胞的原型就是台商，所以常常有問我：台灣人是不是都很有錢？ 台灣的政治人物經常抱怨說大陸不瞭解台灣的情況，不瞭解台灣人民的想法。但是，台灣政府卻又不願意給大陸人民瞭解台灣的機會。

這次同行的團員中不少人是第一次來台灣，他們都說這次訪問讓他們大開眼界，每天都看到、聽到新的東西。在談及此行最深刻的印象時，他們都一再稱讚台灣人民的素質高。毫無疑問，海峽兩岸交往的增加是不可逆轉的歷史趨勢，隨着趨勢的發展，兩岸在時間和空間上的距離定會日益縮小。真正關心海峽兩岸人民福祉的人，真正希望兩岸和平的人，都應當盡力增加雙方的互相瞭解。

(六)

從吃看台灣

美國一位著名的研究食品文化的人類學者說，從人們的飲食習慣中，可以找到幫助我們理解人類社會的密碼。台灣的飲食文化的確爲我們提供了瞭解台灣社會的一面鏡子。

台灣食品文化的豐富多彩，把台灣社會的多元性表現的淋漓盡致，這是一個高度西化、現代化但又保存了悠久中華傳統的社會。在這裏，後工業時代的生活方式和農業社會的生活形態共同生存，相互依賴；在這裏，大陸各省的文化和台灣地方文化百花齊放，並肩發展壯大。

台灣食品的豐富，莫過於台北市。台北早已躋身於國際性大都會的行列。在這裏，我們可以吃到來自世界各地的風味，除了我們前面談過的美國和日本菜式，還有泰國菜、意大利菜等等，可以說是應有盡有。

當然，在台灣最好吃和最值得吃的，還是中國菜。在此，川菜、湘味等各種大陸的菜系大放異彩，各顯神通。台灣飲食界頗有特色的是當地居民津津樂道的台灣小吃。成都的小吃舉世聞名。還在念研究生時，我曾經在成都住了近一個月，每天都上街吃諸如夫妻肺片、賴湯圓之類的小吃，也未感厭倦。到了台北才發現，原來這裏的小吃一點也不遜色，既有我曾在中國就吃過的東西，也有我在中國從未嘗過的台灣地方風味，像是台南担仔面和各式的蚵仔。新來台北的人，一定要在夜幕降臨後，逛逛夜市，擠在人群中，東嘗一點西喝一口，那才令人心曠神怡呢。我把台灣風味也稱爲"中國菜"，因爲它雖然有其獨特之出，但是在調味料和烹調方法這兩個最關鍵的地方還是沒有脫離"中國菜"的範疇。

街頭的小吃攤，一具爐子加上幾盆調料和原料，就可以開張，價廉物美，十分大眾化。離開城市，到了鄉村，你還可以吃到更"平民化"的東西。在嘉義縣的農村，我去過一家客家菜餐館。裏面裝潢十分簡陋，桌椅破舊，四處是油跡，讓我彷彿又回到了七十年代時我在鄂西農村曾光顧過的小飯館。第一道菜是肥腸，肥得名副其實：白乎乎的油垂露在腸子外面。嚇得我胡亂扒了幾口飯，就趕緊放下碗筷，宣佈吃飽了。

但在台灣也可以品嘗到中國菜精品。位於台北信義路的鼎太豐餐廳，以其精美的點心著稱，每天門前顧客排成長龍。另一家高級中餐館，有一個十分不起眼的名字：世貿俱樂部，到這裏來吃飯的人都是它的會員。會員的名額有一定限度，若想成爲它的會員，首先必須要等到有了空缺才行。朋友帶我去以前，我曾暗自笑道：區區一個飯店居然還要實行會員制。吃了飯後，我才明白爲什麼大家爭相要成爲其會員，這裏食品之精烹細煮，可謂到了極點。

台灣的中餐着實令人難忘

也難怪我所採訪的台灣當地人都異口同聲說，中餐是他們的最愛。在立法院參觀時，正值立法院休會。接待我們的是一位高級行政主管，他閱歷豐富，精通各國憲政，在談起世界各種憲政體制的異同時，滔滔不絕，從美國的國會制，英國的議會制，到日本的政黨派系體制。從他的口音不難聽出，他是台灣本省人。午飯前，我和他聊起了食品："您認爲世界上哪一國的食品最好？"他毫不猶豫地答道："當然是中餐。"他接着開始數算起了中國菜是如何的博大精深。

或許，其他國家的人不會認爲中餐是世界第一佳肴，但很少有人會否認中國菜的博大精深，諸多種地方菜系各具其獨特風味，但又同歸於一個共同的食品文化。這正是中餐博大精深的基石。

快離開台灣時，我帶着極大的好奇心進了台北的一家蒙古烤肉店。美國也有好幾家經營蒙古烤肉的餐廳。到底哪一家是"正宗"的蒙古烤肉呢？經理告訴我，這是全台灣也是全世界第一家蒙古烤肉餐廳，這也是最正宗的蒙古烤肉。所謂蒙古烤肉說來也簡單，一個大爐子，上面是一塊當鍋用的鐵板，客人自選好菜，配好調料，然後交給廚師，放到鐵板上烤熟。無論是從材料上還是從烹調方法上，都難讓人想像出與蒙古人有什麼關聯。

我緊接着追問道："蒙古人真是這樣烤肉吃嗎？"經理笑到："哪有。這是我們在台灣的發明。"

總是有人在不斷試圖創造出新的菜系名稱，但這種新創造的生命力，卻永遠比不過經過長年而形成的傳統菜系。蒙古烤肉店曾在台灣風行過一陣，但現在已經式微。就是在這家號稱是第一正宗的店裏，所謂的"蒙古烤肉"設在餐廳的一個角落，只吸引了幾位顧客，多數的客人則圍着餐廳中間的一大排自助餐式的菜肴，忙着挑選各式海鮮。

世界上也總是有人在不斷試圖創造新的文化意識，但淵源流長的文化傳統和民族意識卻絕非能夠輕而易舉被取代。二十世紀末期蘇聯和南斯拉夫解體，從中誕生了很多小型的民族國家，但這些瓦解聯邦的國家，本來就沒有深厚的共同歷史傳統。毋庸置疑，也有歷史悠久的民族因爲政治力量而被分割，除了我們前面談過的朝鮮和德國以外，波蘭更是再三遭到分割。歷史悠久的民族意識雖然並未使得這些民族避免因政治動盪而慘遭分裂的命運，但是卻爲它們最終重新統一提供了堅實的基礎。

就在我快寫完這篇文章時，傳來了岳父仙逝的消息。我永遠都再無法與他分享我對台灣社會的文化認同和食品文化的看法了。

高談闊論文化，享受美食，其實是一件很奢侈的事，只有在生命尚存的時候我們才能夠做這類事。這也是人們只有在太平時代才有閑情逸致來做的事。願海峽兩岸和平、昌盛，願我們可以永遠都有閑情逸致來高談闊論，享受美食。

作者簡介

陳勇：1978年從鄂西高中考入北京大學。1982年獲歷史學士學位。1985年在獲北京大學碩士學位後，赴美國康乃耳大學 (Cornell University) 攻讀美國歷史博士。1993年獲博士學位，並於同年被爾灣加州大學 (University of California, Irvine) 聘爲助理教授。1999升任副教授後，被任命爲研究生院副院長，協助院長處理一切有關研究生教育事務。

陳勇用英文和中文發表的文章，見諸中國和美國的多類學術雜誌和報刊上。2000年，他的第一部專著，*Chinese San Francisco 1850-1943 : A Trans-Pacific Community*，由史坦福大學出版社出版。他目前正在致力寫作另一部專著，從美國食品文化的變遷來研究美國歷史的進程。此書尚未寫成，就已引起很大反響，被美國全國性的報刊報導。

注釋

這篇文章能夠完成，首先，我要感謝三民主義大同盟邀請我訪問台灣。大同盟對我等一行款待週全而熱情，讓我們有機會參觀到很多政府和學術單位，並拜會了政界和學術界的知名人物。尤其是徐文沼先生，代表大同盟全程陪同我們十餘天，不辭勞苦，體貼入微，堪稱是中國人待人接物的典範。團長盧漢超教授爲組團花費了很大心血，他在百忙中抽出時間閱讀我的初稿，提出寶貴的指教。

　　我特別要感謝我有幸所採訪的諸多人士，尤其是那些只偶然邂逅的陌生朋友，我希望我寫出的文字真實地反映了他們的聲音。

　　這篇文章的核心概念"文化認同"，是舶來品，英文是cultural identity。我避免了在正文中使用英文，我素來認爲文字上的"大雜燴"非常地讓人倒胃口，除非我們寫了東西只是爲了給少數懂得中英文的人讀。

　　我在寫這篇文章時，參閱了大量的文獻材料，包括前人的研究成果，但我沒有按常規把它們放進脚注中去。以下是我使用過的參考材料中的一部分。

　　對文化認同及其相關問題的研究主要還在西方，尤其是英語世界。相比之下，中文世界裏對這方面的研究才剛剛起步。在西方學術界，文化認同常常與"族群認同"(ethnic / racial identity)和"國家認同"(national identity)緊密相連。英語世界這方面的著述甚衆，用"汗牛充棟"來形容，一點不爲過。想要對於文化認同及其相關問題進一步做一點概括性瞭解的讀者，可以參閱如下著作：

- Ray Laurence and Joanne Berry, eds., *Cultural Identity in the Roman Empire* (New York: Routledge, 1998);

- Harumi Befu, *Cultural Nationalism in East Asia: Representation and Identity* (Berkeley, CA.: Institute of East Asian Studies, University of California, 1993);

- Jonathan Friedman, *Cultural Identity and Global Process* (Thousand Oaks, CA.: Sage Publications, 1994);

- Nathan Glazer and Daniel P. Moynihan, eds., *Ethnicity: Theory and Experience* (Cambridge, MA.: Harvard University Press, 1975);

- Stuart Hall and Paul du Gay, eds., *Questions of Cultural Identity* (Thousand Oaks, CA.: Sage, 1996);

• Anthony D. Smith, "Social and Cultural Conditions of Ethnic Survival," *Journal of Ethnic Studies, Traties and Documents* (Ljublijana), 21 (1988), pp. 15-26;

• Anthony D. Smith, *National Identity* (Harmondsworth: Penguin, 1991).

對與德國等本文所提到的局部地區有興趣的讀者可以參閱下列著作：

• Branimir Anzulovic, *Heavenly Serbia: From Myth to Genocide* (New York: New York University Press, 1999);

• Daniele Conversi, "Violence as an Ethnic Border: The Consequence of a Lack of Distinctive Elements in Crotian, Kurdish and Basque Nationalis," in *Proceedings of the International Conference on Nationalism in Europe: Past and Present* (Santiago de Compostela: Santiago de Compostela University Press, 1994);

• Eric D. Gordy, *The Culture of Power in Serbia: Nationalism and the Destruction of Alternatives* (University Park, PA.: Pennsylvania State University Press, 1999);

• Richard J. Evans, *Rereading German History: from Unification to Reunification, 1800-1996* (New York: Routledge, 1997);

• Michael Edson Robinson, *Cultural Nationalism in Colonial Korea, 1920-1925* (Seattle: University of Washington Press, 1988);

美國學術界對於其自身族群的文化意識以及種族關係的研究遠遠超過其他任何一個國家。

Stephan Thernstrom, *Harvard Encyclopedia of American Ethnic Groups* (Cambridge, MA.: Belknap Press of Harvard University, 1980). 此書雖然是多年前出版，但仍然不失爲一本頗爲全面的參考書，是研究美國多元文化的必備書。

美國多元文化乃建立在移民的基礎之上。所以，美國移民史本身就是一個龐大的領域。在眾多的美國移民史研究著述中，我要推薦一部可讀性很高的綜合性論著： John E. Bodnar, *The Transplanted: A History of Immigrants in Urban America* (Bloomington: Indiana University Press, 1985)。

另外一部理論性很強的專著是 Milton Myron Gordon, *Assimilation in American Life: The Role of Race, Religion, and National Origins* (New York, Oxford University Press, 1964)。

美國華人的歷史在學術界也得到很大的重視。麥禮謙先生的中文大作《從華僑到華人——二十世紀美國華人社會發展史》(香港三聯，1992)，是一部詳盡的歷史。拙著 Yong Chen, *Chinese San Francisco 1850-1943: A Trans-Pacific Community* (Stanford: Stanford University Press, 2000) 從美國多元文化的發展，從跨太平洋圈的文化交流等多種角度來探討華人的歷史。

食品研究是一個非常廣闊的題目。它大致上可分為三類。第一類是從食品科學 (包括了生物學，化學等學科)、營養學、醫學、農業科學等角度來研究食品。第二類的重點在 "吃" 字上面。就是說，其目的在於描述和介紹餐飲業，菜肴的特點和演變。我的研究屬於第三類，那就是着眼在通過食品文化這面鏡子來理解社會的發展和變化。

受到結構主義影響的學者認為飲食的系統裹深藏着社會結構的密碼，其代表人物是著名人類學家 Mary Douglas，她的代表著作有 "Deciphering a Meal", in Clifford Geertz, ed., *Myth, Symbol, and Culture* (New York: Norton, 1971), pp. 61-81。

有兩部很好的專著，從食品的層面來探討美國社會歷史的演變：*Revolution at the Table: The Transformation of the American Diet* (New York: Oxford University Press, 1988)，和 *Paradox of Plenty: A Social History of Eating in Modern America* (New York: Oxford University Press, 1993)，均為我的好友 Harvey A. Levenstein 所著。他本人也燒得一手好菜。

對於世界食品歷史有興趣的人，可讀Reay Tannahill, *Food in History*(1st American Edition, New York: Crown Publishers, 1988). 哥倫比亞大學剛剛出版了一部專著，*Food: A Culinary History from Antiquity to the Present*, under the direction of Jean-Louis Flandrin and Massimo Montanari; English edition by Albert Sonnenfeld, translated by Clarissa Botsford…et al. (New York: Columbia University Press, 1999). 這是一部法文巨著的節譯本。法國人愛吃，不亞於中國人，加上有年鑒派史學的影響，故對於食品有很深的研究。

用歷史和社會科學的方法和角度來寫中國食品的專著並不多見。英文專著中，有兩部佳作：K. C. Chang, ed., *Food in Chinese Culture: Anthropological and Historical Perspectives* (New Haven: Yale University Press, 1977), Eugene Newton Anderson, *The Food of China* (New Haven: Yale University Press, 1988).

用中文發表的有關中國食品的文章，書籍大多屬於我們前面談到的第二類的研究，也就是說，其着眼點在 "吃" 字本身。這方面的作品比比皆是，在此不贅述。有關台灣地方小吃的著作有李銘的《台灣鄉土小吃》；李安的電影《飲食男女》更是把食品和家庭、食品和社會的關係描繪得淋灕盡致。有關麥當勞在台灣的發展，可參見David Y. H. Wu, "McDonalds in Taipei: Hamburgers, Betel Nuts, and National Identity", in James L. Waltson, ed., *Golden Arches East: McDonalds in East Asia* (Stanford: Stanford University Press, 1997), pp.110-135.

有關台灣歷史發展，可參閱連橫的《台灣通史》，郭廷以先生的《台灣史事概說》以及若林正丈的《台灣：分裂國家與民主化》。

台灣有關媽祖和其他地方宗教的各類出版物衆多，可參閱鄭志明的《台灣民間宗教論集》(台北：學生書局，1984)。

台灣既有政治領袖才華又具歷史眼光的第一人當推許信良。他曾任民進黨主席，對兩岸關係等重要問題，均有卓越的見地。可參見夏珍爲他所做的傳記《許信良的政治世界》(台北：時報出版社，1999)。

後  記

　　本書的作者雖然不全是史學工作者，但全是中國留美歷史學會會員。中國留美歷史學會自1987年成立後，已在振興學術研究、促進中外學術交流方面作了大量的工作，成績卓然。我願借此機會向每一位作者及學會致以誠摯的謝意。台灣三民主義大同盟和逸仙文教基金會以促進祖國統一爲己任，邀請全體作者訪台，盡地主之誼而不設任何約束。我願借此機會向高銘輝理事長、曾復生秘書長，及徐文沼先生等謹致謝意，並感謝馬樹理先生以九十餘高齡與作者們談笑風生，共進午餐。靜宜大學管理學院鐘從定主任撥冗爲我們邀請各方學者組織研討會並全程陪同參觀該校，令人感懷。

　　本書編輯過程中我正在新加坡國立大學東亞研究所作訪問學者，感謝東亞所所長王賡武教授和黃朝翰教授對本書出版的支持。台灣政治大學國際關係研究所的蔡瑋教授時在東亞所，閱讀了全稿，並提出了一些有益的意見。譚佩詩 (Elspeth Thomson) 博士協助了英文目錄的編輯。世界科技出版公司及八方文化企業公司主席兼總編輯潘國駒教授欣然支持本書出版，中文部編輯陳弋寒和唐文靜小姐爲本書的籌劃出力最多，在此一並致謝。

盧漢超

二○○一年四月三日

八方文化企業公司
Global Publishing Co. Inc.

台灣的現代化和文化認同
Modernity and Cultural Identity in Taiwan

主　　編　　盧漢超
Edited By　Hanchao Lu
出 版 者　　八方文化企業公司
　　　　　　Global Publishing Co. Inc.
　　　　　　1060 Main Street, River Edge,
　　　　　　NJ 07661, USA
印　　刷　　World Scientific Printers
初　　版　　2001年7月
國際書號　　ISBN 1-879771-55-1(pbk)